书山有路勤为径，优质资源伴你行

注册世纪波学院会员，享精品图书增值服务

产品认知12讲

成为优秀的产品经理

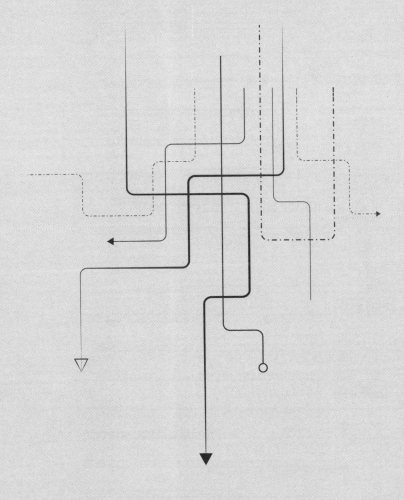

枯叶 ◉ 著

电子工业出版社
Publishing House of Electronics Industry
北京 · BEIJING

图书在版编目（CIP）数据

产品认知 12 讲：成为优秀的产品经理 / 枯叶著 . —北京：电子工业出版社，2021.7

ISBN 978-7-121-41500-5

Ⅰ . ①产… Ⅱ . ①枯… Ⅲ . ①企业管理－产品管理 Ⅳ . ① F273.2

中国版本图书馆 CIP 数据核字（2021）第 128876 号

责任编辑：袁桂春

印　　刷：天津画中画印刷有限公司

装　　订：天津画中画印刷有限公司

出版发行：电子工业出版社

　　　　　北京市海淀区万寿路 173 信箱　　邮编 100036

开　　本：720×1000　1/16　　印张：19　　字数：319 千字　　彩插：1

版　　次：2021 年 7 月第 1 版

印　　次：2021 年 7 月第 1 次印刷

定　　价：88.00 元

凡所购买电子工业出版社图书有缺损问题，请向购买书店调换。若书店售缺，请与本社发行部联系，联系及邮购电话：（010）88254888，88258888。

质量投诉请发邮件至 zlts@phei.com.cn，盗版侵权举报请发邮件至 dbqq@phei.com.cn。

本书咨询联系方式：（010）88254199，sjb@phei.com.cn。

读者推荐

这是一本干货满满的书，它将带领读者从一个全新的视角看待产品经理。

在很多人的印象中，产品经理属于设计岗位，只需要收集需求、定义及设计产品、进行产品宣介等，但事实上，产品经理最重要、最不可替代的是其影响用户的能力。

影响用户，从微观层面看，是通过合理设计、使用视觉元素，将产品经理想要表达的信息传递给用户；从宏观层面看，是产品经理应该选择什么样的需求来影响用户。

有些需求看似好用，实际并不适用于某些产品，强行实现只会降低产品的用户数据，甚至造成产品的失败。真正优秀的产品经理，具备证伪能力，能够从大海一样的需求池中过滤掉不适合的需求。

当然，需求不是"非黑即白"这样简单，在过滤掉伪需求后，剩下的需求也并非全都要做。什么需求有价值、什么需求价值高，产品经理需要一步步加深思考，为公司带来更大的价值，也为个人实现更大的价值。

在产品经理的职业生涯中，要分析的东西其实有很多，可时间有限，一天最多24小时，这就逼着产品经理不断提升自己的效能，即在最短的时间内输出最大价值的能力。

如果你也对怎样成为一名优秀的产品经理感到困惑，那么就来看看这本书吧，答案就在这本书里。

产品小分队：蜂蜜乌龙茶

说实话，这可能是一本我不想推荐给别人的书。因为看到它的人越多，其他人与我的竞争力差距可能就越小。

这本书就像一本产品教科书，把产品经理平时接触到的一些概念、认知、问题做了拆解和分析，让复杂的理论变得具体、落地。在看的过程中，你会很想继续看下去，寻找自己可以实践的方法。而且，当在工作中开始尝试应用书中提到的一些方法时，你还会回来翻看这本书，检查一下自己哪些地方可以继续实践和调整，不断优化。

下面从认知和实践两方面，我概述一下自己的收获。

收获一：突破了原有的认知

这本书中的一些观点突破和颠覆了我原有的认知，让我对新的认知有了更加深刻和相对全面的理解。

1. 要"兼容错误，追求正确"。有些事情在做出来之前，我们是不知道它的结果的。就像"薛定谔的猫"，在打开之前，我们无法证明结果是什么。规避错误，不代表我们最终会得到正确的结果，反而有可能因为花了大部分时间在规避错误上，从而失去了追求正确结果的机会。所以，我们需要小步快跑、快速试错，在兼容错误的基础上，追求正确的结果。

2. 应在意"产品"的结果，而不应对"产品经理"这个岗位感到畏惧。基于产品经理这个岗位，我们服务于产品；产品反哺我们作为一名产品经理的价值。得到"产品的结果"是产品经理追求的目标，而"完美主义""体验至上"等只是我们为了达到目标所使用的方法而已。产品经理可以不对所有的需求都全力以赴，可以不在所有的方面都事无巨细，但应从目标出发，寻找最优路径，然后达到它。

3. 辩证看待"主人翁精神"。起初听到"主人翁精神"时，我还懵懵懂懂，后来就开始对自己提出要具有"主人翁精神"的要求，把产品当"自己的娃"，啥都想管。以至于当业务方提出一些诉求时，我经常会从自己的角度来判断需求的合理性和可行性。直到看到这本书中对"主人翁精神"的解析后，我开始转变思路。其实，产品在实现过程中被划分成了不同的部分，每一部分对应的"主人翁"不同，这也意味着每个"主人翁"都有自己的"主人翁精神"。

很明显，我们不能阻止其他角色基于他们的角度提出需求，而应配合实现他们基于自身角度所提出的需求，并且基于我们作为产品经理的专业性来保障规则和逻辑的完善性，尽可能地确保产品上线后的效果。

收获二：获得了可落地的工作方式

每次看枯叶老师的文章，我都会想到"格物致知"一词。找到事物的本质，推演可行的方式。

1. 视觉CST法则，将问题具体化，找到切入点，寻求解决方案。产品经理所拥有的不可替代的能力是对用户行为进行影响。那么，我们该怎么去影响呢？用户行为的产生可分为三个阶段：感知、兴趣、行为。我们要从不同的阶段切入来寻求解决方案。在面对一个问题时，细化问题可能存在的点，将问题具体化，从每个小点切入，寻求解决方案，思路就会变得清晰很多。

2. 需求的价值是相对的，要判断需求优先级，首先要找对价值参考系。很多时候我们单独纠结一个需求有没有价值是很难得出结论的。需求的价值需要结合它实际所处的背景、阶段，以及从决策者的角度去判断。善于抓住主要矛盾，找准当前最有参考价值的参考系，是产品经理需要不断修炼的一项能力。

3. 需求可以按类型分析，不同类型的需求有不同的分析方式。当前面说到产品经理不需要对每个需求都全力以赴的时候，我的观念已经被刷新了。之前一直觉得，作为产品经理，我有义务把产品的每个需求做好，各方面都要照顾到。但是，当明白"产品的结果"才是最终目标以后，我突然觉得很多事情其实可以不用纠结，有选择地、有侧重地去做就可以了。

这本书给出了很具体的落地方式。我们可以搭建需求分析的策略库，针对不同类型的需求，给出不同的分析策略。例如，对于响应其他业务方诉求的需求，就可以轻分析、重设计。结合自己的实际工作情况，不断完善和优化自己的需求分析策略库，在日常工作中，应对需求的分析就会慢慢变得高效且精准。

产品小分队：Q

枯叶老师是我在产品路上的"游戏外挂"。从一个领导让干啥就干啥的"工具人",成长为能独立负责一条产品线、带领一个产品小组的核心骨干,枯叶老师给了我很大的帮助。

枯叶老师是个什么样的人

1. 具备一个老师的必备素养。枯叶老师非常擅长引导。向枯叶老师提问时,他不会直接给你答案,而是抛出一连串的问题,给你足够的提示,一步一步地引导你找到答案。同时,枯叶老师很有耐心,即使你回答不上来,他也会一边给你答案,一边告诉你为什么是这个答案。同时,他还会帮助你过滤掉那些错误答案,并深入地讲清楚为什么那些是错误答案。因此,每当遇到不明白的问题和困扰时,我都能从他那里得到答案。

2. 用心做事,不投机取巧。枯叶老师做每件事情都非常用心。为了让公众号读者有更好的阅读体验,他还专门找了工作室排版;为了让书的内容质量更高,他脱岗写作一年多。他从来不愿意使用投机取巧的手段获得行业知名度和利益。在他的世界观里,用心输出高质量的内容,永远是最高优先级。

枯叶老师带给我的一些思考

1. 回归本质,深度思考。产品经理在接到任务后,第一件事情一定不是立即去画原型图,而是先思考为什么。如果想明白为什么做,在面对多个做法时,自然就能找到最合适的那个。从枯叶老师身上我学到的是回归本质的思考方式:是什么?为什么?怎么做?为什么这么做?怎么评估效果?有什么后果?每个问题,都值得我们花时间去思考。

2. 提高执行效率,把时间留给思考。产品经理的工作本质上分为两种类型:思考和执行。其中,思考对成长的价值远高于执行。如果只执行而思考不足,则是个机器人,成长极慢。人的时间是有限的,执行上耗费过多时间,就会导致思考的时间不足。但在初级阶段,执行也是不可避免的。因此,为了让自己有更多的时间来思考,我们应该提高执行的效率,把更多的时间留给思考,以获得更快的成长。那么如何提高执行效率呢?答案是使用自己顺手的工具、有意识地重复练习。

3. 个人成长最重要。互联网行业的工作机会很多，但好机会稀缺，而且不容易遇到。但无论在什么环境下，个人成长都是最重要的。因为只有你的能力提升了，你想要的一切才会向你靠近。如果有幸加入一个好团队，遇到一个好项目，有一个专业能力强又愿意培养你的领导，那你应该好好珍惜。如果不那么幸运，进入了一个不够理想的环境，怨天尤人、自我放弃是最不应该做的事情。除了寻找机会跳出去，你更应该抓住机会，思考如何提升自己的工作能力。

枯叶老师的书怎么样

第一次听到枯叶老师跟我说要写一本书时，我说："这还不简单，你把公众号的文章整合到一起，删删改改就是一本书了。"但他完全不认同。他选择了成本最高、难度最大的一种方式：脱岗。花费一年多心血，他重新设计书的主题、结构，撰写内容。

很荣幸，我是书稿的第一批读者。这本书体现了枯叶老师的严谨、克制和用心。书中的每个章节、每个论点，都有详细的论证过程，不是拼凑而成的生硬说教。这是一本经过严密论证，有体系、适用性很广的书。

这本书值得每个产品人阅读。

产品小分队：誓博

从哲学的角度来说，工作中没有永恒不变的真理，也别妄想一次就能找到答案，只有不停地追寻，才能一点点地进步。

阅读这本书时，我不停地回顾之前的工作经历和经验，希望它能换个角度解答我的困惑。我觉得它做到了。

对于我来说，这本书比较重要的一点就是，它很好地把问题提炼了出来，换个角度让我重新认识问题，甚至可以提前警示问题的出现。例如，当我苦恼没有时间把产品做精做细时，这本书通过讲述两位产品经理的不同工作方式来回答为什么你会觉得没有时间。

产品小分队：ivy

枯叶老师可以说是我作为产品经理的引路人。在老师的指导和影响下，我不断完善自己认知用户、设计产品的能力，并开始尝试沉淀自己的方法论。

我读过市面上的一些产品书籍，个人认为，大部分产品书籍更多地像"武学秘籍"中的"心法"，如果没有经历作者的行业环境和项目背景，就很难读懂内容，或者很难在实际工作中运用书中介绍的方法。

枯叶老师这本书更像"心法"与"招式"的结合，不同的章节像一个武学库，对某类问题提供一套行之有效的解决方案，而全书整体又连贯成产品方法论，为我们"发现问题—分析问题—解决问题"提供理论依据。愿这本书能帮助更多的产品经理形成系统的产品思维、完整的产品技巧，去更好地创造价值。

产品小分队：家超

很荣幸能在正式出版前就把这本书捧在手里细细品读，不夸张地说，它像一位老师傅点醒了初入职场的我。这不是一本大部头的互联网产品百科全书，也不是提纲挈领、惜字如金的产品指南，它更像一位老师傅对产品之路的回望和总结，伴着敏锐的思考和真诚的建议。

用户是可以被影响的，产品经理的工作本质就是通过产品影响用户，产品经理的能力也自然而然地体现在他们能影响多少用户、能在多大程度上影响用户。只有理解并践行了这一点，产品经理才能算入了行。

然而，知易行难，如何挖掘用户需求，如何甄别需求的真伪，如何把这些正确的需求设计成功能，又如何提高需求的价值……每个环节都依赖完整的产品知识体系和科学的方法论。

这本书以产品经理的核心工作为出发点，一一深度剖析并解答了这些问题，可以说构建了一套产品方法论和思考体系，帮助产品经理摆脱追求需求数量的怪圈，从而有更多的时间去提高需求的正确率和价值。

正如书中说的那样，因为专业，所以不同，真诚地把这本书推荐给我的同行朋友们，希望你们在书中不仅能找到与产品工作相关的方法论，也能找到与职业发展、个人成长相关问题的答案。

产品小分队：相与

枯叶老师是一个特别用心的人。在阅读到第4讲"视觉CST法则"时，我非常震撼。老师将设计方法毫无保留地用文字分享出来。那一讲，我反复阅读了3遍。

书中的案例贴合实际的工作场景，能够将我直接带入场景去理解枯叶老师想要表达的观点，收获的设计方法也可以切实地在工作中落地应用。这些内容让我内观，校正自己的工作思维方式，

这本书帮助我们搭建底层设计思维，也指导我们在产品设计的过程中进行思考，运用正确的思维方式推进工作。我们可以通过这本书反思自己在工作中的思维方式，也可以将书中的内容应用到工作中，给后续的职业生涯带来积极的影响。

未入行的同学也可以通过这本书提前搭建产品经理的底层思维方式。

产品小分队：禾木

前 言

实习期间，我在一家比较大的外企做软件测试工作。一次偶然的机会，我看了一部电影，叫作《社交网络》，影片讲述了Facebook创始人马克·扎克伯格创业的故事。从Facemash这个简单的"颜值打分"网站到Facebook的创立，扎克伯格开拓了一个时代的社交帝国，这是我第一次如此清晰地了解创业，这也在我的心里埋下了"创业"的种子。

这颗种子发芽的速度比我想象得还要快。2012年1月，我辞去了在同学眼里非常好的外企工作，回到学校开始了我的第一次创业。

我们创业时遇到的第一个问题就是"要做一款什么样的产品"。刚开始，我们真正做的事情很少，大部分时间都在思考这个问题，以及这个产品要有什么业务和以什么样的形式呈现。

对于产品，我们一无所知。在当时的环境下，也没有特别多的产品书籍供我们阅读，一切都要靠自己摸索。我们分析产品、定义产品，一步一步地按照自己的想法将产品做出来，再交给用户使用。

我们的团队规模最大时超过了100人，大部分都是由学生组成的。遗憾的是，之后各种各样的问题暴露出来了。一年后，这次草率的创业经历宣告失败。但是，我和产品也结下了不解之缘。

2015年，是产品经理的高光时刻，互联网从业者都将产品经理视为CEO的摇篮。其实，不只过去，即使现在，产品经理也是距离CEO最近的一个岗位。产品经理的思维方式与CEO的极其相似，产品经理要关注市场和用户，寻找痛点及需求，并且要关注产品最终取得的数据结果。

但是，并不是所有的产品经理都能成为CEO，也不是所有的"准CEO"都能"茁壮成长"，很多产品经理在成为CEO之前就已经折损在成长的道路上了。

摇篮，仅指产品经理有机会或比其他岗位更有机会成为CEO，但抓住机会，最终成为CEO还需要其他的一些影响因素，如知识体系、能力、思维方式、环境因素等。

这条路上存在很多个瓶颈，每次突破都会让我们对产品经理这个角色产生新的认识，但在缺少经验传承的情况下，任何一个瓶颈都会让我们停留很长时间，甚至迫使我们结束产品生涯。

如果你发现自己的能力长时间没有变化，大概率就是遇到某个瓶颈了。

产品经理的瓶颈

2016年9月10日，我注册了自己的公众号"枯叶咖啡馆"，开始分享自己对产品的一些理解。在这个过程中，我也组织了一些产品课程，将一部分产品方法以更系统的形式展现。

从2018年开始，我发起了"产品问答"，以语音的形式和大家探讨产品工作中遇到的一些问题。截止到2020年，我已经回答了数百位产品经理在真实产品工作中所遇到的问题。

这些经历让我对产品行业有了更深刻的理解，也让我发现了产品经理在成长过程中所遇到的瓶颈，即"认知瓶颈"。

例如，大家经常提到产品经理和开发人员发生争执的情境。曾经，我以为这只是一种偶然现象，但有很多产品经理向我询问，应该如何与开发人员据理力争，如何在争执中占据上风。

这让我很震惊。

在早期的互联网环境中，产品经理和开发人员的争执更近似于一种探讨。产品经理提出自己的想法，开发人员也提出自己的想法，当双方观点不一致时就会发生争执，最终结果就要看哪一方能找到更多、更客观的理由说服另一方。

这样的争执并不会成为产品经理的阻力，而且往往迫使产品经理做更深入的思考，使自己的想法更接近完整。

但在现在的互联网环境中，面对争执，一些产品经理不是思考如何找到客观理由，加深思考，让自己的观点更有力，而是专注于寻找让对方服从的方法，为了强迫对方服从，还会用强压、"甩锅"、威胁、利诱等手段。

仔细想想，赢了就能取得好的数据结果吗？

如果不能取得好的数据结果，这样的赢又有什么意义呢？

当产品经理用争吵、强压战胜他人时，大概也没有人愿意向他们提出建议和质疑，需求也就失去了被完善的机会。

产品经理与开发人员争执问题的根本原因还是"认知瓶颈"。

在产品经理的固有认知里，其要完成的任务是功能上线，实现某个需求，其关注点就是需求的实现过程。产品经理与开发人员的争执大部分都是为了保障功能准时上线或需求被完整实现。

在产品总监的认知里，产品经理要完成的任务是获得较好的数据结果，是通过需求取得良好的市场结果，其关注点集中在需求的正确性、有效性和完整性上。所以，对产品总监而言，与开发人员的争执原本就是自我完善的一个环节，是一个可以更好地实现需求的环节，是有益的。

两种认知的差异也造成了他们所采取的行动的差异，前者寻找争执的方法，后者则寻找完善需求的方法。

现在，许多产品经理为瓶颈所困扰，尽管从业经验一点一点增加，但相比去年甚至两三年前，能力并没有太大变化。

在认知瓶颈的局限下，能力无法得到提升。即使有心努力，却找不到努力的方向。盲目努力大概率是在做无用功，甚至会向成长的反方向发展，即越努力，离产品总监的奋斗目标越远。

唯一的办法就是在某种外力的影响下，自己能够打破这个瓶颈，对产品经理的角色、岗位职能等建立一个新的认知。

这也是我写本书的初衷，我会将自己对产品经理的理解在书中呈现出来，希望本书能够成为帮助你打破认知瓶颈的外力。

关于本书

本书的核心读者是具有 1~4 年从业经验的产品经理（初级、中级产品经理），对于具有 0~1 年从业经验的产品经理同样具有很好的启蒙和引导作用。

本书内容分为三部分，共 12 讲，每两讲构成一组。首先对产品经理当前的认知进行分析，目的是"打破"，然后阐述一个新的认知，目的是"建立"。12讲对应12个认知，包括6个需要打破的表层认知，以及6个帮助你建立的新认知。而且，每个新认知都包含一套对应的产品方法，产品经理不仅可以从另一个角度看待现在的工作任务，也可以学习并掌握新的工作方法。

第一部分：突破成长瓶颈

这一部分探讨了产品经理"无法成长的原因"，也会让产品经理更客观地认识产品行业的现状，最重要的是，产品经理会获得"打破认知"的方法。

第二部分：打破认知

打破认知包含两个步骤：一个是"打破"，另一个是"建立"。简单来讲，就是打破现有的认知，并且建立新的认知。

在这一部分，我从用户习惯、功能、需求三个方面对认知进行"打破"和"建立"。

例如，很多时候产品经理会认为要遵循用户习惯，认为用户习惯不可被改变；而在新的认知里，产品经理需要有意识、有方法地去影响用户习惯，通过一些产品设计让用户产生产品经理所期望的行为。

第三部分：认知升级

从某种意义上，打破认知可以让产品经理更好地处理现在的工作任务，而认知升级能够帮助产品经理获得更好的未来，也是开启高级产品经理岗位的钥匙。

在这一部分，我探讨两个认知：一个是"没有时间"，另一个是"产品经理的决策"。

例如，产品经理常常将"没有时间"归咎于速度太慢、效率太低，采取的行动往往是通过学习新的技能、掌握更好的方法来加快任务的完成速度，但是在升级后的认知里，加速并不是一个很好的选择，或者是价值比较低的选择。相对于提高效率，我们更倾向于提升"效能"，减少不必要的事情，然后把时间和精力更多地投入必须做的事情中。

本书采用了由浅入深的行文结构，希望能带着你一点一点地分析自己现在对产品经理的理解，也能一点一点地帮助你建立新的认知。

所以，我建议你从第1讲开始阅读。读完第一遍以后，你可以给自己制订一个消化所学内容的计划，按照自己的状态，选择某一组内容进行多次阅读。

　　每讲末尾都包含"自我检测"，通过检测你可以及时将所学内容应用到具体的场景中，让自己更好地理解现在的认知局限，以及更好地掌握新的认知。

　　这是一本可以引导思考的书，不太适合"速读"，也不太适合"字典式"阅读。建议你慢读、细读，带着思考阅读，也在阅读的同时进行思考。

　　对本书的内容有任何疑问，你可以关注我的公众号"枯叶咖啡馆"，我们一起交流与探讨。

　　　　　　　　　　　　　　　　　　　　　　　　　　　　　　　枯叶

目　录

打破认知（上）

第3讲 影响用户行为 / 038

第4讲 视觉CST法则 / 055

打破认知（中）

第5讲 功能是一把"双刃剑" / 092

打破认知（下）

认知升级（下）

突破成长的瓶颈

正确的方向远胜盲目的努力。

如果方向错了，努力也就没有意义了。

作者寄语

　　你喜欢做产品吗？当自己设计出来的产品为用户所使用时，你是否感到欣慰？你是否热爱产品经理这个职位，并将其视为长远的目标，将自己的未来与产品经理密切捆绑？你是否立志成为一名优秀的产品经理？

　　我是一位有10年经验的产品经理，经历过外包公司，也经历过大厂。我所设计的产品，既有几百名用户使用的失败产品，也有上亿名用户使用的成功产品。

　　10年的时间里，我所研究的对象一直在发生变化，每换一个新的项目，都意味着要研究新的用户群体、新的市场和新的业务；我使用的产品方法，也随着产品行业的发展不断发生着变化，我会增加新的方法，也会对现有方法进行改进，还会淘汰一些过时的方法。

　　在这么多的变化里，唯一不变的只有一颗产品经理的初心。

　　我喜欢做产品，喜欢产品经理这个职位。

　　这是一个能够真正解决问题的职位，产品经理发现市场存在的问题，发现那些让用户感到困扰的问题，并且设计产品方案来解决这些问题。产品经理有机会服务数以百万计、数以千万计的用户，为其创造价值。这是产品经理的魅力所在。许多不同身份的人加入产品行业，把自己的时间、精力、梦想，还有对未来生活的向往，都寄托在自己所负责的产品里。

　　当产品成功时，产品经理会感到兴奋；当产品失败时，产品经理也会感到沮丧。很多时候，产品经理的情绪甚至比创始人更加浓郁。

　　但是，这是一条充满荆棘的道路。

产品经理有可能实现自己的梦想，只是"有可能"，而不是"必然"。

产品经理的成长存在极大的阻力，也可以将这种阻力称为"瓶颈"。许多产品经理在能够独立负责一款产品之前就可能"夭折"在成长的过程中，只有极少数人能够突破瓶颈，最终成长为优秀的产品经理。

什么是瓶颈？

如果你发现自己长时间没有明显的进步，1年、2年，甚至3年、4年，这就表示你遇到了成长中的某个"瓶颈"。

本书的第一部分内容对"瓶颈"做了一些分析，我会和你一起探讨瓶颈是如何形成的，当然也会一起探讨突破瓶颈的方法。

希望这部分内容能帮助你找到突破瓶颈的方法并突破瓶颈。

第 **1** 讲

无法成长的原因

·思考一下·

在现在的岗位上做相同的工作内容，持续10年，你就拥有了10年的产品从业经验。

这样的经历能否让你成为一名产品总监？

产品经理的不安

从表面来看，产品经理的从业经验会变得越来越丰富，参与过的产品、设计过的功能也会越来越多，似乎一切都在往好的方向发展，只是内心深处总有一些不安。尤其在看到大厂裁员的信息时，不安感会越来越强烈。

这种不安来自两个速度：**成长速度与时间流逝的速度。**

时间流逝的速度对每个人都是相同的，对应的是从业时长。无论如何工作，无论是否取得成绩，只要在产品的岗位上工作1年，就有1年的从业时长，工作10年，就有10年的从业时长。

成长速度则因人而异，对应的是产品能力，有的人成长速度较快，1年的从业时长已经具备2年的产品能力，也有的人成长速度较慢，3年的从业时长仅具备1年的产品能力。

时间流逝的速度与成长速度之间的差值，就是产品经理感到不安和焦虑的原因。

举个例子：

当在产品行业工作了10年，即拥有了10年产品从业时长后，我们就可以在市场上应聘产品总监的岗位了，或者说只能应聘产品总监的岗位。

对于普通的产品岗位而言，企业可以招聘更年轻、更有成长潜力的产品经理，没有必要招聘有10年经验的产品经理去执行普通产品经理也能完成的任务。所以，大多数的普通产品岗位会婉拒有10年经验的应聘者。

当拥有10年的产品经验时，不论我们是否愿意，都会被市场推到产品总监的竞争当中。此时，从业时长仅是招聘时的次要条件，企业在招聘时，更看重与从业时长相匹配的产品能力。以产品总监为例，假设企业要求应聘者具备10年以上的产品从业经验，那么，其具体的要求应该是具备10年以上的产品从业时长，以及具备10年以上的产品能力。

从业时长的增加取决于时间流逝的速度，即使什么都不做，只要在产品岗位上任职10年，就能具备10年的产品从业时长。

产品能力取决于产品经理的成长速度。成长速度是一个变量，有时很快，有时很慢。当遭遇瓶颈时，成长速度还会在很长一段时间内无限趋近于0。这也意味着，即使有的产品经理具备10年的从业时长，也可能只有5年的产品能力。

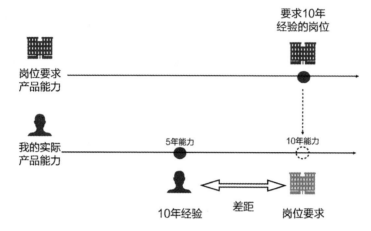

产品经理的成长可能处于停滞状态，但从业时长始终以稳定的速度增长，以至于从业时长与产品能力之间的差距越来越大，这种差距也会反映在市场竞争当中。

不安感来自较低的成长速度，成长速度越慢，不安感越强。

许多有着较长从业时长的产品经理每天都处在危机当中，感到焦虑、不安。根本原因还是自己的能力并不像从业时长一样匀速增长，甚至越到后期，越能明显感到自己所具备的产品能力没有提升。

当产品能力低于从业时长时，一方面，应聘高从业时长要求的岗位，会出现能力不足的问题；另一方面，应聘低产品能力要求的岗位，则会出现"太老"的问题。这是最糟糕的情况，应聘者无法获得高级岗位的录取通知，也无法获得低级岗位的录取通知。

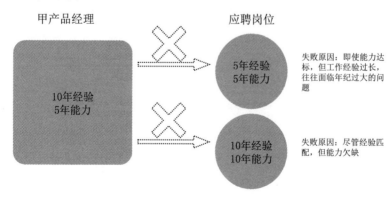

唯一的方法就是提升自己的成长速度，突破自己的成长瓶颈，让成长速度超过时间的流逝速度。

怎么样才能快速成长？如果已经遇到了成长瓶颈，该怎么办？

量变并不总能引起质变

当感到不安、想要加快成长速度时，你会采取什么样的行动？也许是更加努力工作，学习更多的技能，完成更多的工作任务。

我们发现，有一部分产品经理尽管没有出彩的成绩，但确实很努力，加最多的班，完成最多的任务，即使休息时间，也会尽最大努力给自己充电，尽可能让自己处于忙碌状态。例如，画更多的原型图，写更多的需求文档，甚至进行更多次的项目模拟、产品模拟，学习更多的课程等。

简单来讲，就是追求"量变"。

我们相信量变能够引起质变，所以，在不知道该怎么做和做什么时，就会采取增加数量的策略，希望数量的变化能让自己实现质量的变化。

理论情况下，量变确实可以引起质变，每一次数量的增加，都会让我们更接近质量的变化。就像我们从家里步行到公司，迈出的每一步，都是一个数量的变化，都会让我们离抵达公司这个质变更近一些。

但实际上，量变往往不能带来质变，相对理论而言，现实环境总会被许多限制条件所局限，其中，时间是最大的限制条件。

质变是有时间限制的。即使数量的变化能产生质量的变化，如果不能在有限的时间内完成相对应的数量，也是徒劳的。

我们可以步行前往公司，但在一线城市里，大多数人都无法通过步行的方式上下班，因为存在时间的限制。我们无法在有限的时间里，通过步行的方式，在9:00前抵达公司。尽管步数的变化会让我们一点点地接近公司，但在时间结束时，我们仍然处于通勤的路途中，无法实现"准时上班"的质变。

时间是量变引起质变的客观条件，当时间无限时，大多数事物的量变都能引起质变。当时间有了上限时，大多数事物的量变就无法引起质变了。所以，我们在思考自己的职业规划时，最重要的考虑因素就是时间的限制。

当时间无限时，大多数事物的量变都能引起质变

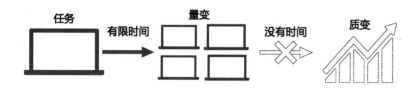

例如，你想成为一名产品总监，不考虑时间的限制，就可以通过无数的原型、文档、功能，最终成为一名产品总监，这可能需要30年、50年，甚至更长的时间。

仔细想一想：你真的有那么多的时间可以投入吗？

人的寿命是有限的，这一点就决定了产品经理所能够投入的时间不是无限的。职业寿命也是有限的。按照产品行业当前的情况，产品经理只有10年的寿命，如果10年的时间里没能成为一名产品总监，就会逐渐被边缘化。

假设我们在20岁踏入产品行业，那么就需要在30岁之前完成质变；如果入行的时间较晚，25岁才踏入产品行业，那么就需要在35岁之前完成质变。

只有成为产品总监，才能延续产品经理的产品生涯，突破10年的职业寿命。

现在想一想，产品经理面临的问题是"如何成为产品总监"吗？

不是，产品经理面临的问题是"如何在10年内成为产品总监"。

画10年的原型图，写10年的需求文档，做10年的产品功能，是否能实现产品经理到产品总监的质变呢？

答案是否定的。10年的时间里，仅仅凭借原型、文档、功能的数量变化，无法帮助产品经理实现质量的变化。

实际上，大多数产品经理一旦从繁重的工作任务当中停下来，其内心深处就会涌现出不安感、危机感、焦虑感，这种感觉随着产品经理从业经验的增加而变得更加强烈。工作任务更像一针麻药，通过表面上的努力，让自己产生"被需要""被认可"的错觉，以此来麻痹自己，减少对未来的不安和恐惧。在缺少方法的情况下，产品经理只能寄希望于数量的变化，寄希望于勤奋、努力，以及不可控的运气。

其实，在当前的工作内容里，无论投入多少时间、实现多少需求，产品经理都无法实现更进一步的成长。

所以，有时候会特别羡慕由领导者带领的产品同行。在领导者的带领下，他们总能走在正确的道路上，不必一直摸着石头过河。

被误解的"优秀上级"

如果在已知的工作任务里找不到能够快速成长的方法，即使想做出改变，也会因为找不到正确的方法而被迫停留在原地。此时，上级的影响就体现出来了。

如果你身边有一位优秀的上级，他就会告诉你新的方法，拓宽你的视野，扩大你的格局，提出更多的指导和建议，帮助你突破瓶颈。

经常会有这样的现象，同样是有1年经验的产品经理，有的具备3年以上的产品能力，有的甚至只有半年的产品能力，为什么会有如此大的差异？原因是上级不同。

举个例子：

你尝试做一个"分页"功能，当用户访问某个列表页面时，默认加载 20 条数据，一旦用户触发"加载更多"的操作，则加载第二页的 20 条数据。

普通的上级会告诉你，某个页面需要具备分页功能；优秀的上级则会告诉你，分页功能可以让用户更快速地得到反馈，避免用户在数据加载过程中流失。

分页功能的核心意义在于将内容分批次返回给用户，这样可以避免用户进入"等待加载"的状态。

假设某页面一共包含 1000 张图片，如果一次加载完成，需要 60 秒等待时间，通过分页的处理方式，将 1000 张图片分成 100 页，每页仅展示 10 张图片，就可以避免 60 秒的等待时间，甚至可以让用户察觉不到内容加载的过程。

上级确实可以极大地影响产品经理的成长速度。但是，有一个问题：上级有责任帮助产品经理成长吗？

产品经理和上级都是公司的员工，只是分工不同，负责完成不同的任务。严格来讲，两者是基于工作内容的合作关系。上级分配工作任务给产品经理，然后对产品经理的输出产物进行验收，这是上级的职责。至于产品经理的成长问题，上级没有帮助产品经理成长的义务，也没有帮助产品经理成长的责任。

所谓的优秀上级，其实是我们杜撰出来的一种精神寄托，一个能够解释自己没有成长的合理借口。

公司安排给上级的任务是带领团队，提升某项数据，或者占领某个市场。因此，他们需要首先考虑公司的利益，其次考虑产品的利益，最后才在有时间、精力的情况下，提高团队成员的能力。当下属的成长与公司的利益发生冲突时，所有人的选项都是牺牲下属的成长，确保公司的利益。而且，上级的工作任务更繁重，压力也更大。

在这样的情况下，**上级一方面没有义务、没有责任帮助产品经理成长，另一方面也没有精力和时间来帮助产品经理成长。**

举个例子：

如果你是一名产品主管，你所负责的产品从 1000 名用户发展到了 100 万名用户，这个阶段需要通过数据分析来驱动产品后续发展的策略，但你的产品团队中没有人具备数据分析的能力。

作为一名产品主管，你是选择用一年的时间让团队成员去提高数据分析能力，还是选择直接招聘一位拥有一年数据分析经验的产品经理，尽管这会让你被迫辞退一位产品经理？

答案是后者。

上级可以用一年的时间让团队成员去提高数据分析能力，也可以直接招聘一位拥有一年数据分析经验的产品经理。后者可以立即产生贡献，解决当下的问题，前者却需要公司等待一年的时间，这会让公司失去许多机会，也会增加许多风险。

产品经理与上级原本就是基于工作任务的合作关系，双方以任务的分配及任务的完成状态为焦点，在工作中产生互动的行为。如果产品经理无法完成某项任务，或者效率、价值较低，对于上级而言，换人永远是最优先考虑的策略。

现实中衡量上级是以产品为标准的。无论上级是否能帮助产品经理成长，能够让产品走向成功、为公司创造价值的，才是真正意义上的"优秀上级"。不能让产品成功、屡战屡败的上级，即使能帮助产品经理成长，也无法称为"优秀上级"。

从一开始，公司就没有为上级分配帮助团队成员成长的任务。上级的任务是将产品做成功，而不是培养某位团队成员。

我们必须清晰地认识到一件事：**从始至终，"成长"都应该是产品经理自己要负责的任务。这是私事。**

现在，可以尝试思考这个问题了：**为什么自己无法成长？**

这是一个需要产品经理自己思考和探索的问题，它与上级无关，与公司无关。

无法成长的原因

现在看来，"无法成长"是每个产品经理都会遇到的问题。我们将其理解为成长过程中的一个特殊状态会更加合适。

处于"无法成长"的状态，产品经理仍然可以很出色地完成任务，对于当前的岗位依然可以贡献价值。问题在于，产品经理的未来缺少目标，没有方向，无法想象明年的自己应该是什么样的，无法想象接下来的产品生涯会出现什么样的变化，感觉每天都在做相同的事情，即使再过一两年，也不会有任何变化。

这是一种临界值状态，跨过去，就意味着进入了一个新的阶段，也会重新开始成长，如果没有跨过去，就无法继续成长。

就像装满水的杯子，无论再加多少水，杯子始终处于饱和状态，无法再容纳任何一滴水，问题的本质是装水的容器，是这个杯子。我们需要换一个新的杯子，一个更大的杯子，这样才能继续容纳更多的水，才能继续成长。

认知，就是装水的杯子。换一个更大的杯子，就是指改变现有的认知，这会让原本简单的事情变得更加复杂。认知的改变，也会让原本无法完成的事情变得可以完成。

在继续解析认知对成长的影响之前，我们可以通过一个故事来感受认知对产品经理的实际影响。这也是我的一次真实经历。

不可能完成的任务

2016年，我和团队接到了一项任务，需要在一天时间内于产品内部上线"聊天室"功能。

这是一个特殊的需求，受到某个突发事件的影响，用户群体呈现出对匿名聊天室的迫切需求，但这样的需求并不具备可持续性，根据评估，该需求的生命周期只有一个月，如果满足该需求，有可能为我们带来数万名新增用户。在当时，这是一次非常有价值的增长。

当接到任务时，团队里所有成员都非常抵触，我们很清楚，这是一项不可能完成的任务。无论是研发团队还是产品团队，都缺少即时通信系统的实施经验。对我们而言，一切都是未知的，不知道从哪里开始、应该做什么、怎么做，受业务特殊性的影响，也无法接入第三方提供的即时通信系统。而且只有一天的时间，这意味着我们必须在一天的时间内开发一套类似微信群聊的"聊天室"系统。

这是一项不可能完成的任务，但最后我们完成了。

我们只用了一天时间就上线了"聊天室"功能，这带来了数万名新增用户。我们还用闲暇时间做了一个监控"聊天室"数据的后台，可以实时看到"聊天室"的在线人数、累计注册人数、用户的对话数量等信息。

一项原本不可能完成的任务最终完成了，一个最大的影响因素就是认知。

在我们的认知里，"聊天室"就是即时通信的群聊模块，实现"聊天室"功能就等于实现"即时通信系统"功能。一天的时间实现"即时通信系统"功能是一项不可能完成的任务，但当认知发生转变后，结果就不一样了。

仔细想想，用户的需求是聊天室，不是即时通信系统。所谓的聊天室，是指多人在同一个场景里进行对话，我们只要提供一个多人对话的场景就可以实现该需求。

即时通信系统只是一种解决方案，除此之外，还有其他的解决方案，如评论系统。评论系统也是一个多人对话场景，所有人都在相同的内容场景里发表自己的评论。

所以，只需要做两处特殊处理，就可以用评论系统搭建出能够满足用户需求的"聊天室"：一是在视觉上呈现出"聊天室"的效果；二是从内容获取角度，采用自动刷新的机制。

至于服务器的请求压力、计算压力，则得益于项目处于早期、用户规模较小的环境因素，通过增加服务器的数量、改善服务器的环境配置来满足需求。

在视觉上，用户会感知到自己身处"聊天室"当中，但其实这是"评论系统"的功能机制。我们设置了3秒自动刷新的机制，每隔3秒，客户端会通过页面自动刷新的方式，来获取最新的评论内容，以此达到与"聊天室"相同的感官效果。3秒的时间，在聊天窗口的视觉效果里，用户并不会认为页面静止无反应，只会产生没有人发信息或者对方正在输入信息的认知。

实现一个临时使用的聊天室并不需要搭建一套即时通信系统，只需要一个长得像"聊天室"的页面，以及"评论系统"的功能逻辑。

以上这样的做法在许多互联网团队里是不被接受和允许，也不被理解的。如果有人说"聊天室"等于"评论系统"，产品经理的第一反应都是排斥，认为对方缺少产品的常识。但我和我的团队还是这样做了，并且取得了很好的成绩。

仔细想想，为什么会有"聊天室"等于"即时通信系统"的认知？从什么时候开始，用户需求直接与功能画上了等号？

产品经理对产品的固有认知束缚了产品的可能性。产品经理认为聊天室就是即时通信系统，自然就不会想到其他的可能性，但"聊天室"只是用户需求的一种表达方式，可以实现该需求的方案并不是只有即时通信系统。

所有已知的功能都是在某个时期被产品经理创造出来以解决特定场景的特定问题的，只是随着互联网的发展，这些功能被更广泛地使用而已。它们并不是先天存在的，而是被从无到有创造出来的。

当认知发生改变以后，产品的道路就会豁然开朗，产品经理会有新的方向、新的目标、新的视野、新的提升方法。但是，当认知一成不变时，产品经理就会停留在原地，迷茫、困惑、焦虑、不安只是认知局限的表现形式。

产品经理的现有认知就是当前成长的极限，因为已经没有了成长的空间，所以才会陷入"无法成长"的特殊状态。唯一的办法就是改变认知，以此获得更大的成长空间。

这样一来，产品经理就会开始新阶段的成长，直到遇到下个瓶颈。

固有认知的影响

以下这个问题，或许可以让你更深刻地感受到固有认知带来的糟糕影响：

已知红宝石是指红颜色的宝石，那么蓝宝石是指什么颜色的宝石呢？

通常我们会认为，蓝宝石是蓝色的，但这是错误的。

宝石界将红宝石之外的各色宝石级刚玉都称为蓝宝石，所以会有黄色蓝宝石、绿色蓝宝石、橙色蓝宝石。为什么我们会认为蓝宝石是蓝颜色的？

因为"蓝"字。

在大众认知里，"蓝"是指蓝色，一种颜色。我们看到任何一个字或名词加上"蓝"的前缀，都会认为其与蓝颜色有关，如蓝猫指蓝颜色的猫，蓝帽子指蓝颜色的帽子。所以，就有了这样的判断：蓝宝石是蓝颜色的宝石。

但是，有些时候，"蓝"并不指颜色。

在英国，"蓝血"（Blue Blood）不是指蓝色的血，而是指贵族血统，"蓝月"（Blue Moon）也不是指蓝色的月亮，而是用来形容一个月出现两次满月的现象。

固有认知会极大地影响我们对事物的判断。

工作当中，产品经理以原型图为主要输出产物，如果一直以此为工作核心，难免会形成一个认知：产品经理的工作内容就是画原型图。受到认知的影响，产品经理会追求更快的绘制速度，在短时间里完成更多的原型图的绘制。

这是错误的。

无论原型图的绘制速度多么快、绘制数量多么庞大，如果不能带动数据增长，不能获得较好的市场反馈，就只是在"快速积累"失败案例。而这些失败案例并不能让产品经理变得更优秀，只会让其变得越来越没有竞争力。

固有认知影响了我们对事物的判断。那些在我们的认知里正常的、正确的事情，在另一种认知里有可能是错误的事情。也就是说，我们追求的"正确"，有可能是一种"错误"。我们前行的方向，有可能是一个错误的方向。我们所付出的"努力"，有可能只是让我们在错误的道路上越走越远。

举个例子：

产品经理经常认为自己的主要职责是实现用户的需求，只有实现了用户的需求，才能让产品被用户使用，那些不被用户使用的产品，都是因为没有满足用户的需求。

身边的朋友、同事、领导也持有相同的观点，并且不断地在各个会议当中强调实现用户的需求。在这样的环境里，产品经理就会形成"产品经理的职责是实现用户的需求"的认知。

实际上这是错误的。

用户的需求很多，以至于不可能全部实现，即使腾讯、阿里等一流的互联网企业，也无法实现所有用户的所有需求。这样的背景决定了一个基础认知：**并不是所有用户的所有需求都应该被实现，因为这是无法达成的。**

一旦形成新的认知，产品经理的主要职责就不再是实现用户的需求，**而是从用户的若干需求当中选择某个需求进行实现。**

受到职级、职权的影响，在工作中，产品经理还是会花许多时间去实现用户的需求。但随着职业的发展，其终究要从需求的"实现者"转变为需求的"提出者"，将大部分的时间投入需求的挖掘与需求的选择中，并且提出自己认为应该实现的需求。

如果将"实现用户的需求"视为主要职责，那么产品经理就偏离了成长路径，其成长目标、学习目标、工作目标也都会因此发生变化，等同于一开始就走上了相反的赛道。

尽管产品经理积累了非常多的需求实现方案，但这些方案无法帮助其挖掘新的需求，也无法帮助其在多个需求中进行选择。

"产品经理的主要职责是实现用户的需求"，这样的认知限制了产品经理的成长，持续时间越长，与他人的差距就会越大。

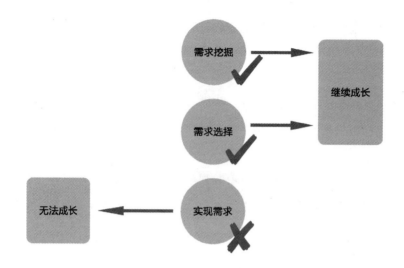

有的产品经理虽然拥有10年产品经验，积累了大量的需求实现方案，但是没有需求挖掘与需求选择的能力，那如何与他人竞争产品总监的岗位？毕竟，对于企业而言，只有能够挖掘出高价值需求的产品总监才是称职的产品总监。

这就是固有认知对产品经理的影响。

当产品经理在自认为"正确"的道路上前行时，有可能是在"错误"的道路上越走越远，离自己的目标也越来越远。

现在，你知道无法成长的原因了吗？

认知是产品经理成长的底层逻辑，认知局限是产品经理无法成长的根本原因。

· 自 我 检 测 ·

你可以做一个自测，来判断自己是否处于"无法成长"的状态。尝试独立思考以下问题。

1 今年的自己是否比去年的自己有显著的成长？

2 你认为明年的今天自己是否还会有更大的成长？

3 你是否正在朝着产品总监的方向发展？

4 你觉得还需要几年自己才能成为一名产品总监？

5 你是否只是机械地工作？

重 点 内 容

1 在求职过程中，产品经理需要积累"从业时长"及相匹配的"产品能力"，单纯地积累从业时长而忽视产品能力的提升，只会让自己陷入竞争的劣势。

2 在思考达成目标的方法时，需要增加时间限制，只有在限定时间内能够达成目标的方法才是真正有效的方法。

3 上级是合作伙伴，没有责任也没有义务帮助产品经理成长，不能从是否会"带人"的角度判断上级是否优秀。

4 成长从一开始就是自己的任务，需要独立面对、独立思考。

5 一旦形成了错误的认知，就会偏离产品经理的成长路径，与优秀的产品经理背道而驰。

6 无法成长是因为产品经理已经触达现有认知的成长极限，缺少成长的空间，突破认知才能继续成长。

接下来探讨认知形成的原因，只有理解了认知形成的原因，产品经理才能更好地理解打破认知的方法。

第 **2** 讲

"破圈"：继续成长

当你与100位经验丰富的产品经理交流时，他们都告诉你，产品经理的工作任务就是画原型图和写需求文档。你会如何看待产品经理这个岗位？

群体决定了我们的认知

现在，你是否会好奇是什么决定了我们的认知？

不妨做个小游戏。这里准备了三杯饮料，游戏玩家并不知道杯子里具体装的是什么饮料，唯一知道的信息就是这些饮料在市面上十分常见，可以放心饮用。

游戏规则如下：

（1）三人一组，每人分得一杯饮料。

（2）在饮用前，先猜测杯子里的饮料名称。

（3）饮用杯子里的饮料，验证自己的猜测是否正确。

（4）猜测正确，则获胜；猜测错误，则失败。

你是第三位玩家，其他两位玩家已经完成了验证，结果如下：

玩家A：猜测是"雪碧"，验证结果是"可乐"。

玩家B：猜测是"王老吉"，验证结果仍然是"可乐"。

现在，请猜测：你认为杯子里的饮料会是什么？

我曾经与一些读者做过这个游戏，猜测是"可乐"的概率超过了80%。玩家A和玩家B的游戏结果让他们产生了"杯子里的饮料是可乐"的认知。

但是，游戏规则并没有告诉我们三杯饮料是相同的，看似三人一组的游戏，实际上是一人一杯的游戏，玩家A与玩家B的验证结果对于玩家C的猜测而言，并不具备参考价值，只是，玩家C还是会被他们的游戏结果所影响。

潜意识里，将别人的验证结果视为重要的参考标准，形成"杯子里的饮料很可能是可乐"的认知，这是"从众效应"的一种表现形式，也是认知形成的过程。

当作为某个群体的一员时，我们的认知就会受到群体的影响，会怀疑并改变自己的判断，朝着与大多数人一致的方向发展，群体的人数越多，这种影响越明显。

试想一下，假设游戏里一共有10人，其中9人都证实了杯子里的饮料是可乐，我们的猜测是否会更倾向于可乐呢？如果有100人参与，其中99人都证实了杯子里的饮料是可乐，又会怎么样呢？

工作当中，领导者、创始人、产品同事、研发人员、运营人员共同构成了一个"群体"，这个群体对产品经理的期待和判断影响了产品经理的认知。

当作为一名产品新人踏入工作岗位时，你或多或少会有一些期待，想要做出一款能为用户创造价值的产品，想要改变一些事物或社会现象，内心里有使命、有荣誉。但是，在工作当中，其他同事看待产品经理的眼光不断地对你施加影响，久而久之，初心不见了，激情也没有了，剩下的只是乏味的画图和永无休止的文档，以及各种混乱的沟通。因为群体里的大多数人都认为产品经理的工作就是画原型图、写需求文档、沟通。

举个例子：

如果领导者非常关心需求实现的进度，每天都询问开发进度、产品进度，那在与其长时间相处的过程中，你也会更加重视进度，也会将"跟进实施进度"视为产品经理的主要职责。

你会花费大量的时间在进度的确认和沟通上，还会花很多的时间来调整自己的负面情绪，避免影响团队的和谐气氛。

长时间受到群体的影响，你就形成了一个认知：延期是不被接受的，延期是错误的。

仔细想想，对于很多需求而言，延期一天、一周，真的有很大的影响吗？在大多数情况下，延期并不会影响需求上线后的结果。**决定结果的，终究是需求本身，而不是上线的时间。**

那些非常棒的需求，即使延期，也完全不会损害其价值；而很多没有价值的需求，即使提前上线、立即上线，依然没有任何价值。

从众效应是个体在群体活动中的客观现象。心理学家研究发现，不同类型的人受群体影响的程度会有一些差异。一般来讲，年龄小的人比年龄大的人更容易受群体影响，经验少的人比经验丰富的人更容易受群体影响。

在我们还是新人，还没有形成独立的自我认知时，很容易受所接触的群体的影响。所以，能在一开始就遇见好的团队和优秀的上级，毫无疑问是幸运的，这会让新人在群体的影响下，形成积极的产品观和正面的产品认知。

然而，大多数产品经理都会在一个糟糕的环境下成长，如老板缺少格局，上级只是一个"传话筒"，产品同事以完成任务为目标，将产品经理视为画图经理、功能经理等。这样的公司必然无法发展壮大，也无法长久存续。这样的经历给一些产品新人带来的影响是无法忽视的。

受群体的影响，非常多的产品经理从一开始就走错了道路，以至于虽然从

业时间越来越长，但真实的产品能力一成不变。他们有丰富的产品经验，3
年、5年甚至更长，但履历就像一份互联网公司的死亡清单，每家公司都以失
败告终，每款产品都面临着"上线即停运"的败局。

这些失败经历的影响并不只是让产品经理失去了一份工作，更重要的是影响
了他们的认知。

处于糟糕的群体中，产品经理难免会接收到错误的指令、错误的要求，被领
导用错误的标准衡量，被分配到错误的任务，并且当自己提出一些可能正确的建
议时，也会被忽视、被反驳、被批判。

这就是群体对产品经理的认知施加影响的过程，持续的时间越长，产品经理
越会怀疑自己的能力，怀疑自己对产品的理解，为了迎合群体而改变自我认知。
并且，产品经理会形成一些新的、错误的认知，如"产品经理没有门槛""产品
经理要会测试""产品经理要确保项目进度"。

这样的"认知"与优秀群体的"认知"截然不同。优秀的产品团队更关心
"为什么要做"，以及"应该做什么"，不太重视"怎么做"，而普通的产品团
队更关心"怎么做"，不太重视"为什么要做"。

这也导致产品经理在面试时陷入了"小公司"的死循环，能够拿到录用通知
的，不是早期创业公司，就是外包公司。越秉持糟糕的产品认知，越会与"三观
不正"的公司结缘，而与"好公司"越来越远。有很多经验丰富的产品经理直到
退出产品行业，也未能真正踏足产品领域。

产品经理必须清楚地认识到：现在对产品和产品经理的认知或许并不是自身
真正的判断，只是受群体影响的结果；现在认为重要的事情也并不是真正重要的
事情，只是受到某个群体的影响才得出的结论。或许，与公司背道而驰的想法也
不一定是错误的，可能只是与该群体的理念不符。

更重要的是，产品经理必须认识到：群体并不是只有一个。

产品的百家争鸣

春秋战国时期有一个特殊的现象，被后世称为"百家争鸣"，用来描述不同

学派的涌现及各种学派之间争芳斗艳的局面。孔子、老子、墨子是"百家争鸣"的代表人物。除此之外，据《汉书·艺文志》记载，数得上名字的学派一共有189家。各个学派阐述自己的主张和认识，互相争辩、互相批评，取长补短，涌现了大量真知灼见。

历史学家的研究发现，"百家争鸣"局面的形成受五大因素影响。

其一，政治因素。社会处于大变革时期，各诸侯国林立纷争，为了取得霸主地位，竞相招贤纳士，运用不同思想学说使自己的国家富足强大。

其二，经济因素。经济有了极大发展，促使一部分人有时间从事学术活动。

其三，科技因素。科学技术取得了较大的进步，标志着人们知识水平的提升。

其四，文化因素。私学的出现打破了"学在官府"的局面，人们所学习的内容，从原本的官方制式内容转变为五花八门的民间学派个性化的内容。

其五，学术自由因素。各个学派与政治权势相对独立，他们阐述哲理，议论时事，但不依附于政治集团，而是秉持"用我则留，不用我则去"的行动原则。

这五大因素共同影响了"百家争鸣"局面的形成。

让我们换一种语言来表达相同的因素。

其一，政治因素。互联网时代是商业社会的一次大变革，互联网公司林立纷争，为了公司业务的发展，都在招聘优秀的产品人才，运用不同的产品方法，开展不同的产品业务，提升公司的营收与扩大市场规模。

其二，经济因素。较高的薪资收入让部分产品经理有时间去研究自己的方法，并将自己的方法分享出来，形成自己的影响力。

其三，科技因素。公众号、今日头条、抖音及其他新的媒介，让产品经理可以用更多的方法，以更快的方式获取信息。

其四，文化因素。产品没有"官方"，没有所谓的产品标准，这意味着产品经理所学习的产品知识都来自民间学派，这些内容都是非标准的、非制式的，每种观点都在摸索中前行。

其五，学术自由因素。如果在公司有用武之地，产品经理可以借助公司的资源实现自己对产品的理解；如果与公司的理念不符，产品经理也可以离开，寻找另一个有相同理念的公司。

你发现了吗？当下，产品经理已经处于"百家争鸣"的时代背景里，产品不是"一家"之言，而是"百家"争鸣。

用大变革来形容互联网给商业社会带来的改变丝毫不为过。越来越多的传统行业开始互联网化的革新，网络应用程序也从原本的娱乐逐渐渗透到人们生活的方方面面，移动支付、生活服务、智能家居、智慧工厂，即使政府，也开始向互联网化的方向发展。

功能实现需要遵守操作系统提出的规则。Android是谷歌推出的操作系统，遵循谷歌提出的规则，iOS则是苹果推出的操作系统，遵循苹果提出的规则。产品经理无法实现一些操作系统不支撑的功能，就像不能要求一台没有摄像头的手机提供拍照服务一样。

但产品没有"官方"，产品经理也没有"官方"，这意味着产品是没有标准的，可以兼容各种各样的理论，可以容纳它们同时存在，并且同时发展。

产品经理可以崇尚心理学，运用心理学来设计产品，也可以崇尚效率，以效率为标准来设计产品，没有孰对孰错。每个产品经理都有机会提出自己的理论，发表自己的观点，自成一派。

产品总监及那些获得高级产品岗位的产品经理有足够的时间去形成自己的产品体系，并将他们对产品的认知发表在行业媒体上。他们尽管没有学者的头衔，却践行了学者的使命：按照自己的认知对产品行业做出解释，提出自己的主张，传播自己的理念。犹如春秋战国时期的诸子百家著书立说，广收门徒，他们在社交网络和行业社群里高谈阔论，互相诘难。若干年后，或许后世也会将现在称为产品行业的"百家争鸣"时期，认为这个时期的产品经理奠定了产品行业的理论知识体系，进一步推动产品行业乃至互联网行业的进步与发展。

这是我们要清楚认识到的客观事实：每个学派背后都对应了一个"志同道合"的群体。学派众多，也就意味着产品经理可以划分出若干群体。

产品经理的群体有若干

相对于其他行业，产品经理是统一的大群体；相对于行业内部，产品经理则可以划分出若干小群体。群体与群体之间，有的相似，有的相异，有的甚至完全相反。例如，崇尚用户体验的产品经理与崇尚商业收益的产品经理就是相反的两个产品群体，前者提倡用户体验，后者在一定程度上牺牲用户体验。

不同的公司原本就是一个不同的群体，公司的创始团队决定了公司的产品文化。有的公司以技术驱动，追求技术上的突破、创新，视产品为技术的外在表现形式，期望产品能充分发挥技术优势；有的公司则以运营驱动，通过高强度的运营活动，抢占更大的市场份额，视产品为运营活动的承载物，期望产品能够满足运营活动的需要；也有的公司以产品驱动，以产品为核心，希望通过产品层面的创新来改善人们的生活和工作，让产品成为人们生活和工作中不可或缺的一部分。除此之外，还有以商务驱动的公司、以投资人意见驱动的公司、以政府意见驱动的公司、以数据驱动的公司、以营收驱动的公司、以市场占有率驱动的公司等。

即使同一家公司，也可能存在多个产品群体。一些规模较大的公司会成立多个项目组，每个项目组都会成立自己的产品经理小组。有的项目组是"用户至上"理念的忠实拥护者，将产品体验、用户满意度视为最高标准；有的项目组则是"利益至上"理念的忠实拥护者，能不能赚钱、赚多少钱是他们最关心的事情；还有的项目组是"数据驱动"理念的忠实践行者，没有数据材料，就没有话语权。

对产品经理而言，群体并不是只有一个，每个群体提出的观点主张都不太一样。这意味着产品经理并不需要强迫自己"全能"，具备所有的"核心能力"，只需要响应某个群体所提出的观点主张，具备该群体所要求的"核心能力"即可。

当身处阿里时，产品经理要融入阿里的企业文化，秉持阿里的产品理念，为社会提供服务；当身处腾讯时，产品经理要融入腾讯的企业文化，拥抱腾讯的产品理念，为用户提供服务。但产品经理无法同时为两个企业工作，也无法同时存在于两个群体中，所以，产品经理并不需要既为社会提供服务又为用户提供服务。

在网络当中搜索产品经理的核心能力，可以轻易找到数十个答案，并且每天都会有新的答案出现。但这些核心能力总是与产品经理的实际工作难以契合。

例如，当有名望的产品经理强调用户至上时，你的实际工作却强调营收至上；当产品专家强调数据驱动时，你的实际工作却强调老板驱动；当产品权威强调共情时，你的实际工作却强调工期。你所做的事情与成功产品经理提出的概念似乎永远无法达成一致，如同自己做了一个"假"的产品经理。

把这些所谓的核心能力理解成群体吧，每个核心能力背后都对应了一个群体。准确地讲，应该是每个群体都会提出自己认为的核心能力，这些能力也仅在该群体里被称为核心能力，一旦换个群体，就不再是核心能力了。

产品经理的群体需要被分解成若干个群体，每个群体都有自己的理念。这也传递出了一个更重要的信息：**相对于产品行业的所有群体而言，你所接触的产品理念仅仅是若干分之一，远远无法代表整个产品行业。**

如果你处在一个糟糕的群体当中，不要心灰意冷，也不要急着否定一个行业，要将它视为在漫长人生当中做的一个错误选项，就像爱迪生发明灯泡所排除掉的1600种材料。如果你无法认同该群体所提出的产品理念，那就继续寻找，也许下一个就是与你志同道合的群体。

在"百家争鸣"的时代中，"用我则留，不用我则去"。当然，这里的"去"不是"离开"，而是"破圈"：跳出当前所在群体，再进入下个更适合的新群体。

什么是"破圈"

"破圈"等于跳槽吗？是不是跳槽了就能"破圈"？

跳槽对于产品经理而言并不陌生，很多时候产品经理都会有跳槽的想法和冲动。例如，对薪资不满意、对工作内容不满意、不认同领导的产品理念、无法融入团队、想要抓住更好的机遇等，非常多的因素都会让产品经理产生跳槽的想法。但是，跳槽并不总能如愿。

有的产品经理3年换了3家公司，这些公司的老板没有战略规划、用户分析、数据分析，也没有需求分析，只是画原型图和写需求文档。尽管这些产品经理从业时长增加了3年，但实际的产品能力倒退了，很多技能在实际工作中无法得到实践也被遗忘了。

有时候，跳槽确实可以让产品经理"破圈"，前提是进入一家比现在更好的公司。但是，大多数跳槽是一种拼运气的行为，谁也不确定下一家公司是更好还是更糟糕，运气好，就"破圈"了，运气不好，就继续碰运气，不知不觉中陷入越来越糟糕的恶性循环。

跳槽并不等于"破圈"。

在成长的过程中，产品经理会遇到许多"因果倒置"现象，而且它们不太容易被察觉。有些被大众承认的因果关系，其实也是一种"因果倒置"。例如，大厂的产品经理都很优秀，所以，如果想成为一名优秀的产品经理，就应该先去大厂。

这是许多人的想法，产品经理会特别在意自己是否能进大厂，似乎没有进大厂，就无法成为一名优秀的产品经理；没有大厂经验，就一定会比别人差，在竞争中也一定处于劣势。这是一种典型的"因果倒置"。

大厂的每个产品岗位竞争都非常激烈，只有足够优秀的产品经理才能从成百上千个候选人中脱颖而出，也正是因为这些优秀的产品经理进入了大厂，才促使大厂的产品经理变得更优秀。并不是大厂的产品经理优秀，而是优秀的产品经理才能进入大厂。

一旦把因果关系梳理清楚了，你就会发现，产品经理要做的事情不是想尽办法进入大厂，而是想尽办法提升自己的能力，让自己变得足够优秀。

跳槽就能"破圈"也是一种"因果倒置"。**不是因为跳槽而"破圈"，而是因为"破圈"才跳槽。**"破圈"是因，跳槽则是"破圈"后的必然结果。那些没有带来改变的跳槽，甚至越来越糟糕的跳槽，都是缺少了"因"。如果自身没有改变，即使跳槽也不会带来任何改变。

到底什么是"破圈"？

我们知道，产品经理的群体有若干个，群体的水平参差不齐，如同金字塔，好的群体都在塔尖，越往上，面积越小。只有进入更好的群体，才能"破圈"。

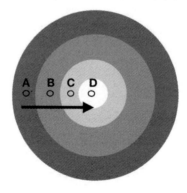

"破圈"的目的就是让产品经理从低等级圈层进入高等级圈层，低等级圈层的产品经理只是"画图经理"，像没有情感的工作机器；但在高等级圈层，产品经理是设计师，每个元素、每个文案都包含产品经理的设计理念。

为什么要进入高等级圈层？是为了更好地成长吗？

不是，是为了生存。

民间有一句俗语："人，除了生死，没有大事。""破圈"，进入高等级圈层对于产品经理而言，就是一件关乎职业生死的大事。

在低等级圈层里，产品经理只是被动地实现其他人的需求，不论这些需求是正确的还是错误的。没有人关心需求真正能带来的价值，没有人考虑需求背后的风险，只有不断地画原型图、写需求文档、沟通。即使优秀的产品经理也无法在低等级圈层里长时间生存。

产品经理想要研究用户、挖掘市场的价值、创造价值，但在低等级圈层里不允许这样做，不允许做实现需求以外的其他事，即使这些需求是错误的。

很多时候，产品经理会觉得自己无法融入公司，有时候，也会怀疑自己是否适合做产品经理。或许，这只是低等级圈层里固有的特征，是产品经理的产品理念不适应该群体所提倡的产品理念。

在低等级圈层里停留的时间越长，就越容易被同化，即使原本优秀的产品经理，也会逐渐从一个需求的提出者、一个充满激情和使命感的产品经理，变成"一台产品机器"。毕竟，相对于整个群体而言，个人的声音实在微不足道。而且，在职责上，产品经理必须完成领导安排的任务，即使任务是错误的或毫无意义的，也必须服从命令。

所以，"破圈"并不是让产品经理变得更好，而是让你能在产品行业继续生存下去，能够继续充满希望地做一款能为用户、为社会创造价值的产品。

对于每位产品经理而言，只有离开低等级圈层，进入高等级圈层，才能做一些正确的、有意义的事情。所以，**"破圈"的目的不是成长，而是生存。**

如果你喜欢产品岗位，对产品有所憧憬，请重视"破圈"，也要尽可能快地"破圈"。

"破圈"的方法

"破圈"很难。圈层不仅影响产品经理的认知，还是一道信息壁垒。对于专业领域而言，所有的信息几乎都在对应的圈层里流通，就像我们无法知晓拳击手的训练方法一样，双方不在同一个圈层里。

产品经理也是如此，电商产品经理无法知晓社交产品经理的提升方法，2C（Customer to Customer）产品经理也不会知晓2B（Business to Business）产品经理的提升方法。每个圈层都有某种隐形的壁垒，可以有效阻止信息向其他圈层流动，也能阻止其他圈层的信息渗透到本圈层。所以，本圈层无法接触到其他圈层的信息。

这意味着"破圈"处于一种"无法学习"的状态，人们没有办法去学习一个无法感知其存在的事物。

"破圈"也很简单，只要有人将另一个圈层的信息传达到本圈层，就可以实现"破圈"。这个人有很多种称呼，如导师、引路人、领导者，但我更愿意称其为产品教练。

产品教练是产品经理的长期陪伴伙伴，会引导产品经理自主思考。产品教练与培训讲师不同。培训讲师通常以传授技能为主，同时面向多位学生，以讲授课程为主要活动，课程结束后，老师和学生的关系也就终止了，时间可能极为短暂。产品教练更侧重激活人们的思维，锻炼人们寻求解决办法和对策的能力。

举个例子：

如何组织一次需求评审？

培训讲师会将"需求评审"设置成一门课程，告诉产品经理需求评审包含哪些环节，每个环节需要怎么做。这门课程主要讲述需求评审方法。但需求评审方法不止一种，在不同场景里、不同的群体中，所采用的方法也不太一样。

小版本的需求评审只需要罗列一个需求清单，告知团队在某个较短的时间内需要实现哪些需求即可。大版本的需求评审则需要向团队完整地阐述一个需求，为什么要做，解决了什么问题，未来可能存在什么样的变化，以及怎么做。

产品经理会发现，很多时候参加的培训课程都无法在实际工作中应用，因为产品经理的工作场景与培训讲师的工作场景并不完全相同。

产品教练则会采用另一种做法，通过提问的方式激发产品经理自主思考，再根据思考的结果，给出错误或正确的提示，引导产品经理进行更深层次的思考。比如，产品教练会问：

（1）为什么要做需求评审？

（2）要达成什么目的？

（3）有哪些人参加？

（4）这些人对需求评审持有什么样的诉求？

（5）你认为应该如何组织这次需求评审？

……

整个过程以一对一的引导为主，其目的是让产品经理自己找到最适合当下环境的解决方案。产品教练更希望产品经理能掌握思考问题的方法，并根据环境定制解决方案，提升独立寻找解决策略的思维能力。

当然，产品教练对产品经理最大的帮助在于"破圈"。

产品教练自身也处于某个高等级圈层中，能够将该圈层的信息通过引导的方式传递给产品经理。

在需求评审的案例中，产品教练提出的5个问题，也是大厂的产品经理所要具备的思维方式，即不去生搬硬套所谓的标准，而是针对每次需求评审的特征去思考最合适的评审策略。整个过程中，产品经理所得到的就是另一个圈层的信息。

"破圈"难的原因就在于圈层之间有信息壁垒，一旦壁垒被打破，产品经理能够接收到高等级圈层的信息，那么，"破圈"就只是时间问题了。

思考一下：

你所在圈层中的每个人都将产品经理视为"画图经理"，每天的工作就是不断地画原型图。受信息壁垒的影响，你接触到的也都是"画图经理""传话筒"等消极信息。

此时，你的身边出现了一位产品教练，他告诉你另一个圈层的产品经理是如何设计产品的、如何分析需求的，以及如何思考的。在这样的情况下，你是否能看到"破圈"的可能性？

"破圈"的关键在于产品教练。通过产品教练窥探另一个圈层的产品经理的

思考方式，打破圈层的信息壁垒，接收高等级圈层的信息。

接下来应该思考的问题是谁才是产品教练，产品经理又应该如何找到自己的产品教练。

寻找产品教练

在很多行业都存在教练角色，例如，优秀运动员背后往往都有一位私人教练，上市公司的高管团队背后也存在教练角色。

产品经理也可以采取相同的教练策略来帮助自己"破圈"。只是，教练不存在于培训机构，也不是授课的讲师，通常没有固定的寻找路径，这样的特征增加了产品经理寻找产品教练的难度。并且，产品经理也很难判断某位产品前辈是否适合做自己的产品教练。

下面有一些判断标准可以帮助产品经理降低识别产品教练的难度。

1. 头衔

曾经担任产品总监，并且持续1年以上。

产品总监是产品经理的最高级岗位，拥有更大的权限及责任，视野更广。他们能准确地对产品经理的能力进行判断，并给出准确的修正建议。这就是"降维打击"，利用产品总监对产品行业的理解解决产品经理遇到的问题。

2. 经验

拥有丰富的产品实战经验，至少7年以上。

产品经理的存续比我们想象得要残酷，许多产品经理都会消失在成长的过程中，所以，从业时间的长短也能证明产品教练是否具备核心竞争优势。从业时长能够帮助产品经理过滤掉许多不合适的人选。

3. 产品观

产品教练的产品观是产品经理能够认同并接受的。

产品行业没有统一的产品观，每位产品教练都会有自己对产品的理解，也都会有自己独特的产品观。如果他的产品观无法让你认同，那就表明他不适合做你的产品教练，你们会有非常多的分歧与争辩，勉强组队只会耽误双方宝贵的时间。

别忘了，你所接收到的信息也决定了你将进入哪个群体，如果接受一些你无法认同的观点，只会让你进入一个你无法认同的工作环境。

4. 一对一

这是最后一个标准，要区别对待授课讲师与产品教练。

教练的引导一定是"一对一"的，针对存在的问题，给出最合适的解决方案。问题不同，解决方案就不同，所以，这样的引导无法通过"一对多"的授课方式来完成。教练侧重定制、侧重引导，只沟通，不上课，而授课讲师侧重标准化、侧重教学，只上课，不沟通。教练的引导只能是"一对一"的，只有这样，才能帮助产品经理最大限度地激发自己的潜力，才能确保成功"破圈"。

用以上四个标准可以辨识一个人是否适合做自己的产品教练，通过选择合适的产品教练可以极大地增加你"破圈"的成功率。

还记得"百家争鸣"吗？

"鸣"的含义是发表自己的见解，而"家"的含义是思想流派。这是寻找产品教练的重要线索。

那些在行业里发表自己见解的产品经理都有可能成为产品经理的教练。例如，产品领域的公众号作者、产品社区的认证作者、产品类图书的作者、产品课程的老师等。他们自身所代表的就是产品领域的思想流派，每篇文章、每个视频都代表了他们对某些事物、某个问题的见解。所以，产品教练并没有隐藏起来，相反，为了发表自己的见解，他们活跃在主流的产品社区。产品经理可以先积极地接触各个产品流派，了解流派背后的发声者，通过上述的四个判断标准，衡量他们是否适合作为自己的产品教练。如果适合，那就说服对方与自己签订一个长时间的引导契约，获得对方长时间的"一对一"指导。

需要强调的是，产品经理对产品教练最核心的期望是，在产品教练的影响下，形成新的产品认知。如果这样的产品认知并不是自己想要的，那当认知形成以后，就会将自己带入不喜欢的工作环境里，本质上，这仍然是一个恶性循环。所以，在与产品教练相处的过程中，一旦发现产品教练传达的理念是自己无法认可和接受的，就及时停止这段关系，避免越走越远。同时，继续寻找下一位更适合自己的产品教练。

这虽然很困难，却是一个可执行的方法，也是一条能够真正帮助产品经理在产品行业走下去的道路。就像牛顿说的："站在巨人的肩膀上。"

"表里不一"的职场策略

当拥有了一位产品教练时，产品经理就同时涉足了两个产品群体：一个是当下所在的公司构成的群体，另一个是以产品教练为核心的群体。两个群体所提倡的产品主张、产品观点可能是截然不同的，这会让产品经理陷入混乱，也可能产生一些意想不到的风险。所以，要采用一种有效的职场策略——"表里不一"——来处理这种混乱。

如果一个人的表面与内在不一致，人们就会说他表里不一，这是一个贬义词，但在职场里，"表里不一"被视为一种职场策略，是职场人的智慧结晶。

严格来讲，所有处于低等级圈层想要通过"破圈"进入高等级圈层的产品经理，都需要采取"表里不一"的策略。一方面，满足低等级圈层对产品经理的期望，以此换取生存所需要的资金，以及成长所需要的时间；另一方面，在产品教练的引导下，完成相关的思考和任务，以此换取成长所需的养分，以及更好的发展空间。

这也就意味着产品经理同时有两个目标，并且这两个目标可能是互斥的，在此将两个目标定义为"表面目标"与"内在目标"。

表面上，产品经理响应公司的价值观，完成公司安排的任务。内在里，产品经理利用私人时间研究自己认可的产品观，为了成为优秀的产品经理，学习一些在当前工作中不会被使用的知识与方法。

举个例子：

在公司中，你是一位后台产品经理，但自身对后台没有什么兴趣，想要成为一名数据增长产品经理。

此时，就需要采取"表里不一"的策略。一方面，完成后台相关的工作任务，获得酬劳和额外时间；另一方面，利用私人时间跟随产品教练学习数据增长知识，掌握相关技能。

只有这样，你才能在未来的某一天，依靠自己对数据增长的研究，获得数据增长产品经理岗位，成功实现"破圈"。毕竟，后台产品经理所掌握的技能及现有产品认知无法通过数据增长产品经理岗位的面试，只有满足岗位的要求，才能成功任职该岗位。

在职场中，"表"是指在工作中表现出的态度、观点，"里"则是内心真实的想法，兼具"表"和"里"会让产品经理"破圈"的道路走得更顺畅。

· 自 我 检 测 ·

现在，你知道了认知是如何形成的。在此通过一些简单的测试，来判断你的认知是否受到了影响。

尝试独立思考以下问题：

1　一周的时间里，你在什么类型的任务上花费了最多的时间？估算一下，一共花费了多少小时？

2　同样的一周时间里，你在什么类型的任务上花费了第二多的时间？估算一下，一共花费了多少小时？

3　你在做有价值的事吗？

（尝试按照价值大小对你的工作内容进行打分，满分10分，意味着这项工作具有最高的价值。你会给自己的工作内容打多少分？）

4　你的岗位是重要岗位吗？

（尝试按照重要性对自己的岗位进行打分，满分10分，意味着这个岗位非常重要。你给自己的岗位打多少分？）

5　你是否为自己是一名产品经理感到自豪和高兴？

· 重 点 内 容 ·

1　认知是在群体的影响下形成的，群体向产品经理灌输什么样的信息，产品经理就会形成什么样的认知。

2　产品行业正处于"百家争鸣"的时代背景下，产品经理对产品的认知不是单一的，而是多元化的。

3 产品经理的群体有若干，产品经理所处的群体只是其中一个。每个群体所遵循的产品观并不完全相同，甚至完全相反。

4 "破圈"的结果是跳槽，但跳槽不等于"破圈"，只有跳入更好的环境，才真正地实现了"破圈"，这需要产品经理先形成更好的产品认知。

5 "破圈"的方法是寻找一位产品教练，他能帮产品经理接触到高等级圈层的信息，进而形成更好的产品观。

6 产品教练活跃在行业中，他们发表自己的见解，形成自己的产品流派，通过四个判断标准可以降低识别产品教练的难度。

7 "表里不一"是一种职场策略，可以增加产品经理成功"破圈"的概率。在保障生存的情况下，也能让产品经理拥有更长远的成长目标，抓住实现梦想的机会。

打破认知（上）

开荒时代，我们需要碰运气；

发展时代，我们更需要依赖方法。

作者寄语

产品认知决定了产品经理成长的上限，我们的努力就是在认知的范围内不断接近上限值的过程。认知也决定了我们努力的方向，以及努力的内容。

如果我们对产品经理的认知是画图经理，那么努力的方向就是更快地画图、画更好看的图，努力的内容也只是更好地运用各种原型工具，画更多的图。

如果我们对产品经理的认知是为尽可能多的用户提供服务，那么努力的方向就是如何获得更多的用户，如何让这些用户使用产品，如何挖掘这些用户的需求。当然，努力的内容也会转变为思考和研究，而不是简单的执行。

认知是可以改变的。

所谓认知，就是人们对事物的理解与看法，每件事物都可以从不同的角度去理解，能得到截然不同的看法。例如，对普通人而言，水果刀可以切水果，是很方便的生活工具；对航空公司而言，水果刀是可以产生安全隐患的危险物品，被禁止带上飞机。水果刀本身没有变化，但我们对水果刀存在不同的认知，这种认知差异就形成了喜爱与排斥两种截然不同的结果。

改变认知的方法，就是从一个新的角度去看待相同的事物。

需要强调的是，**改变认知，并不是学习新的技能，也不是接触新的工作任务，而是从另一个角度去看待当前的工作任务**。这是一种底层能力，当视角发生转变时，我们就能发现新的问题，为了解决这些问题，就需要扩充自己的知识仓库。

在因果关系里，认知改变是因，技能提升是果。认知发生了改变，在新认知的牵引下，我们需要学习新的技能。这些新技能也是为了更好地践行新的认知。但是，在认知未改变的情况下，盲目学习更多的技能和方法，仅仅扩充我们的知识仓库，则无法将这些新的知识灵活地应用在实际工作中。所以，首先要做的就是在现有工作任务的基础上，调整自己看待事物的视角，先改变认知，再去学习由新认知所延伸出来的技能与方法。

这也是本书第二部分主要阐述的内容——"打破认知"。在这部分内容里，本书针对产品经理最常见的概念展开讨论，包括"用户""功能""需求"。每个概念都会被分解成两部分内容，一部分内容用于打破现有的认知，另一部分内容则用于重建新的认知。

第3讲：打破对"用户习惯"的认知。这会是一场有趣的讨论，毕竟，我们都知道要遵循用户习惯，但真的是这样吗？

第4讲：建立一个新的认知：影响用户的行为。这将为你揭开产品的神秘面纱，也会让你找到新的成长方向，届时不再将画原型图视为"画图"，而是将其视为充满思想的"设计"。

第5讲：打破对"标配功能"的认知。这是在产品工作里最常出现的现象，总有许多以"应该做"为理由而去实现的功能，实际上，它们并不应该被实现。

第6讲：建立另一个认知：对功能进行过滤。探讨某个具体的产品方法论，这将极大地提升产品经理在做功能设计时的准确度，也将极大地提高产品的成功率。当然，最重要的是，你将知道哪些功能是不应该做的。

第7讲：打破"不被认可"的认知。在产品经理的工作中，总会出现"拒绝""不认可"的现象，如领导拒绝产品经理提出的需求，同事不认可产品经理提出的需求，所以，产品经理也常常会感到不被认可，但这是错误的。

第8讲：建立第三个认知：衡量需求的价值。专业产品经理，会使用一些方法，客观地衡量需求的价值。这能够很好地辨识需求，可以让需求成为一个可衡量的对象，判断需求价值的高低。这样就可以避免提出"不被认可"的需求，也能用更有力的理论依据来让对方认同自己提出的需求。

现在，你准备好了吗？让我们一起打破现有的认知，尝试去建立新的认知吧！

第 **3** 讲

影响用户行为

有没有人告诉你，在设计产品时需要遵循用户习惯，这样可以让用户更方便地使用产品，避免产品失败？

如果有这样一款产品，它的交互设计不符合用户习惯，甚至是用户从未尝试过的操作方式，你认为这款产品会失败吗？

用户习惯与产品成败

2015年，我参与开发了一款内容型社区产品，那是一款新产品，且在当时处于起步阶段，在设计分享功能时，有两个方案可供选择。

A方案：将"分享"功能置于页面右上角的"更多"功能中，效仿微信的设计方法，遵循用户习惯。

当时，微信的分享功能置于右上角"更多"的功能菜单里，直到2020年，分享功能才有了另一个触发入口。

B方案：在内容顶部和底部均设置分享功能的触发按钮，这不符合用户习惯，但它是一种创新的产品设计。

如果你是这款产品的负责人，你会采用哪种方案呢？是遵循用户习惯还是选择创新？

用户习惯的来源

现在，人们已经习惯使用互联网产品，即使在接触一款新产品时，也是带着"惯性认知"来体验和使用的。惯性认知就是人们通过其他产品培养出来的使用习惯。

在产品设计过程中，有一个指标叫作"易用性"，是指最终给用户使用的产品是否容易使用。通常情况下，易用性越差，用户越难以接受一款产品。惯性认知就是用户用来判断产品易用性的一种"感性判断"，符合惯性认知的产品，易用性就好，是一款好产品；不符合惯性认知的产品，易用性就差，是一款糟糕的产品。

所以，就有了这样的概念：**我们要遵循用户习惯，不应改变用户习惯，只有这样，才能做出被用户接受的产品。**

然而，遵循用户习惯就一定能做出被用户接受的产品吗？不遵循用户习惯，做出的产品就一定不被用户接受吗？两者真的存在必然联系，或者仅仅是一种巧合？

用户习惯与成败论

有很多因素会导致产品走向失败。有的产品用户规模庞大，但没能实现商业变现，最终被越来越高的运营维护成本拖垮；也有的产品运作了很长时间，就是没有用户使用，开发团队失去了热情，主动关停了服务，但没有一款产品的失败是完全因为违背了用户习惯。

也有很多因素让产品走向成功。有"烧钱"抢占市场，依靠资源堆砌起来的成功；有站在风口上，依靠趋势造就的成功；也有稳重发展，潜心打磨，依靠长时间积累孕育的成功，但没有一款产品的成功是完全因为遵循了用户习惯。

即使现在的微信，对于用户而言，也存在许多疑问和困惑。经常使用QQ的用户会吐槽微信，为什么不像QQ一样，做一个群文件夹，方便向群成员同步文件；经常使用钉钉的用户也会吐槽微信，为什么不能像钉钉一样，提供信息阅读状态的功能，让用户知道对方是看见了不回复，还是真的没看见。

微信并没有遵循用户习惯，但其成了人们生活中的一部分，并且培养了属于微信独有的用户习惯。

作为局外人，我们用来判断产品成功或失败的因素只有用户习惯，其他对结果会产生巨大影响的因素是我们难以接触到的。

微信团队在开放朋友圈广告之前，做过多次小规模的灰度测试。他们在部分用户的朋友圈中植入了广告，观察这部分用户使用情况的变化：朋友圈的使用频率是否下降，在朋友圈的停留时间是否下降。直到测试结果能够被微信团队接受，朋友圈的广告才被正式全量投入使用。但这个过程，大多数人是不知道的，也是看不见的。

人们能看见的只有广告呈现的样式与正常朋友圈内容的样式相似，以及朋友圈植入广告的做法一方面没有引起用户的反感，另一方面也帮助微信获得了巨大的商业利益。于是，就有了这样的结论：微信遵循了用户使用朋友圈的习惯，所以，朋友圈广告成功了。

事实的真相却是微信团队背后付出的努力，从广告质量到基础策略，再到数据检验，一点一滴地探索，经历长时间持续投入，才最终达成结果。其过程中所遇到的困难和所付出的努力，远远不是用户习惯可以概括的。

产品成败与用户习惯并不是一种必然的联系，而是一种偶然的巧合。在人们不知道核心因素的情况下，这种巧合使一些不核心乃至不重要的因素成了核心因素。

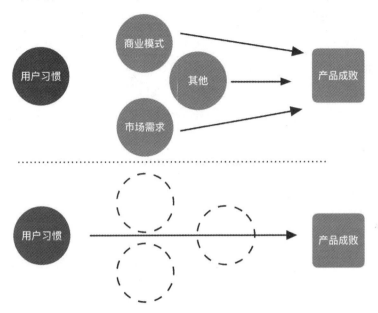

在信息缺失而我们又迫切地想得到一个答案时，用户习惯就成了最好的答案。因为得到这个答案最简单、最快速，毕竟我们自己就是用户，是否符合自己的使用习惯，总是很容易判断的。但是，这个答案是错误的。

先有产品，再有用户习惯

在商业层面，先有商业模式，再有具体实现商业模式的产品，商业模式不同，产品就不同，所以应该以商业模式衡量产品的成败。在市场层面，先有市场占有量，再有提供服务的产品，市场占有量不同，产品就不同，所以应该以市场占有量衡量产品的成败。在用户层面，先有需求痛点，再有解决痛点的产品，痛点不同，产品就不同，所以应该以需求来衡量产品的成败。

我们需要找到那些能真正影响产品成败的因素，因为它们，产品才取得了成功，也因为它们，产品才走向了失败。但是，用户习惯与产品成败的因果关系是相反的，并不是因为用户习惯导致了产品的成败，而是因为产品的成败决定了用户习惯，产品是"因"，用户习惯是"果"。

有的产品成功了，用户持续使用这款产品，就会形成惯性认知；有的产品失败了，用户无法继续使用这款产品，已经形成的认知也会被逐渐淡忘。

开心农场是一款轻游戏，曾经风靡一时，对于大部分用户而言，"偷菜"是这款游戏最大的一个乐趣，一方面要抢时间偷好友的菜，另一方面要抢时间防止好友偷自己的菜。

2008—2009年，很多开心农场玩家每天都会给自己调整好闹钟，即使半夜，只要"收获"时间一到，也要立即起床收割自己的庄稼，顺便偷一波好友种的菜。"今天你偷菜了吗"成为2009年的十大网络流行语，学生也好，白领也好，当时人们最常交流的话题就是"偷菜"。

在这段时间里，"偷菜"就是开心农场培养出来的用户习惯，许多后起的轻游戏，都会植入类似"偷菜"的玩法。然而，现在已经很少有人谈论"偷菜"的话题了。随着时间的流逝，"偷菜"这项曾经被视为用户习惯的操作行为已经完全消失了。

任何一个用户习惯都来自某个产品设计方案。在长时间使用某款产品时，用户会逐渐形成惯性认知。如果追溯习惯形成的源头，人们会发现一个事实：**所有用户习惯都是在某个时间点被首次设计出来的。**

生活中的电器及现在的互联网，均是在某个时间点被人们发明或设计出来的。在这些产品被发明之前，用户习惯完全不存在。

习惯的形成需要人们熟悉某种操作，而熟悉的基础是掌握这种操作，掌握的前提则是设计者将这种操作进行设计并最终实现。作为新的用户习惯的源头，已经没有其他用户习惯可以借鉴了，这套设计方案是首创的，也是独一无二的，对于用户而言，必然是陌生的，并不符合惯性认知。持续时间长了，这些不符合惯性认知的首创会逐渐演变成新的用户习惯。在这个过程中，设计方案也会发生一些变化，或许和最初的设计完全不一样，但是一脉相承。

用户习惯并不是一个分析结果，不是因为用户习惯怎么操作，我们就怎么设计。实际上，用户习惯是一个分析对象。能够成为用户习惯的设计方案，必然是在某些条件下能够对用户行为产生影响，若无法影响用户行为，设计方案也会在演变过程中被淘汰。

我们将用户习惯视为一个分析对象，挖掘设计者背后的思想，思考设计者为什么要这样设计，这也是一次与设计者的隔空对话。其目的在于思考这些设计方案是通过什么方式来影响用户行为的。

这就是产品经理的主要能力：对用户行为施加影响。问题是，用户行为可以被影响吗？

开篇思考题的答案：

曾经的微信将"分享"定义为工具性的功能，不需要对用户行为施加影响，因此"分享"功能被放在不容易影响用户的位置。但对于新的内容型社区产品，"分享"功能还承担了"拉新"的使命，需要设计者对用户行为施加影响，尽可能地让用户产生分享行为，以获得新用户，因此，需要将"分享"功能放在容易被感知的位置。

两种设计方案代表了产品的两种态度：不影响用户行为和影响用户行为。

用户行为可以被影响吗

在创业过程中有这样一个小插曲，当时团队正在研发产品的1.0版本，大家都比较辛苦，我就买了两箱猕猴桃，想给团队补充一下营养。然而，实际效果并不好，一个星期后，猕猴桃几乎原封不动，似乎所有人都不喜欢吃猕猴桃。

于是，我做了一个小小的改动，将已经成熟的猕猴桃从箱子里拿出来放在公司前台，一个一个排列整齐。同事上班进公司，顺手拿一个，吃完午餐回公司顺手拿一个，下班回家也顺手拿一个，第一批放在前台的猕猴桃很快就被"消灭"了。

猕猴桃还是同样的猕猴桃，放置的位置不同，"销量"就会有较大的差异。猕猴桃放在箱子里，无人问津，放在前台，却受到眷顾；堆成一堆的猕猴桃无人问津，整齐排列的猕猴桃却受到眷顾。

是什么因素影响了同事的行为呢？

用户行为是在外在环境的影响下产生的。天气热了就想喝冷饮，天气凉了就要加衣服，一旦外在环境发生变化，用户行为也会随之变化。所以，用户行为其实比想象中更容易受到影响，只需要改变用户所处的外在环境，就能影响用户行为。

外在环境包含了许多因素，其中一部分因素能够被用户感知到，这部分能被感知到的因素会引起用户产生心理层面的判断，最终的判断结果会通过行为反馈给外在环境。

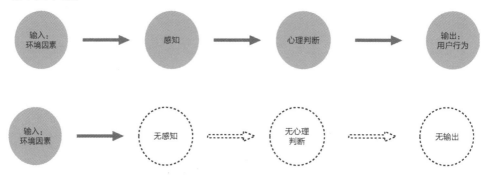

这是用户与环境交互的过程，环境因素是输入，用户行为是输出。感知与心理判断是逻辑处理的过程，一些不能被感知到的环境因素，用户并没有接收到这些信息，也就不会产生对应的行为。

例如，在电商产品的秒杀模块里，就有一个用来影响用户感知的字段：划线价。常规的商品信息加上"划线价"信息，组成了"现在买更便宜"的信息，用户正是受这个信息影响，买下了许多看似有用而实际上自己并不需要的商品。

环境因素让用户产生了"买到就是赚到"的感知，进而让用户形成了"不买就亏了"的心理判断，影响了用户的下单行为，最终促使秒杀模块比普通商品模块有更高的下单率。

但也有一些电商产品的划线价设计得不明显，字体极小，颜色极浅，删除线极粗，用户不仔细阅读的话，很难感知到划线价的存在或难以明确感知到被划线的金额。这样的做法看似突出了秒杀价格，弱化了划线价，实际效果却往往不尽如人意。表面上，这种方式弱化的是"划线价"，实际上被弱化的是"差价"，用户感知不到划线价的存在等同于感知不到"现在买更便宜"，也就不会产生"不买就亏了"的心理判断，这个环境因素就无法影响用户的下单行为了。

现在，已经有很多制造业推出了电商专供的商品，这些商品并不会在市场上流通，定价策略也不用考虑市场的接受度，可以定一个较高的价格，再用线上秒杀、团购等形式，将原本的正常售价定义为限时的秒杀售价，平常时段则派发大量的优惠券。目的就是让用户"感觉"降价了，进而影响用户的消费行为。表面上，用户购买参加秒杀的商品是因为降价了，但实际上，用户并不知晓真实的原价是多少，只是"感觉"降价了。

在产品设计过程中，产品经理不仅需要为用户提供可执行的"行为"，更重要的是为"用户行为"构建一个"外在环境"，植入一些环境因素。通过环境对用户施加影响，进而影响用户感知，影响用户判断，最终影响用户行为。

所以，严格来讲，当代的产品经理并不是实现需求，而是影响用户产生我们需要的行为，这也是产品经理的核心能力。

影响用户行为是一种能力

很多时候，产品经理在遇到成长瓶颈时会不断扩展自己的能力宽度，不断掌握新的能力，每种能力都能让人眼前一亮，但这些能力在实际工作中很难得到应用。

产品经理需要掌握的能力很多，而且大多数能力都很抽象，从同理心、共情，到需求分析、用户分析，再到原型图、流程图、需求文档等的制作，这些能力看上去完全没有关联性，杂乱无章。

例如，"同理心"，它可以帮助产品经理理解用户，但是怎样才算理解了用户？有界定条件吗？理解了用户，又能带来什么影响呢？

产品经理知晓许多能力，但不代表可以很好地应用这些能力，除非认识到它们的本质——**更好地影响用户行为**。

同理心、需求分析等几乎是所有产品经理都需要掌握的能力，都是为了更好地影响用户行为。就像一场射击游戏，"能力"是弹药，"影响"就是瞄准镜，"用户行为"则是目标。命中靶心就能100%影响用户行为，如果"脱靶"，对用户行为的影响为零。

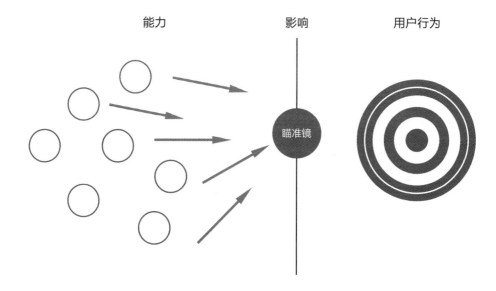

在产品设计过程中，我们所使用的每个字段放置的位置，都能影响用户行为。即使一句文案、一个颜色，其目的都是尽可能有效地让用户产生我们期望的指定行为。这是一种极为特殊的能力，也是产品经理的专属能力。

当然，做产品比射击要困难许多，极少有产品能命中靶心，100%影响所有用户，如果命中了，通常都会带来颠覆式的改变，如"淘宝前"和"淘宝后"，"移动支付前"与"移动支付后"。

在大多数情况下，我们的目标不是影响所有用户，而是影响部分用户，规模越大，难度越大。

经典的影响用户行为的产品设计

"分享复活"是小游戏里出现较多的一个产品方案。用户在游戏中的角色死亡时，便会触发"分享复活"的业务逻辑，如果用户完成分享行为，便可以复活游戏角色，还可以得到一些游戏道具作为奖励，如果拒绝完成分享行为，游戏就到此结束了。

这个产品方案让不少小游戏开发者获得了百万流量，有的开发者团队依靠这个功能，实现了每天百万元营收流水，但也一度让微信社群充斥着各种各样的小游戏分享链接，影响了微信社群的质量。直到2018年5月，微信官方明确规定，不得强制要求用户分享，并且封禁了许多小游戏开发者，这才遏制了大批的跟随者。

"分享复活"就是通过"人性的贪婪"对用户行为施加影响的产品方案。"贪婪"体现在游戏过程中，是"不想结束，想要继续"的心理反应，越进行到游戏后期，越已经取得了较好的成绩，这种心理反应越强烈。

在正常的游戏里，用户只想单纯地玩游戏，不会产生分享的行为动机，即使在角色死亡时，也不会有"分享"的意识，通常用户只有两个选项，不玩了或再玩一局。"分享复活"功能就是用来影响用户行为的环境因素，让用户产生"还没有结束，只需要分享一下，就可以继续挑战"的感知。这就给了用户第三个选项：复活，继续挑战。

在"贪婪"的驱使下，这项功能成功对用户行为施加了影响，让用户完成了"分享"行为，这也是产品经理想要用户完成的目标行为。

为了扩大影响范围，让更多的用户产生"分享"行为，开发者也会控制游戏角色在关卡的死亡时间。

在什么时间死亡用户分享的意愿最强？是刚开始游戏的时候，还是游戏接近尾声的时候？答案是后者。游戏开发团队不仅研究死亡时间与分享意愿的关系，还会研究死亡因素与分享意愿的关系。简单来讲，一款小游戏的设计包含了对死亡因素和死亡时间的设计。

所以，产品经理并不是简单地实现需求的岗位，而是能够影响用户行为的重要岗位。影响用户行为也不只是一种理想化的概念，更是产品经理应该掌握的一种核心能力。正是因为这项能力，产品经理才成为互联网团队里不可替代的核心成员。

产品经理的不可替代性

互联网团队中的每个岗位都拥有不可替代的能力。程序员的能力是"实现"，将想法变成可被使用的功能；测试工程师的能力是"质量"，保障用户在使用过程中是顺畅的、安全的；设计师的能力是"审美"，为用户营造一个良好的使用环境。

相对于这些岗位，产品经理不可替代的能力是什么呢？是制作原型图、需求文档、流程图，还是需求分析、数据分析？以上这些仅是用来解决某种特定问题的能力，只是我们做过的，或者将要做的某件事情，尚不足以成为代表产品经理身份的能力。在缺少引路人且没有遇到好的机遇的情况下，许多产品经理会徘徊一年、两年甚至更长的时间，逐渐成为功能型产品经理。大家都很困惑，到底产品经理的价值是什么？如何形成壁垒？

实际上，"对用户行为施加影响"就是产品经理不可替代的能力。

用户行为由三个因素构成：①用户的感知；②用户的心理判断；③环境因素。

改变"用户的感知"需要和用户面对面交流，借助话术，通过对用户心理活动的洞察影响用户的感知，这是销售人员所擅长的领域。

改变"用户的心理判断"需要长时间与用户接触，持续影响用户的心理活动，简单来讲，就是影响用户的局部价值观，这种方式常用于心理治疗、心理干预等领域。

改变"环境因素"是产品经理擅长的事情，也是最核心的事情。

尝试思考一个问题：你看中了一款陶瓷杯，但有两个商家都在销售，唯一不同的是本月的销量数字，你会选择买左边的还是右边的？

本月销量 10 000只

本月销量 10只

商品销量也是商品的一个属性，表面上左图和右图产品相同，但其实差异很大。左图表达的含义是本月已被购买10 000只的陶瓷杯可能是畅销款、网红杯，右图表达的含义则是销量很普通的杯子。

数字越大，对用户行为的影响也就越大。

"销量"是一个可以影响用户行为的数字，对于消费者而言，销量越高，代表认可的人越多，也代表越有保障，既是一种安全感，也是一种从众心理。

除此之外，商品排行榜的设计、好评的设计，乃至秒杀、团购、优惠券的设计，均是为了影响用户的消费行为而被设计出来的环境元素，通过改变用户浏览商品的环境，促使用户完成下单的行为。

在某种意义上，用户行为在一定范围内是"可控"的，可以被产品经理精准控制。

还记得产品经理在工作中需要解决的问题是什么吗？

- 用户新增缓慢，如何设计一套裂变功能，让用户频繁地分享？
- 日活跃用户数量太少，如何提升日活跃用户数量？
- 用户留存周期太短，如何延长用户留存周期？
- 订单转化率太低，如何刺激用户下单？

这些问题的背后都有一个相同的问题，就是"如何影响用户行为"。

页面上每个元素的呈现方式、呈现位置及业务流程中的每个状态，乃至事件里的每个判断条件，均是产品经理用来影响用户行为所施加的环境因素。这意味着，用户在使用产品时正处于产品经理为用户构造的特定环境中，处于可被产品经理影响的瞬时状态中，用户即将产生的行为完全受产品经理构造的环境因素影响。

能否抓住有限的机会，成功向用户施加影响，并影响用户行为，是产品经理的特殊能力，是产品经理的价值所在，也是产品经理不可替代的原因。

未来可期

互联网环境已经从"开荒"阶段进入了"发展"阶段，原本一个市场只有一个团队在耕耘探索，现在，不仅是市场，即使市场里的某个切入点，也有多个团队在同时推进。

项目一立项,竞争就开始了,有同行业的先行者、后行者,还有关联行业的跨域竞争者,也有大厂的降维竞争者。简单来讲,任何一个创业项目都有不少于三个竞争对手,并且,随着项目的发展,竞争对手会越来越多,当进入B轮时,市场上或许已经有超过10个团队在做同样的事情。

这意味着现代互联网公司已经失去了"唯一性"的优势,不再是"垄断式"发展,**而对于用户而言,需求依然是存在的,但满足需求的方式不再是单一的,而是多元的。**

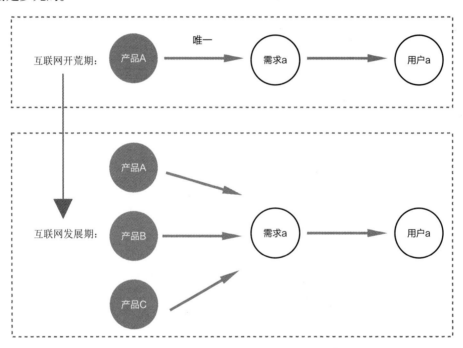

很多互联网产品都会陷入一个困局:发现了用户的需求,并且提供了很棒的解决方案,但是没有用户使用,而一些竞品提供的解决方案很糟糕,反而收获了大量的用户。同样,也有非常多的互联网产品已经清楚地认识到现代互联网的特征,有意识地对用户施加影响,在核心业务的基础上增设了非常多的周边业务,这些业务存在的目的便是影响用户行为。

如果说核心业务需求的潜在用户规模有1 000人,其中,使用产品的用户大概只有100人,产品经理可以通过某种方式对用户行为施加影响,让产品可以被超过10 000人使用。

产品经理可以影响用户的分享行为，让用户分享更多次，更高频率地分享，也可以影响用户口碑传播的行为，让产品的名字或内容经常出现在真实的交流中，甚至可以推出类似于分销的功能，让用户产生主动推广的行为。

产品经理也是一个增幅器，将原始需求的效果放大、放大、再放大。这种增幅作用，不仅可以作用于产品经理自己挖掘的需求，也包括对其他人的需求进行增幅，如老板的需求、运营的需求，或者团队中任意一个角色提出的需求。这就是产品经理在团队中如此重要的原因，因为他们可以影响用户行为，影响最终的结果，可以将结果放大，可以让团队中每个人提出的需求都能发挥更大的价值。

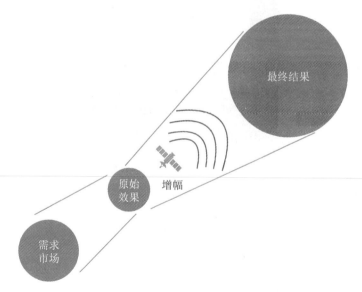

一位优秀的产品经理能够把糟糕的结果变成好的结果，让一款无人问津的产品变成人们生活中的一部分。当然，很多时候，产品经理也会将好的结果变成糟糕的结果，即使有千万名用户使用的产品也可以在短时间内使用户流失过半，甚至成为一款无人问津的产品。

仔细想一想，改变一个结果，最大化实现需求的价值，难道不是产品经理所有工作的出发点吗？

慎重影响用户

尽管产品经理的未来是美好的，但依然会有大量的产品人被行业淘汰，准确地说，是被时代淘汰的。

互联网已经从"垄断"走向"竞争"。在垄断时代，只需要找到一个不一样的需求并实现它，就能赢得大量用户。在竞争时代，能够影响用户使用及让用户持续使用所提供的产品，才是主要的发展方式。这就是淘汰的真相，并不是行业末路，而是市场对岗位的要求发生了变化，要求产品经理必须具备"影响用户行为"的能力。

很残酷，也很现实，不进，则退。

我们研究人性、心理、需求，最终目的是影响用户行为，影响用户的判断。这项能力对团队的应用价值极高，所以，产品经理才能称为稀缺人才，成为团队的核心成员。只是，如果这项能力应用在一些糟糕的事情上，结果也会非常恶劣，对用户的伤害性极强。因此，这也是一项极为危险的能力，在运用时需要三思而后行。

底线不可破

有阳光的地方，就有影子。互联网发展迅速的今天，同样有许多灰色产业，以及犯罪产业。赌博、传销、资金盘、诈骗、裸贷等，这些产品以伤害他人利益，赚取不正当收益为主要目的的，在人们看不见的地方，正有数以百万计的人被这些产品影响，输掉了自己的人生和未来。本书的内容直接或间接地在提升产品经理影响用户行为的能力。因此，在进入核心内容之前，希望你能先阅读以下内容，警惕将自身能力在糟糕的地方使用。并且，作为一名产品经理，也应该遵守一些职业底线，给自己设置一个不可逾越的雷区。

底线一：动机健康

影响用户行为的能力，难以避免会借助人性的弱点，通过暗示、催眠等非常规手段达成目的。但动机要健康，不能以伤害用户为出发点，不能给用户造成持续性的或永久性的伤害。

底线二：对用户有责任心

用户持续使用一款产品也是对产品经理的一种间接信任，产品经理要承担起与这份信任对应的责任。规模越大的产品，产品经理越应该承担对应的责任，不能滥用这份信任，不能辜负这份信任。

对于内容性产品，产品经理要对内容承担监管的责任；对于广告性产品，产品经理要对推广的商品承担监管的责任。

底线三：大恶不为

违反国家法纪、危害社会治安、扭曲人们价值观的事情，不能参与，也不能做，这也是最重要的一条底线。

2018年4月10日，今日头条旗下的"内涵段子"对内容的监管存在严重问题，社区里的内容导向不正，格调低俗，被国家广播电视总局责令永久关闭。当时，"内涵段子"已经达到2亿名用户的规模，2018年4月11日，今日头条宣布永久关闭"内涵段子"，并发布公开道歉信。

产品经理所掌握的能力在互联网的特殊环境里，足以对用户个体、群体，乃至市场、社会产生严重影响，因此有义务承担与之相对应的责任。

以上三点是产品从业人员应该坚守的底线。

· 自 我 检 测 ·

把所讨论的内容带入真实的产品场景，看看你的认知会有什么样的转变。尝试独立思考并完成下列两个练习题。

1 用户退出TV版的优酷时，会有一个推荐内容的弹窗，思考一下，为什么要在用户退出时进行内容推荐。

2 内容型产品通常都会带有"点赞"的功能，思考一下点赞功能的目的是什么，为什么会设计这样一个功能。

· 重 点 内 容 ·

1 是否遵循用户习惯，并不是产品成败的核心因素。

2 用户习惯是用户持续使用某款产品而形成的惯性认知，先有产品，再有用户习惯。

3 用户的行为由三个因素构成：①用户的感知；②用户的心理判断；③环境因素。产品经理主要通过改变环境因素来影响用户的行为。

4 在未来的市场环境中，能够影响用户行为的产品经理将越来越重要。

5 影响用户行为这项能力也可能对用户造成极大的伤害，务必慎重对待。

6 牢记产品经理的三个底线：动机健康、对用户有责任心、大恶不为。

视觉CST法则

· 思考一下 ·

在广告系统里，产品经理喜欢将用户所在城市的信息植入广告文案，比如，北京有82 732位玩家正在玩这款游戏。可以确定的是，用户对城市信息没有需求，甚至用户对广告本身也没有需求。那么，为什么要展示城市的信息呢？

无感知

放在公司前台的猕猴桃，很快被拿走，而放在箱子里的猕猴桃，无人问津。对同事行为产生主要影响的因素就是视觉，前者看得见，后者看不见。

理论上，面对猕猴桃，人们只有"拿"和"不拿"两种选择，但实际情况要复杂一些，人们在选择"拿"和"不拿"之前，还有一个"感知"的环节，需要感知到猕猴桃的存在，才能在"拿"和"不拿"之间做选择。

当猕猴桃放在箱子里无人问津时，表面来看，同事都选择了"不拿"，但其中有相当一部分同事其实还没有做出选择，处于第三种状态"无感知"。

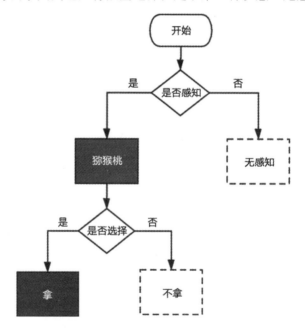

"拿"和"不拿"是对已经感知到的事物进行的选择，而对于未感知到的事物是一种"无感知"的存在。

"无感知"指"什么都没有"，人们不会对"无感知"的事物产生想法，是一种"空"的特殊状态。

实际中的"无感知"比这种情况还要特殊，人们不会发现"无感知"的存在，也就不会面临"拿"和"不拿"的选择。但在最终的表现形式上，"无感知"的表现结果与"不拿"的表现结果是相同的，两者都不会产生用户行为。

　　放在公司前台的猕猴桃很快被一抢而空，并不代表同事的喜好发生了变化，也不是原本选择"不拿"的同事改为了"拿"，而是将"无感知"的状态转变为"可感知"的状态，让一些处于"无感知"状态的同事进入"拿"和"不拿"的选择中。

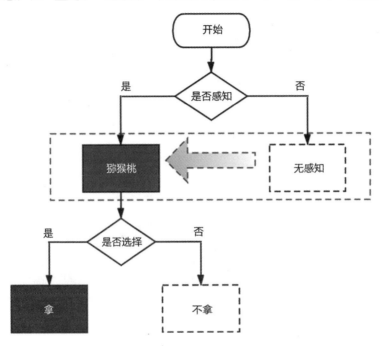

　　人们能感知到放置在公司前台的猕猴桃，但难以感知到箱子里的猕猴桃。

　　视觉，也是大多数互联网产品被用户感知的唯一方式，用户在"看"的基础之上才可能产生具体的"操作行为"。

　　在互联网中，存在大量不被感知的功能，这些功能在视觉上呈现出"看不到，看不懂"的特点，很多时候，用户不使用一些功能并不代表选择了"不使用"，也可能是处于"无感知"的特殊状态。并且，处于"无感知"状态的用户远比选择"不使用"的用户规模要大得多。

　　在产品经理的认知里，用户流失的原因至少有以下两个：

　　其一，用户不喜欢这款产品提供的服务。

　　其二，用户对这款产品提供的服务缺少感知。

　　事实上，后者带来的流失比前者更多。

用户的流失现象

用户行为产生的过程可以分为三个阶段：感知、兴趣、行为，在每个阶段，用户都面临转化和流失两种可能，阶段之间上下关联。

- 只有被感知到的信息，用户才会判断是否感兴趣。
- 只有感兴趣的信息，用户才会判断是否产生行为。
- 只有在操作成本较低时，用户才会产生最终的行为。

理论上，用户完成最终的转化并产生期望行为的可能性只有1/8，而流失的可能性则为7/8。

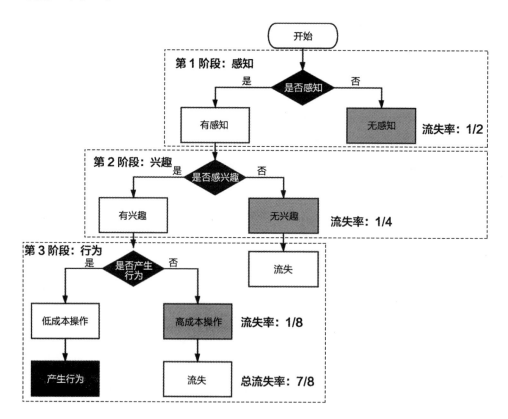

第一阶段：无感知，导致用户流失

用户并不知晓信息的存在，不会对这些信息产生任何想法，处于"无感知"的状态。这个阶段会导致一部分用户在"无感知"的状态下"被动"流失。他们不知道产品提供了什么，也并不知道产品具备什么样的价值，甚至不知道这项产品功能的存在，也就不会产生任何行为。

第二阶段：无兴趣，导致用户流失

以感知为前提，用户知晓这些功能的存在，但对这些功能没有兴趣，主动选择"不使用"，这是一种"主动"流失。

第三阶段：高成本操作，导致用户流失

以兴趣为前提，用户对某项产品功能产生了兴趣，但操作成本太高，在操作过程中产生了困惑、烦恼，最终因为耗尽了兴趣而流失。操作不明确、不知道如何操作、需要执行很多操作步骤等多种因素，使用户无法快速、准确地实现预期的操作方式，都属于高成本操作。这部分流失掉的用户，原本是可以产生行为的，也许会成为产品的忠实用户，但因为较高的操作成本，被迫选择了"不使用"。

无感知、无兴趣、高成本操作都会导致用户流失，导致用户选择"不使用"，但这些"不使用"中有一部分是用户"被迫选择"的。有的用户对某些功能存在真实的需求，但感知不到这项功能，不知道这项功能的存在，则无法产生行为。还有的用户感知到了功能的存在，但在想要产生行为时不知道如何操作，耗尽了兴趣，也无法产生行为。两者都属于用户"被动流失"的现象。

在现实工作中，我们也会经常遇到这样的问题，产品仿佛是漏气的气球，无论投入多少资源，实现多少需求，上线多少新功能，总有大量用户不闻不问，对新功能说"不"。似乎我们做的一切都是无用功，更糟糕的是，产生行为的用户不仅没有增长，而且一些老用户也在逐渐流失。

在流失现象中，除了用户的主动流失行为，也存在被动流失行为，而被动流失行为就像产品里的漏洞，将原本可以产生行为的用户持续转变为流失用户。

理论上，"被动流失"的用户规模比"主动流失"的用户规模更大。

感知、兴趣、行为这三个阶段的每个阶段都面临流失和转化两种可能性：

- 产生行为，占比1/8。
- 主动流失（无兴趣），占比1/4，感知到了，但没有兴趣，导致用户流失。
- 被动流失（无感知）；占比1/2。
- 被动流失（高成本操作），占比1/8。

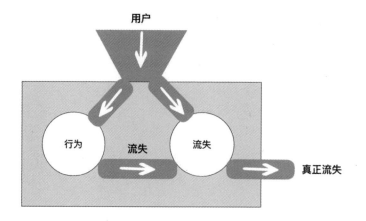

如何堵住这个漏洞？如何减少用户的被动流失？这就是产品经理需要解决的问题。当然，这也是产品经理的技能之一。

视觉设计：CST法则

CST法则是以"视觉影响感知，感知影响行为"为基础理念，以"抓住感知（Catch）、强化兴趣（Strengthen）、触发行为（Trigger）"为核心内容的产品设计方法。同时，CST法则也是一种可以影响用户行为的视觉设计方法。

完整的视觉设计一般分为以下三个步骤。

- "视觉元素设计"由产品经理完成，决定了界面需要呈现的元素。
- "交互设计"由产品经理或交互设计师完成，决定了元素的呈现方式。
- "UI设计"由设计师完成，决定了产品是否美观，也是产品最终的"颜值"。

CST法则是产品经理需要掌握的、用来完成"视觉元素设计"的方法。该法则主张通过视觉元素设计达到对用户的视觉进行干预的目的，进而影响用户的行为。

感知、兴趣和行为是可以通过视觉元素设计进行干预和强化的。

在"无感知"的情况下，增加具有感知强化作用的视觉元素，让用户感知到功能的存在，便可以减少因为"无感知"导致的用户"流失"。

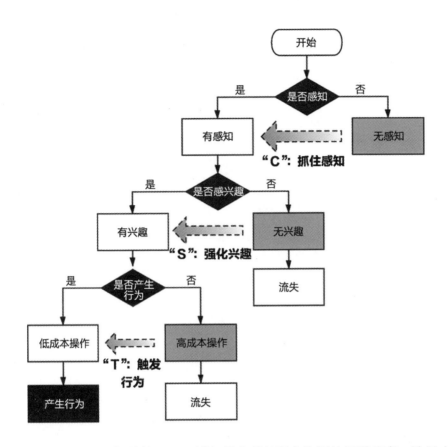

在用户"无兴趣"的情况下，增加具有兴趣强化作用的视觉元素，让用户感兴趣，便可以减少因为"无兴趣"导致的用户"流失"。

在用户感到"高成本操作"的情况下，增加具有行为导向作用的视觉元素，告知用户操作方式，便可以减少因为"高成本操作"导致的用户"流失"。

用户的感知、兴趣、行为都会受到视觉元素的影响，图片比文字更容易被感知，动画又比图片更容易被感知。通过对视觉元素的设计，就能起到"抓住感知、强化兴趣、触发行为"的作用，这相当于在两种可能性之间增加了变量，通过视觉元素的增加或减少，影响最终的结果。

实　例

有一款旅游社区产品，日活跃用户超过1 000万名，该产品推出了拼车出行的新业务，鼓励用户拼车接送机、旅游。为了推广这项业务，高层领导在首页给新业务分配了一个长期的广告位，这个位置每天都有超过1 000万名用户曝光，广告内容则由新业务团队自主负责。

以下是一位产品经理提供的广告图片的原型设计方案，该方案上线后，效果并不理想，点击率很低。

> 这里有100人，正在拼车出游
>
> 看看他们去哪里玩?

现在，团队负责人将广告图设计的任务交给了你，希望你的设计方案能提升点击率，让更多的用户从首页进入新业务，但只允许增加一个视觉元素，并且不能改变原有的元素，也不能更改文案。你会增加什么样的视觉元素，让点击率提升呢?

抓住感知

在广告图中增加具有强化感知作用的视觉元素，这类元素也称"共鸣元素"，可以让用户更容易感知到这张广告图的存在。

图片总是比文字更容易抓住人们的感知，这样可以避免一部分有需求的用户因为不知晓该功能的存在而"流失"。

强化兴趣

具有兴趣强化作用的视觉元素也称"吸引力元素"，是对广告内容的一种补充，对用户有额外的吸引力。

同样是拼车，有的用户对目的地感兴趣，有的用户则对价格更加敏感，可以尝试使用一些辅助元素对用户的兴趣进行强化，让广告的受众面积更大一些，能够覆盖更多用户。

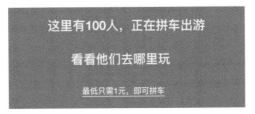

触发行为

具有行为导向作用的视觉元素也称"行为导向元素"，能够引导用户进行操作，也能够暗示用户产生行为。

一些复杂、不太清晰的操作，若给用户明确的指引，就可以缩短用户的思考时间，使其能够在产生兴趣的第一时间触发行为。

CST法则的应用

CST法则是一套产品视觉设计方法，只要调整呈现出来的视觉元素就可以影响用户行为。应用CST法则时可以分成三个环节：借助共鸣元素，抓住用户的感知；借助吸引力元素，强化用户的兴趣；借助行为导向元素，触发用户的行为。

为了更好地掌握这套方法，下面分别探讨一下这三个环节。

信息被"自动过滤"了

哲学家乔治·贝克莱是近代主观唯心主义哲学的开创者，他提出了"存在即被感知"的观点：**只有感知到的，才是存在的，不被感知的，就是不存在的。** 这个观点对于互联网产品是适用的。产品经理所做的功能只有被用户感知到，才是存在的，而不被感知的功能，就是不存在的。尽管已经被开发出来，已经属于可使用的状态，可如果无法被用户感知，这些功能依旧是"不存在"的，是"无效功能"。

"存在"还是"不存在"？这是一个有趣的问题。

"自动过滤"的新特性

现在是一个信息泛滥的时代，每位用户都能接触到大量信息。在无数次与信息接触的过程中，用户对信息本身及信息的表达方式都不再感到新鲜，逐渐形成了一种类似"自动过滤"的本能反应。一方面是因为多次接收信息形成的习惯，另一方面是因为要减少大脑对信息处理的负担。

"自动过滤"可以让人们从大量信息中解放出来，只关注那些自己想要关注的信息。即使在最显眼的位置、用户一定会看见的位置，信息也可能被自动过滤，不被用户所感知。越是经常使用互联网产品的用户，自动过滤的特性越强。经验丰富的互联网从业人员会把60%以上的信息都"自动过滤"。

用户使用单一产品的时间越长，自动过滤的特性也越强。在长时间使用的过程中，用户已经形成了需求达成的最短路径，过程中的所有无关信息都会被自动过滤。这是现代互联网用户的一种特性，是在互联网早期没有的现象。这种特性导致许多功能即使存在也无法被用户感知，它们被用户"自动过滤"了，被迫成为一个"并不存在"的功能。

同时，这是一项新挑战，无论是成熟产品还是新产品，产品经理都需要思考如何攻克"自动过滤"的特性，影响用户参与到新业务、新功能当中。

我们不妨做一个小测试，看一下自己的潜意识是不是也在过滤信息。

下面有10个职业：售票员、营养师、药剂师、经纪人、航天员、货运司机、乐师、产品经理、程序员、设计师。

现在，默数10秒，回答下列3个问题：

（1）你还记得哪些职业？

（2）哪些职业被你"过滤"了？

（3）为什么你会记得这些职业？

共鸣现象

心理学将共鸣定义为：在他人情感表现的刺激作用下，引发的情感相同或相似的反应倾向。这种现象在生活和工作中随处可见。例如，我们发现同事犯了一个错误，并且这个错误自己也曾经犯过，这时就会触发共鸣。又如，当产品同事做的需求没有用户使用时，也会联想到自己曾经做的需求也没有用户使用，不仅能够感受到对方不甘与沮丧的情绪，自己也会产生类似的情绪。

共鸣早已在销售、营销策划、推广、运营等与用户密切相关的行业中得到了广泛应用。它能显著缩短与用户之间的距离。

用户每天被大量信息轰炸，为筛选出有用的信息，一般会将信息划分成两种类型，即"与我有关"的和"与我无关"的。与用户共鸣，最大的作用在于给信息贴上了一个"自己人"的标签，向用户传达了一个信号：这是与你有关的信息。增加信息对用户的存在感，以此来避免信息被"自动过滤"。

销售等与用户直接接触的职业，销售员主要是通过对自己的情绪进行放大，用自己的故事、自己的表情感染用户，让用户产生与自己相同的情绪，触发共鸣。这种共鸣产品经理是做不到的，产品经理并不会与用户直接接触，甚至不会和用户直接对话，但产品经理掌握大量的用户数据，包括基础属性的数据及用户的产品使用行为。

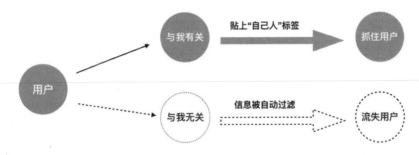

所以，**产品经理与用户共鸣的方式是使用用户的信息，让用户与自己产生共鸣。**

今日头条的广告系统就采用了这种策略。在今日头条经常会看到这样的广告：某城市的玩家都在玩这款游戏。这里的城市信息就是用户自身所在城市的信息。用户的定位信息在北京，就会推送"北京的年轻人都在玩这款游戏"，用户的定位信息在深圳，文案就变成了"深圳的年轻人都在玩这款游戏"。

城市信息，就是这条内容与用户形成共鸣的元素。但实际上，这条内容原本就是用户自身的信息，而不是产品提供的信息。除了城市信息，还有用户的性别、年龄及近期产生过的相关行为，均可作为共鸣元素被植入广告的内容中，以引起用户的共鸣。

挖掘用户自身的信息，让用户与产品共鸣，就是产品里共鸣元素的设计方法。

三种常见的共鸣元素

下面介绍了3种常见的共鸣元素，并将它们放入具体的案例场景中进行分析。

案例背景： 在一款成熟的产品里添加了一项"早起打卡"的新功能，这项新功能需要用户支付10元报名费用，早上6点前起床打卡，即可全额退回报名费用，如果没能在早上6点前打卡，报名费用将进入奖金池，奖励给打卡成功的用户。

基础版本的产品原型设计如下所示。现在，我们需要增加共鸣元素来加强用户对这项新功能的感知。

身份共鸣

身份共鸣是借助用户在系统记录的属性信息与用户产生共鸣。有多少种属性，就有多少种应用方式，包括定位城市、性别、年龄、职业等。

如果用户是一位女性，就把"年轻女性"作为共鸣元素，如果用户在北京工作，就把"北京"作为共鸣元素。男性和女性的替换，北京和深圳的城市名称替换，只需要读取系统记录下来的用户属性就可以实现。产品不同，用户的共鸣点也不同，有的用户对性别最敏感，有的用户对年龄最敏感。

身份共鸣需要准确的用户属性，也要进行用户画像和多次的测试调整，找到产品用户群体最敏感的属性信息。

需求共鸣

需求共鸣是借助流量入口隐藏的用户需求信息与用户产生共鸣。以下页面是新业务的首页，用户进入这个页面，表示对入口的宣传信息已经产生了一定的需求，此时要做的是对需求进行强化。

如果是从"和我们一起'早起'吧"的入口进入，用户就可能存在抱团、组队这样的团体需求，拥有此类型需求的用户可能对"人数""规模"等属性最敏感。

有的产品存在多个流量入口，需要对这些流量入口进行分析，可以选择流量入口的共同属性作为需求共鸣的元素，也可以选择流量较大的入口的属性作为需求共鸣的元素。

需求共鸣适合入口转化率较为理想但最终参与率不理想的情况，如果流量入口本身的转化率较差，就不太适合采用需求共鸣的方式了。

入口广告

欲望共鸣

欲望共鸣是借助对人性的理解，用最直接的方式刺激人们的欲望。大多数人的欲望是相同的，而且永不满足，可以反复使用。

最常见的欲望便是人们对金钱的欲望，这是最普遍的欲望，很多电商产品都会借助人们对金钱的欲望与用户建立基于欲望的共鸣。

一些垂直类产品的使用者也会有自己特殊的欲望，要找到与产品相符合的欲望，如微信读书更多的是借助人们的求知欲望，而收集欲望在游戏中比较常见。

人有非常多的欲望，范围很宽，不仅是金钱欲望、求知欲望、收集欲望，还有社交欲望、荣誉欲望、地位欲望等。

共鸣元素设计

现在，你是否已经知道"共鸣元素"的设计方法及设计原理了？

共鸣元素设计的目的在于让用户能够感知到产品或功能的存在。设计方式不仅包括身份共鸣、需求共鸣和欲望共鸣，还有行为共鸣（与用户的历史行为关联）、关系链共鸣（与用户的好友关联）等。

我们只需要谨记核心原理：**使用用户自身的信息，让用户与产品产生共鸣。**从数据库、产品定位、用户画像里找到属于用户自身的信息，再进行分析和测试，将覆盖面积较大、用户较敏感的信息作为选项，再进行共鸣元素的设计。

接下来，我们会探讨用来强化兴趣的"吸引力元素"。

"抓鱼"还是"钓鱼"

人们一旦对某件事产生了兴趣，就会主动思考、主动探索。爱因斯坦说："兴趣是最好的老师。"这句话对于互联网产品也是适用的，我们希望用户对产品或某个新功能产生兴趣，这样能够驱使用户主动产生"了解更多""参与""使用""分享"等行为。

很多产品，即使通过一些设计方法让用户感知到了功能的存在，但最终的用户参与率极低。产品经理尝试了许多方法，甚至为了推广一个功能，还会增加许多看似有用实际上没有产生效果的新功能，可数据不仅没有提升，反而下降了。究其原因，还是没有让用户对产品产生兴趣。这一点和"不被感知即不存在"是相同的，没有让用户产生兴趣，再多的功能也是"不存在"的。

产品经理都希望用户对自己设计的产品感兴趣，如果可以，还希望这种兴趣是持续的，持续的时间越久越好。但是，这个过程存在一个陷阱——抓鱼困局。

在水中抓鱼时，稍微激起水波，鱼就会感应到危机，游向其他地方，这会导致抓鱼人的动作变大，产生更大的水波，迫使鱼游向更远的地方，最终演变成了人和鱼在水里的竞赛。

在抓鱼困局里，抓鱼人越是努力，离目标越远，离失败越近。

用户就像水中的鱼，产品经理越想让用户产生兴趣，越容易引起用户的排斥，这种排斥又迫使产品经理更加努力，推出更多的功能，做更多的广告，这反而进一步增加了用户的排斥感，一些黏性不强的产品，还会直接导致大批量用户的流失。

一些特别依赖分享的产品给用户分配了太多分享任务，甚至在一些刚需或高频使用场景里植入了分享的交换条件，要求用户分享以后才能使用。针对这种情况，用户也自发组建了"广告群"，群里不聊天，只发广告，完成分享任务，这个动作是用户的第一次"游走"，看似产生了分享行为，但没有产生有价值的分享行为。

随着产品对分享业务的持续开发，越来越多的分享模块不仅不会带来新的用户，还会让老用户产生排斥心理，产生反感和厌恶，直接加剧用户流失，使用户生命周期缩短。尽管产品经理都希望用户对产品产生兴趣，但陷入抓鱼困局中就相当于陷入沼泽中，越挣扎陷得越深，致命危险来得越快。

钓鱼效应

与抓鱼困局对应，在行为心理学中还有一个钓鱼效应。相对于徒手抓鱼，人们更喜欢将鱼饵放在鱼钩上，让鱼产生特定的、强烈的内心需求，以此吸引鱼主动咬钩。

第二次世界大战后，英国首相丘吉尔不仅没有被人们遗忘，而且能继续执政，在一次采访中，有记者追问其原因，他答道："最好在鱼钩上放上鱼爱吃的东西。"丘吉尔的话是对钓鱼效应最好的诠释。

与抓鱼时使用蛮力不同，钓鱼效应的核心在于"在鱼钩上放上鱼爱吃的东西"，如果鱼钩上放的是一些奇奇怪怪的东西，甚至放了一些鱼厌恶的东西，结果就会很糟糕。

问题在于，怎么知道用户"爱吃"什么呢？

有一款小学生教育类的产品，公司为了推广一个付费功能，与学校进行了一次合作。产品经理可以带着团队在教室里直接将产品推荐给学生，如果学生喜欢，便会将信息告诉家长，以此获得付费转化。这是一次难得的能够直接接触用户的机会，产品经理提出了两套兴趣强化的策略，这两套策略都有可能提升产品对用户的吸引力。

A. 向学生发放优惠券，由学生转交给家长。

B. 提供买一赠一的服务，购买付费功能的同时赠送一些有价值的实物商品。

两套策略都是让利给消费者，让利的金额是相同的，只是让利的方式有所不同。如果你是这个项目的实际负责人，你会采用哪套策略呢？

答案就在用户的"记忆"中。

吸引力元素

兴趣是过去与未来的连接词。对一件事物，已经了解了一部分情况，想要了解更多，便是感兴趣，如果不想了解更多，就是不感兴趣。

除了"感兴趣"和"不感兴趣"，还存在第三种结果"无感"，这件事物对用户而言是完全陌生的，从未接触过，与自己完全没有关系。

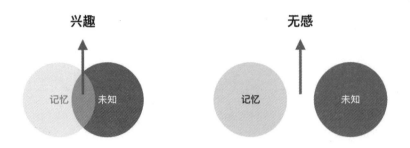

"无感"的结果既不是正面的感兴趣，也不是反面的不感兴趣，更像一个中间状态，需要了解了这件事物之后，再进一步判断感兴趣或不感兴趣。

大多数情况下，人们只会对记忆中出现过的事物感兴趣，对于记忆中不曾出现的事物处于"无感"状态，会产生拒绝和排斥的心理，因为了解陌生的事物会给人们带来很大的心理压力。

这里有一份关于"组蛋白甲基化和小RNA调控植物生长发育和转座子活性的机制研究"的报道。你是否对这份报道感兴趣？如果从未接触过这些名词和术语，人们会处于"无感"状态，并且会潜意识地排斥，不愿意花时间和精力去了解这些信息，然后再去判断自己是否感兴趣。

如果换一种描述：这里有一份关于"2019年度国家自然科学奖二等奖获奖项目"的报道。此时，你是否对这份报道感兴趣？

"2019""年度""国家""自然科学奖""二等奖""获奖项目"，这些词语都曾经出现在人们的记忆中，这组信息不再是"无感"信息，而是一组可以判断是否感兴趣的信息。

如果你曾学习过自然科学，并且深入研究过，对于这组信息便会产生兴趣；如果你学习的方向是IT编程，从未接触过自然科学，便不会产生兴趣。

记忆越深刻，产生兴趣的概率越高，记忆越新，产生兴趣的概率也越高。

吸引力元素，催化兴趣的产生

吸引力元素的作用，就是在产品功能与用户记忆之间搭建一座孕育兴趣的桥梁。

在面向小学生提供的两种吸引力策略里，买一赠一的方案会优于优惠券方案。小学生对优惠券的记忆并不深刻，对省钱的记忆也很模糊，淡薄的记忆不足以产生兴趣，这就是优惠券难以吸引小学生的原因，多数小学生在回家之前就会将这件事忘记。

买一赠一的方案则会从"赠送""数量变化""实物商品"三个角度与小学生的记忆建立连接，进而使其产生兴趣。相对于金额的减少，"赠品""1变成2"更高频率地出现在学生的记忆中，若实物商品也在学生最近的记忆中经常出现，那学生产生兴趣的概率就比较高。

吸引力元素是植根于人们记忆中的元素，但每个人的经历不同，成长、生活、工作的环境都不相同，也就会形成不同的记忆。互联网产品通常会面向大量用户提供相同的服务，我们设计的吸引力元素，必须能够与大多数用户的记忆相呼应。

寻找用户共同的记忆就是产品经理设计吸引力元素的核心。

缺少明确用户画像的产品，或者用户属性特别复杂的产品，通常用"现金红包"作为吸引力元素。这是因为"现金红包"是大多数用户的共同记忆，以此作为吸引力元素能够最大面积地覆盖用户群体。

下面通过案例讲解如何将吸引力元素的设计带入真实的生活中。假设我们都喜欢吃鱼，无意间经过一个鱼塘，偶然看见几条鱼跃出水面，让我们感知到了鱼塘的存在。鱼塘边上立着一块告示牌，原来这里正在组织钓鱼比赛，主办方免费提供钓竿和鱼饵，优胜者可以得到10 000元奖金，其他参赛者钓到的鱼也可以在餐厅半价加工。此时，没有急事的情况下，我们都会认真考虑一下是否要参加这次比赛，看上去似乎很有吸引力。

跃出水面的鱼就是共鸣元素，加强了我们对鱼塘的感知，但仅是感知并不会驱动我们产生某种行为。"钓鱼""比赛""免费""钓竿""鱼饵""10 000元奖金""半价""餐厅"这些关键词曾多次出现在我们的记忆中，它们就是主办方设计的吸引力元素。这些吸引力元素使用户会对鱼塘产生了更加浓烈的兴趣，有效地避免了用户处于"无感"的状态而流失，并将大多数用户推向了"有兴趣"和"无兴趣"的选择题中。

两种吸引力元素设计方法

记忆中存在的事情才有可能使用户产生兴趣，记忆中不存在的事情对于用户而言就是无感的。吸引力元素的设计是为了建立用户记忆与产品功能的连接点，以此来促使用户产生兴趣，避免产品功能与用户无关系，让用户"无感"。

下面以具体案例来介绍两种常见的吸引力元素设计方法。

案例背景：这是一款产品经理的社区App，用户都是产品经理。社区为了提高用户的活跃度，设计了一个签到功能，鼓励用户每天登录使用产品。

基础版本的产品原型设计方案如下所示。

现在在产品原型设计方案中增加"吸引力元素"，催生用户对这项功能的兴趣。

用户熟悉的

吸引力元素设计的核心在于用户的记忆，越深刻、越新的记忆，对用户的吸引力越大。

这套方案借助的是用户对"书籍"的记忆。社区数据库记录了用户的阅读行为，提取出用户最近阅读的产品书籍，以此为基础设计吸引力元素。

这也是一个动态设计，不要求用户阅读相同的书籍，只需要用户有阅读行为，每位用户都会按照最近的阅读内容生成不同的吸引力元素。动态设计可以降低寻找用户共同记忆的难度。

另一个吸引力因素则是"人数"。产品经理对"人数"是存在记忆的，人数越多，代表产品的价值越高。但是，人数具备一定的操作空间，可以是累计的签到人数，也可以是今日的签到人数，甚至是"伪装后的数据"。

整套方案设计了两个吸引力元素，并且采用了头像图片加强用户对内容的感知。是否比原型设计方案更吸引用户参与签到呢？

如果存在好友关系链的数据，还可以将头像替换成用户好友的头像，以此构造第三个吸引力元素，尤其是最近有互动行为的好友，用户对他们的头像是存在记忆的。

奖品搭桥

奖品搭桥是另一种吸引力元素设计方法。一些创新的功能、新的业务很难和用户过往的记忆产生连接，此时，就可以使用奖品搭桥的设计方法。

在用户记忆与奖品之间建立兴趣桥梁，将奖品的获得方式和功能的使用进行捆绑。用户对奖品产生兴趣，但要得到奖品就需要完成特定行为。奖品搭桥也是"钓鱼效应"最直接的应用方式。

在这套方案里，以书籍作为奖品，用户需要参与抽奖才有可能得到书籍。该套方案共包含三个吸引力元素："100本""产品经理""书籍"。

产品经理的工作内容决定其需要经常接触数据，数据的表现形式是"数字"，"产品经理"是其身份，"书籍"是其成长所依赖的知识。这三个元素都是经常出现在产品经理记忆中的信息，并且对于在职产品经理或准备入职的产品经理而言，也是最近的记忆。

这套方案是否能吸引用户参与抽奖呢？

兴趣是最好的老师，有了兴趣，用户就会主动使用产品，主动探索产品。但在强化兴趣的过程中，要避免"抓鱼困局"，避免强行要求用户产生兴趣。尝试拥抱"钓鱼效应"，强化产品对用户的吸引力，找到用户共同的记忆，以此为基础设计吸引力元素，在产品和用户记忆之间建立孕育兴趣的桥梁。

行为导向元素

感知元素让用户感受到功能的存在，吸引力元素让用户对功能产生兴趣，两者都是为了影响用户行为做的准备和铺垫，而行为导向元素是直接作用于"行为"的，也是视觉CST法则中最后一个环节。

鱼塘案例中的告示牌上传递了这样的信息：这里正在组织钓鱼比赛，主办方免费提供钓竿和鱼饵，优胜者可以得到10 000元奖金，其他参赛者钓到的鱼也可以在餐厅半价加工。

信息里的"钓鱼""免费""奖金"和"半价加工"对喜欢吃鱼的人而言，都是有吸引力的。但用户仔细思考以后，还是会有很大概率不会产生"参与"行为，因为钓鱼实在太麻烦了，非常考验技术和耐心。

这时，用户发现告示牌旁还有一个电子版，上面同样显示了一些信息：前50位钓到鱼的客户，鱼免费加工，酒水免费畅饮，当日所有的消费全部免单，目前，只剩40个名额。

如果真的遇到这样的钓鱼比赛，用户可能很快决定参加，毕竟，"只剩40个名额"也可以理解成还有机会免单。电子版上的"只剩40个名额"就是行为导向元素。

行为的时效性

人们的行为动机具有时效性的特点，从产生动机开始，间隔时间越长，产生行为的概率就越低。

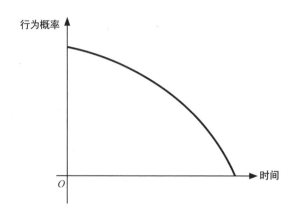

博多·舍费尔是一位畅销书作家，被誉为"欧洲巴菲特"和"欧洲金钱教练"，其在《小狗钱钱》一书中提到的"72小时法则"，被人们称为行动管理的利器：当你决定做一件事时，必须在72小时内完成，否则你可能永远不会再做了。

房产、汽车等重资产销售人员，常常会将72小时法则融入自己的销售体系，将72小时视为一个临界值，对于刚开始接触的客户，默认打上优质客户的标签，在72小时内，进行主动形式的销售，付出更多的时间成本。如果72小时内没有达成销售结果，销售人员就会根据情况调整客户的质量标签，从主动销售转变为被动销售，这样可以把精力始终放在最有可能成交的客户身上。

72小时并不是一个固定的数值，而是行为产生与时间关系的一个临界值。行为成本越高，临界值越高，行为成本越低，临界值越低。不同行为的临界值可能超过72小时，也可能远远低于72小时。如果是决定未来的行业选择问题，这个临界值甚至超过一年。

对于互联网产品而言，从业人员希望用户产生的行为大多数是低成本行为。无论是邀请用户参与活动，还是向用户销售某种服务，其行为成本远远低于买房、买车。这就使产品从业人员在考虑时间临界值时需要按照"分钟"计算，一些极低成本的操作则需要按照"秒"计算。例如，"点赞"的行为临界值就需要按照"秒"计算，用户阅读完内容后，10秒内没有点赞，大概率也就不会点赞了。

对行为时效性的研究是探索用户不产生行为的原因的重要方向。很多时候，用户没有产生行为并不代表用户对功能不感兴趣，也不代表用户不想产生行为，而是因为超过了"临界值"，这是一种人类行为学的客观现象。

为了缩短行为产生的时间，避免"超时"现象，产品从业人员提出了产品设计时的指导思想：不要让用户思考。因为思考最花时间，而花的时间越多，产生行为的概率越低。

减少用户的思考时间

在视觉CST法则里，T代表的是触发行为，需要解决的问题就是行为对应的操作成本。

操作成本高有很多原因：有的是操作不明确，用户不知道如何操作；有的是支付费用太高，给用户造成了心理负担；有的是操作逻辑有冲突，阻塞了操作路径。但**所有原因都有一个共同的表现形式：导致用户更长的思考时间**。思考时间是量化操作成本的标准参数。思考时间越长，操作成本越高，思考时间越短，操作成本越低。

早期，人们倡导缩短互联网操作路径，认为路径越短，操作成本越低，所以会将非常多的信息放在一个页面里，以此减少操作步骤。随着互联网的普及，用户对互联网的包容性、耐心、探索欲都以极快的速度降到最低，用户已经很熟悉互联网了。用操作路径衡量操作成本的策略很快就陷入了瓶颈，行为转化率越来越低，越来越多的用户不接受这种做法。

伴随着对用户行为研究的逐渐深入，操作成本的衡量标准逐渐从操作路径变成思考时间。以减少用户的思考时间为主要对象，行为转化率逐渐得到了提升。

注册方式的演变也是操作成本衡量标准的演变。早期的注册要求用户在一个页面内完成所有信息的填写，操作路径虽然极短，但用户不得不在一个页面里理解所有的信息，完成所有的思考。

现在的注册则采用了分布式信息录入的方式，将注册拆解成多个步骤，每个步骤只需录入极少的信息量。

尽管操作步骤增加了，但每个环节思考的时间变得更短了，最终行为转化率得到了提升。

对于互联网产品而言，思考是最大的操作成本，思考时间则是量化操作成本的参数。**思考时间越长，用户产生行为的概率越低，行为转化率也就越低。反之，思考时间越短，用户产生行为的概率越高，行为转化率也就越高。**所以，在吸引力元素对用户产生作用的当下，在用户对功能产生兴趣的当下，用户产生行为的概率是最高的。这个瞬间也被称为影响用户行为的黄金时段。

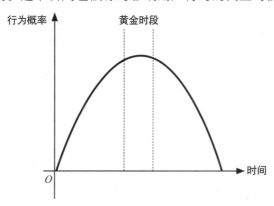

如何减少用户的思考时间成了现在产品从业人员需要研究的课题。答案就是"行为导向元素"。

三种行为导向元素

行为导向元素的意义在于，在行为的天平上增加额外的砝码，影响用户思考的内容，减少用户思考的时间。

下面通过案例来认识三种常见的行为导向元素。

案例背景：这是一款电商产品，公司与某商品的供应商签订了承销协议，将在一个月的时间内销售5万千克指定水果，如果未能实现销售目标，将由公司承担未销售部分的损失。

水果是无法长期存储的特殊商品，如果没能在约定时间段内完成销售任务，水果就会坏掉。按照协议约定的内容，公司将以市场销售价格补偿供应商的损失，这会让公司亏损数百万元。

为此，公司要求产品经理提供一套单品促销方案，确保一个月内完成销售任务。

基础版本的产品原型方案如下所示。

以下通过使用三种"行为导向元素"来减少用户的思考时间，促使用户产生下单行为。

跟随的氛围

1956年，心理学家阿希对从众现象进行了实验分析，由实验结果得出了两种导致从众现象发生的原因。

（1）信息压力：人们认为，选择的人数越多，正确的概率越大。在信息不透明的情况下，人们容易相信多数人的选择，也就是从众。

（2）规范压力：群体中的个人往往不愿意违背群体标准而被其他成员视为越轨者，害怕被称为"离群之马"，因此遵从多数人的意见。

从众现象会让人们的知觉、判断和行为都发生变化，尽管用户自己并不想产生行为，但在人群的带动下，也可能产生行为。

将从众现象在产品中进行使用，就需要为用户营造跟随的氛围。在这个氛围中，用户感知到大多数人都产生了某种行为，因此会跟随产生某种行为。

紧迫感

行为导向元素的设计核心在于让用户明确感知到结束时间的存在，并且向用户传达"时间不多了，快做决定"的信息，促使用户在产生兴趣的当下产生行为。

紧迫感和动力成正比关系，紧迫感越强，人们的行为动力越强，越容易产生行为。

互惠原理

互惠原理是在互联网产品中应用最广泛的心理学原理，其核心理念在于"欲先取之，必先予之"。

心理学家在实验研究后得出一个结论：即使一个陌生人，或者一个不讨人喜欢或不受欢迎的人，如果先施予人们一点小小的恩惠，然后再提出自己的要求，也会大大提高人们答应这个要求的可能。

简单来讲，如果我们希望用户产生某种行为（取之），就应该先给予用户某种收获（予之）。

例如，金融理财类产品通常赠送新注册的用户几千元的体验金，体验金无法提现，但会每天产生一定的利润，累计达到一定金额后，这部分利润是可以提现的。这些利润就是先给予用户的某种收获，用户感受到自己有所收获以后，就更容易产生投资行为。

对互惠原理进行产品化设计的核心在于"予之",可以给予用户某种收获,但前提是用户要确实感知到自己收获了,要有明确的收获感,如果没有感知到收获,互惠原理也就不存在了。所以,可以尝试赠送用户一张水果优惠券,先给予用户一定的优惠。

顺带一提,优惠券并不只是减少订单的金额,最初的优惠券实际上是针对人们心理因素的一种营销方式。当然,优惠券本身也是一种影响消费者行为的产品。

行为导向元素的设计多数来自心理学的产品化实现,借助对用户的心理进行干预,打破思考的平衡,影响用户产生行为。

团购、优惠券、秒杀,本质上都是让利给消费者,降低商品的售价,但3种形式对应的心理学不同。团购利用的是人们的从众心理,优惠券利用的是人们的损失厌恶心理,秒杀则利用了人们的紧迫感心理。

如果希望用户产生某种行为,那么尝试用行为导向元素减少用户思考的时间,帮助用户在短时间内做出行为决策吧。

产品经理的视觉设计

视觉、听觉、嗅觉、味觉、触觉也称五感，即感知事物的5种方式，与之对应的是5种元素：视觉元素、听觉元素、嗅觉元素、味觉元素、触觉元素。

当判断某个信息是什么样的感觉元素时，主要是区别被用户感知到的方式，而不在于具体的信息要传达的内容。通过视觉被用户感知到的信息，就属于视觉元素。

一款可视化的产品，在视觉环节由3个岗位共同开发完成。UI设计师负责对页面进行美化处理，通过对颜色、形状、字体、样式、贴图素材等的设计，让用户处于良好的使用环境中。交互设计师负责交互体验的设计，通过对元素大小、排列顺序、表现形式等呈现方式的设计，让用户能够更好地理解产品想要传达的信息。**产品经理负责信息的设计，通过对视觉元素的控制，设计向用户传达的信息，**经过交互设计师的优化和UI设计师的美化，最终被用户解读。

3个岗位共同构成了产品视觉设计的流水线。产品经理设计原始信息，交互设计师对信息的表达进行加工，UI设计师搭建用户阅读信息的环境，最终才有了呈现给用户的视觉页面。

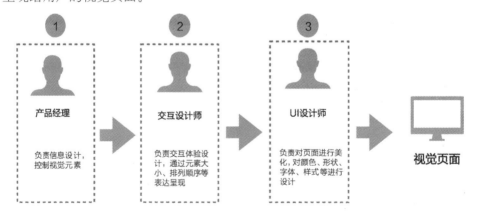

一部分互联网从业人员认为产品经理不懂视觉设计，也不需要懂视觉设计，其实这种看法有失偏颇。

严格来讲，产品经理也许不懂审美、不懂交互，但不能说产品经理不懂视觉设计。产品经理的视觉设计是以信息为始、以信息为终的。

哪些元素需要增加，哪些元素需要减少，哪些元素需要改动。产品经理也要思考页面所使用的元素是否能够有效影响用户的行为。对于已经完成的UI设计，产品经理还需要进行评估，最终的视觉设计方案是否能正确地传达想要表达的信息，如果不能，应该如何调整才能让信息正确地呈现出来，最后将这些信息传达给用户。

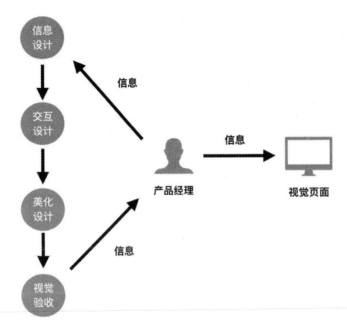

产品经理UI视觉

信息在人与人之间的传递过程中，由于不同的人对同一信息的解读不同，因此会出现失真和偏差的现象。这可能导致最终的UI设计图与产品经理的原始信息设计偏差较大。作为视觉设计的源头，产品经理在视觉验收时也需要重点关注"信息"是否发生了变化，并对发生的变化进行调整。

例如，产品经理想要向用户传达的信息是"瓜分500万元现金，只需签到7天"。

左图是UI设计师的完成品，其传达的信息是"签到7天，可以瓜分500万元现金"。尽管只是信息的顺序发生了变化，但信息解读完全不同。在左图的方案里，签到7天被作为吸引力元素，但这个信息本身完全没有吸引力。在右图的方案里，500万元现金被作为吸引力元素，用户先对500万元现金产生了兴趣，再判断自己是否要参与活动。

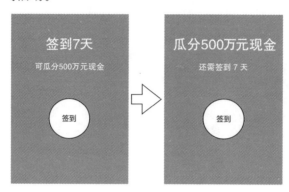

信息会在传递的过程中发生变化，为此，产品经理需要对设计方案进行调整，确保最终向用户传递的信息是其所期望的信息。

用CST法则解读视觉元素

视觉元素是产品经理设计"信息"时所需要的素材，如同一种特殊的"词汇"，构成可被用户解读的信息。词汇越丰富，对用户行为的影响越突出。

在产品设计过程中，构成页面的就是视觉元素。哪些元素应该存在，哪些元素不应该存在，是产品经理在进行原型设计时需要主要考虑的内容。

每个元素、每句文案、文案中的每个字，背后都应该有其独特的设计思想。

可以用CST法则解读产品中包含的每个视觉元素。

- 有的元素是为了抓住用户的感知（C），通过共鸣元素避免产品提供的功能被用户忽视。
- 有的元素是为了强化用户的兴趣（S），通过吸引力元素增加用户感兴趣的概率。
- 有的元素是为了触发用户的行为（T），通过行为导向元素减少用户的思考时间，提高行为的发生率。

· 自 我 检 测 ·

下面通过一个真实的产品页面做一下自我检测。

这是淘抢购的页面，用视觉CST法则对该页面的部分元素进行解读。

需要解读的元素有：

- 抢购时间
- 5s后换一批
- 划线价
- 商品图片
- 广告图片
- "手慢无"标签

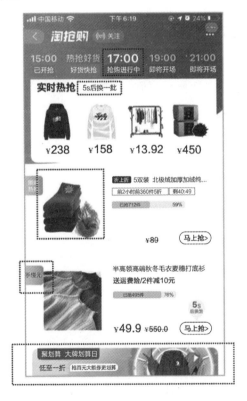

这些元素存在的理由是什么？分别希望达到什么效果？它们属于CST法则中的哪个环节？

· 重 点 内 容 ·

1 用户流失的原因，除了不喜欢，还有"无感知"，即产品对于用户而言处于"不存在"的状态。

2 视觉CST法则的核心是将用户从"无感知"的状态转变为"有感知"的状态，再由用户决定是否继续使用。

3 让产品与用户共鸣就可以抓住用户的感知，让用户发现产品的存在。

4 共鸣元素的设计原理是，从数据库中提取用户相关的信息，将这些信息融入产品的页面，以此实现让"用户与用户自身共鸣"。

5 增加产品对用户的吸引力可以强化用户的兴趣。

6 吸引力元素的设计技巧是从用户的记忆中提取关键信息。在用户画像、用户调研等过程中，产品经理可以留意用户过往的经历、生存环境等代表"过去"的信息，以此来提取吸引力元素。

7 减少用户的思考时间可以有效触发用户的行为。

8 行为导向元素的设计技巧在于减少用户的思考时间，对用户的思考进行干预，在"做"与"不做"的天平上，在"做"的一侧增加额外的砝码。

打破认知（中）

功能是一把"双刃剑"

·思考一下·

有这样的一款资讯产品，每天有100位用户使用，平台内已经有1000条资讯，并且资讯的数量以每天30条的速度增加。

用户希望产品能够提供"搜索"功能，这样可以更快地查找自己需要的内容。

你认为这款产品是否应该实现"搜索"功能？为什么？

购物车是"标配"功能吗

一款电商产品拥有10 000名新用户，1 000名老用户，每日交易额在1 000元左右。产品处于最小可行化产品阶段，还在进行商业模式的尝试。公司并不准备在这个阶段投入大量的推广资源，想看看产品自身能有什么样的数据反馈。如果每天的交易额能增加至3 000元，便视为验证成功，公司将投入大量的市场资源对该产品进行推广。

产品总监为了达成验证目标，正在考虑增加"购物车"功能，希望促进用户在一次下单行为中购买多件商品。这个策略可以有效提升客单价，进而提升每日交易额，而且购物车也是电商产品的"标配"功能。

如果你是产品经理，你认同产品总监的策略吗？购物车真的是"标配"功能吗？

随着互联网的发展，成熟产品越来越多，有很多功能逐渐成为"标配"，一旦被贴上了"标配"的标签，就像内定的种子选手，不需要分析，不需要调研，因为"标配"功能是一定要做的，不做就是错的。似乎缺少了"标配"功能，产品就不完整了，用户一定会不满意。但是，有太多功能完善的产品消失在时间的长河里，还有很多以极客、极致体验为导向的创业团队，在"标配"功能上投入了大量的时间，产品还未上线投入使用，就因资金问题被迫终止。

产品真的有"标配"功能吗？

其实，**"标配"功能是一个产品层面的思维误区。**

1937年6月4日，由西尔万·戈德曼设计的第一辆购物车首次投入使用，这是一个安装了轮子、可以手推的购物篮。在此之前，人们使用的是手持购物篮，装的商品极为有限，并且很重，极大地限制了人们购买的商品种类和数量。

西尔万·戈德曼的灵感源于"让人们能够携带更多的商品，他们就能购买更多的商品"。人们可以将更多的商品装入购物车中，并且毫不费力。这是一项伟大的发明，不仅在现实中沿用至今，而且互联网电商发展不久也上线了虚拟的购物车功能，并成为电商产品的"标配"功能。

然而，对于一款新上线的电商产品而言，是否真的存在"携带不便"的痛点呢？公司对新上线的电商产品尚未投入资源进行推广，用户对产品是陌生的，信任度、忠诚度都远远不足。很难想象用户会在一款陌生的产品里一次性购买非常多的商品，这会让用户感到不安。用户并不知道下单后是否真的能得到商品，也不知道这些商品的质量是否真的可以信任。

购物车解决的是"商品携带"问题，但这并不能刺激用户的购物需求，只是更好地满足了用户的购物需求。也就是说，购物车产生作用的背景是用户已经产生了较高的购物需求，以此为基础，购物车可以提升人们的购物体验。

接上例，产品经理可以尝试监控用户的订单数据，有多少用户产生了消费行为，24小时内这些用户购买了多少件商品，由此探索购物车的实际效果。

已知条件，每日交易额1 000元，设置两组对比假设条件。

A组：有100名用户产生了购物行为，24小时内，每人购买1件商品，商品均价10元。

B组：有100名用户产生了购物行为，24小时内，有80名用户购买了3件商品，均价4元，有20名用户购买了1件商品，均价2元。

在A组的条件里，用户并没有携带多件商品的诉求，上线购物车功能就是没有效果的。而在B组的条件里，已经有80%的用户产生了"携带多件商品"的诉求，上线购物车功能就是有效果的。

用户的消费行为是由消费欲望和行为成本共同构成的。用户在对某件商品产生消费欲望之后，会计算完成此次行为所需要的成本，携带成本也是行为成本的一部分。行为成本高，会加速消费欲望的降低；行为成本低，可以在消费欲望降低之前，促使用户快速完成购买行为。

在现实中，人们购买1元钱的商品总是比购买10 000元钱的商品思考时间更短，购买概率更高。人们也会因为距离太远、等待时间太长等各种因素放弃购买，本质上都是因为消费的行为成本过高，降低了人们的消费欲望。

购物车的作用并不是增加消费欲望，而是降低行为成本，避免用户的消费欲望在烦琐的一次又一次下单操作中降低。

用户不会因为购物车产生想要购买商品的需求，但会在产生消费欲望之后，受到购物车的影响而更方便地产生消费行为。简单来讲，并不是有了购物车，人们"需要"购买多件商品，而是有了购物车，人们"可以"更便捷地购买多件商品。所以，购物车并不是电商产品的"标配"功能，只是电商产品的一个体验性质的功能。

对于一款新的电商产品而言，在数据足够大之前，与其将时间花费在购物车功能上，不如投入能够刺激用户产生需求的事情上，这样才能在短期内获得数据层面的回报。

羊群和羊

羊群是一个很散乱的组织，可一旦有一只领头羊行动起来，其他的羊也会不假思索地一哄而上，这就是著名的羊群效应。当行业竞争非常激烈，而且已有一位领先者时，就会出现羊群效应，整个行业市场都会模仿领头羊的一举一动。

百度、阿里、腾讯等龙头行业就是被模仿的领头羊，中小团队就是行业里的羊群，标配功能则是羊群效应的具象化体现。

工作中经常出现将头部产品作为功能依据的情况，似乎头部产品的功能就一定是对的，没有做就一定是错的。

同事会告诉你："你看，头部产品做了这个功能，挺棒的，我们也做一个吧。"领导者则告诉你："这个功能，没有哪款产品是这样做的，这是不被接受和认可的产品设计。"

羊群效应是行业进入竞争阶段的必然产物，人们认为领头羊是对的，所以它才能够成功，跟随领头羊，可以避免犯错，避免"踩坑"，也更容易获得成功。尤其是在信息不对称和预期不确定的情况下，跟随领头羊可以降低尝试的风险。毕竟，头部产品实力更雄厚，也更加严谨，头部产品增加的每个功能都经过了深思熟虑，经过了一轮又一轮的讨论和试验。所以，为什么不直接用头部公司的实验结果呢？为什么放着他人已经验证的正确功能不做，还要去冒险试错呢？

模仿头部产品确实能减少时间投入，降低产品的思考和设计成本，尤其是在一些非重要环节，对用户、对数据不会产生影响的环节，模仿头部产品是性价比最优的策略。

然而，羊群效应的危害性也极大，头部产品的功能并不具有普适性，盲目跟随最终只会让自己陷入泥潭。有很多中小团队在模仿的过程中迷失了自己，不知不觉就走到了解散的结局，甚至创始人在解散团队后的很长一段时间内都没能找到失败的原因。

"消失"的需求

产品经理可以通过技术手段将功能从头部产品中复制到自己的产品中,但复制不了用户需求,似乎在复制的过程中,对应的用户需求神奇地"消失"了。

购物车就是一个典型的案例。在现实生活中,只有在大型超市里,人们才需要使用购物车解决商品携带的问题,在一些生活超市、便利店,用户同样购买商品,却不需要购物车。

用户在淘宝、京东等头部电商平台购物,确实存在"携带不便"的需求,购物车也确实能够有效地满足用户的需求。但若将购物车复制到新的电商平台,名为"携带不便"的需求似乎消失了,用户并没有因为购物车而购买更多的商品。

新电商平台的老用户占比较低,大多数订单都属于用户的首单行为,是尝试性消费,而"携带不便"这个需求的宿主通常是已经具备信任度的老用户。老用户下单占比(老用户下单/总用户下单)越大,表示用户的购物依赖性越强,增加购物车功能可以让老用户更好地购物。老用户下单占比越小,表示订单多数由新用户产生,这部分订单基本属于体验式下单,即使增加购物车的功能,作用也并不大。

无效的功能

用户的行为受到环境因素的影响,而环境因素由外部环境和内部环境共同构成。其中,外部环境是指产品外的环境,是同类产品共享的环境因素,而内部环境则是产品内的环境,是产品为用户提供的产生行为的具体环境。

内部环境不一致时,即使外部环境相同,最终给予用户的完整环境也会有很大差异。这种差异导致了相同的用户、相同的功能在不同产品里,会产生不同的行为。在A产品会使用的功能并不一定会在B产品里使用,以至于这些功能成为无效的功能。

对于产品而言,用户的需求不是一视同仁的。常用的、有知名度的、大规模的产品,通常会伴随用户依赖心理,有较高的信任度,购物需求会演变成"一次性购买多件商品"的需求。陌生的、没有知名度的、小规模的产品,通常会伴随用户警惕心理,信任度较低,购物需求会演变成尝试性购物的需求。

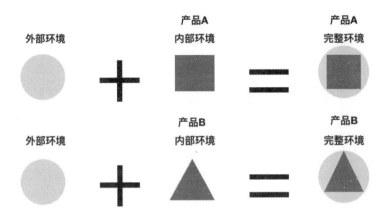

尽管同样是购物需求，在头部电商平台，用户可以没有顾虑地购买多件商品，在新的电商平台，即使只购买一件商品，用户也需要思考很长时间。

即便实现了头部产品的标配功能，也并不代表用户会如期望地使用这些功能，因为需求是会"消失"的。

消失的需求、无效的功能，是许多产品和产品经理面临的困境。而且，无效功能不仅无效，还可能成为产品失败的"毒药"。

产品bug

当试图在产品内引入"用户创造内容"的机制时，产品经理务必遵循一个基础认知：**用户是内容的创建者，内容的数量是建立在用户数量基础之上的。**用户数量越大，内容数量越多；反之，用户数量越少，内容越少。

2012年4月19日微信上线了4.0版本，朋友圈也在4.0版本中首次出现，当时微信的用户规模已达到1亿人，用户关系链更是达到了数十亿对。

随后，社会上掀起了微信模仿秀，任何一款社交产品基本都由"IM（即时通信系统）+内容社区（朋友圈）"构成。有的产品一天仅会产生十几条新内容，还有的产品数天才产生几条内容。这就形成了一个有趣的现象：当人们尝试去体验一款新的社交产品时，总能通过内容社区（朋友圈）的功能，直接判断出该产品的用户活跃度：冷清还是热闹，有人用还是没人用。

回顾微信版本更新历史，在朋友圈上线之前，微信一直致力于用户关系链的建立，每个版本的核心功能都围绕用户关系链而打造。

微信的前三个版本的核心迭代

微信 1.0——2011 年 1 月 21 日

基础功能：设置头像和微信名、发送信息、发送图片

关系链相关功能：导入通信录

微信 2.0——2011 年 5 月 10 日

基础功能：语音通信、邮箱提醒、手机号注册等

关系链相关功能：通信录匹配微信好友、QQ 号查找好友、向用户推荐 QQ 好友、向用户推荐通信录好友、查看附近的人等

微信 3.0——2011 年 10 月 1 日

基础功能：发送视频消息、支持繁体中文

关系链相关功能：摇一摇、漂流瓶、扫描二维码、二维码名片、支持自定义表情、自定义聊天背景、互动游戏等

在整整一年的积累之下，超过1亿名微信用户、数十亿条的用户关系链，奠定了朋友圈成功的基础。

大多数用户都是从众的，这种从众心理不仅能带动用户活跃，也能导致用户流失，热闹的产品会更加热闹，冷清的产品会更加冷清。模仿者忽略了用户规模的差异，忽略了内容数量与用户数量的关系，尽管实现了类似朋友圈的内容社区功能，但因为用户规模严重不足，导致社区的内容量极为稀少。

模仿者向用户传达了错误的信息"这里很冷清""没什么人用""这里的内容很少""这里没有内容"——这让用户产生了"这款产品无法满足我的需求"

的认知，模仿者在设计产品时出现了"产品bug"。

在程序中将错误称为bug，它是程序获得的一种行为或结果，但与开发者的期望不符，是一种意外的结果。在产品中也有bug的概念：**用户接收到的信息与设计者想要传递的信息不符。**

信息可以影响用户的感知，进而影响用户的行为。一旦传递的信息发生了变化，用户的行为就会发生变化，如果信息的变化不是设计者有意为之，那么用户行为的变化就无法预测。

微信的模仿者原本想要通过内容社区向用户传达"这里很热闹，来和大家交朋友吧"的信息，但用户实际接收到的信息是"这里很冷清，没有什么人"。因为接收到的信息发生了变化，用户最终产生的行为不是参与内容社区，而是放弃这款产品。

产品bug带来的隐患远远大于程序bug，产品经理没有监听器，没有错误日志，需要很长时间才能意识到bug的存在，而修复bug的过程往往伴随了功能的下线与功能的重构。

一旦出现产品bug，需要投入的时间成本难以想象，而时间恰恰是互联网产品宝贵的竞争力，为此，产品经理需要增加自己对功能传递信息的意识和敏感性，并以此为基础，加强对功能传递信息的控制能力。

产品功能向用户传递的信息并不是单一恒定的，随着功能使用环境的变化，所传递的信息也会发生变化。只有将信息约束在设计者想要传递的范围内，才算一个正确的产品设计，一旦信息出现了偏差，也就出现了产品bug。

以搜索功能为例，通常情况下，人们认为搜索功能向用户传递的信息是"我可以帮你寻找你想要寻找的内容"，但实际情况更加复杂。

- **搜索成功时**，功能传递的信息会变为"你的需求，我可以满足"。
- **搜索失败时**，功能传递的信息会变为"很遗憾，这一次无法满足你的需求"。
- **偶尔搜索失败时**，功能传递的信息会变为"虽然这个需求我无法满足，但你其他的需求我能满足"。
- **经常搜索失败时**，功能传递的信息则会变为"你的需求，我都无法满足"。

以上四种信息的变化将给用户行为带来不同的影响，第一种会增加用户的依赖性，第四种则会加速用户的流失。

错误的期望

2019年5月20日，字节跳动推出了一款开放社交产品，名叫飞聊，由于今日头条极大的市场影响力，产品呈现爆炸式开局，仅上线当日，用户规模就突破了100万名。然而，在随后的一个月里，关于飞聊的讨论越来越少，两个月后，已经没有飞聊的相关话题了。

我曾在飞聊上线的早期下载并体验该产品，这段经历让我印象深刻。

作为社区产品，飞聊为用户提供了搜索功能，这是一个很普通的功能，可以帮助用户快速地找到自己想要寻找的内容。但是，对于新上线的"飞聊"而言，搜索功能是一剂"慢性毒药"。

搜索功能可以帮助用户在信息的海洋中快速找到自己想要的信息，让大海捞针成为现实。信息量越大，内容越多，搜索功能的价值和意义越高，但当信息量较少、内容较少时，搜索功能不仅不会产生价值，还会产生负面影响。

对于飞聊而言，用户增长的速度极快，一天的时间就获得了100万名用户，但内容数量的增长需要时间的沉淀，单纯依靠用户自身的内容生产，难以在1天内生产出足够100万名用户消费的内容。这就使得当大量用户搜索自己想要寻找的信息时，返回的结果都是"很抱歉，没有找到你想要的信息"。

用户在首次体验一款现象级产品时会有更多的耐心和探索欲，即使得到了搜索为空的结果反馈，也会有较大的概率换一个新的关键词继续搜索。这意味着第一批飞聊用户在首次使用时会多次得到"搜索为空"的结果，这就让用户形成了一个强烈的认知："这款产品无法满足我的需求，这是一款没有用处的产品。"而流失的用户在评价飞聊时总会提到一个信息："这款产品里什么都没有。"

现在，飞聊已经在用户的质疑声中退出了大家的视线。

产品经理是功能的具体设计者，对自己设计的功能都会有所期望，期望这些功能能按照当初所设想的一样服务用户并产生价值。然而，结果总是事与愿违，很多功能上线后是无效的，没有用户使用，还有一些功能，不仅是无效的，还是有害的，加速了用户的流失。究其原因，在于产品经理对功能的期望是错误的。

产品经理将功能的实现、功能的作用与向用户传递的信息画上了等号，认为实现了功能，就能产生对应的作用，而产生的作用，就是向用户传递的信息。实际上，三者之间的联系并没有那么紧密。

新的电商平台实现了购物车的功能，但没有对应的使用场景，用户并不会使用这项功能。飞聊实现了搜索的功能，用户也使用了这项功能，但因为连续多次"搜索结果为空"，向用户传递了错误的信息。功能的实现、功能的作用与向用户传递的信息之间不能画等号，三者是一种递进关系，每个环节的重点都不太相同。

"做"产品与"做好"产品

小镇正在举行烹饪比赛，优胜者将获得"优秀厨师"的称号。参赛选手有两位厨师，甲是业余厨师，是家庭厨房的负责人，为10位家人提供美食，乙是专业厨师，是米其林三星餐厅的主厨，为超过10 000名客户提供美食。

你认为，谁更有可能获得"优胜厨师"？

尽管两人都是厨师，但前者对美食的要求是健康、好吃、果腹，后者将美食视为一种艺术，视为一种创作。在只有一位优胜者的情况下，极大概率由米其林三星餐厅的主厨获得。

产品经理其实和厨师一样，功能就类似于厨师使用的食材，将功能按照某种规则搭配在一起就成了产品。在某种意义上，产品经理比厨师还要容易，毕竟最终"烹饪"环节是由开发团队完成的，产品经理只需要进行功能的搭配，不需要"烹饪"。

现在的互联网市场比以前更加成熟，有很多标配功能，也有很多标准规则，这些公开的"配方"让做产品变成了一件极为容易的事情。即使一位行业外的人员，只要使用的产品足够多，使用产品的时间足够长，也可以按照自己的使用习惯，通过功能搭配做出一款产品。例如，一款简单的资讯产品，仅需要一个文章列表页、一个文章详情页、再加上一个用户系统就可以完成。毕竟，产品经理不需要自己实现这些功能，只需要告诉开发团队这款产品由哪些功能构成就可以。

但是，**"做"产品与"做好"产品是两个截然不同的概念。**

"做"产品只需要将产品可视化呈现出来，可以实现业务逻辑，系统可以运作，当用户执行某种功能操作时能输出结果，就算做出了一款产品。"做好"产品却需要将产品视为一门影响大众的艺术，将产品经理对某个事物的理解、对某个行业的理解，以产品的方式向用户进行传达。

"做"产品，会更关心如何实现某项功能。"做好"产品，则需要驾驭功能，通过功能的设计达到产品经理想要达到的效果。

产品经理关心用户为何使用这些功能，也关心用户为什么不使用这些功能。但是，产品经理更关心如何让用户使用这些功能，如何让更多的新用户使用这些功能，如何让老用户使用更长的时间。

功能的作用

公司有A、B两款电商产品。A是一款新的电商产品，每天有10 000名用户产生下单行为，其中有50名用户会购买多件商品。B是一款成熟的电商产品，每天同样有10 000名用户产生下单行为，其中有5 000名用户会购买多件商品。

本次迭代，公司只提供了8万元开发预算，已知购物车需要5万元的开发成本，而且不能重复使用，那么，产品经理应该在哪款产品中实现购物车功能，才能让这项功能产生最大的作用？

对于程序而言，相同功能运行的结果是相同的，不论是在A产品中还是在B产品中，购物车功能运行的结果都是允许用户一次性购买多件商品。**但功能运行结果不等同于功能的作用，为多少用户提供了某种特定服务才是功能的作用。**

通常情况下，功能的作用与使用人数成正比关系，使用人数越多，功能的作用越大。但这是一种后置的分析方法，建立在功能已经实现的对比分析的基础上，只具备复盘总结的意义，不具备前置的决策指导意义。毕竟，在功能实现以前，谁也无法确切地知晓会有多少人使用该功能。

另一组关系对比更适合对功能做前置分析。

功能的作用与"潜在用户规模"成正比关系。潜在用户规模越大，功能的作用越大；潜在用户规模越小，功能的作用越小；潜在用户为0或接近0，功能则不会产生作用。

潜在用户规模是指可能使用该功能的用户规模。对于某个功能而言，潜在用户就是已经产生对应需求的用户，把这些用户统计起来，就形成了潜在用户规模。

对于购物车而言，潜在用户就是那些一天内购买多件商品的用户。

案例中，A、B两款产品每天下单用户都是10 000名，A产品每天有50名用户购买多件商品，B产品每天有5 000名用户购买多件商品。产品用户相同，潜在用户规模不同，购物车的作用也就不同了。

用户对产品的使用倾向会有些许差异。以电商产品为例，有的用户热衷优惠券购物，有的用户热衷秒杀，有的用户热衷团购，还有的用户热衷快捷购物，这些功能被一部分用户使用，同时被一部分用户弃用。

并不是所有的产品用户都是功能用户，只有那些已经出现特定行为、遇到特定问题、对功能具备诉求的用户，才是功能的第一批用户。这也意味着评估功能是否会产生作用，不能单一地建立在产品有多少名用户的基础上，还需要同时考虑该功能有多少名潜在用户。这样可以避免功能上线后没有人使用的糟糕局面，也能增加功能的有效率。

不妨做个判断。如果你是一位产品总监，在你的团队里有这样一位产品经理，连续半年的时间，由他设计的十多个功能几乎都没有人使用。你会如何判断他的产品能力？当需要将团队中的一位产品经理晋升为产品主管时，你是否会考虑他？

现在，你有答案了吗？

不是所有的功能都应该被实现，如果这些功能实现后不能为用户所使用，本身就会成为产品的bug。并且，这些功能也会严重影响产品经理的职业发展。

· 自 我 检 测 ·

有一款旅游社区产品为用户提供旅游相关的攻略内容，拥有100万名注册用户，每天有5万名用户使用。

运营同事提出了一个活动需求：积"赞"抽机票。这是一个可以带来新用户的活动，用户可以分享活动页面到自己的朋友圈，并动员朋友帮自己点赞，当获赞数超过10人时，即可参与机票抽奖。

对于运营同事而言，这是一个拉新活动。对于产品经理而言，这是一个功能。产品总监将判断权交给了你，请你帮助团队对该功能进行判断。你认为这个功能应该做，还是不应该做？

· 重 点 内 容 ·

1 产品，没有所谓的标配功能，每个功能都是针对问题来量身定做的。

2 可以适当跟随大厂的发展步骤，但要谨慎对待"需求消失"的现象。

3 如果产品向用户传达的信息并不是产品经理希望传达的信息，这就表示在产品设计层面存在"bug"。

4 将自己对产品的期望寄托在功能的实现层面，认为功能实现以后产品就成功了，这是一种错误的期望，需要警惕。将成功的判定条件向后延，用数据、市场反馈来判定成功与否。

5 做产品容易，做好产品难。实现功能仅仅是产品的开始，不要停下来，去关注功能实现以后的结果，并对结果负责。

6 有潜在用户的功能比没有潜在用户的功能风险更小，产生效果的速度更快，在没有必要冒险的时候，尽量优先考虑有潜在用户的功能。

第 6 讲

功能分析的"证伪模型"

· 思考一下 ·

你眼前有10条路，其中1条能够通向成功，剩余9条都会让你回到起点。有什么办法可以提升选择的正确率？

成功案例

产品经理在求职面试的过程中，总会遇到与"成功案例"相关的问题，面试官希望通过成功案例来判断其是否具备相应的产品能力。这很不公平，但很现实。毕竟互联网不是乌托邦，而是更加现实、更加残酷的商业竞争社会。

相同从业经验的情况下，成功案例的成绩决定了产品经理的求职范围。成绩越好，越容易获得好公司的垂青，成绩越差，即使得到好公司的面试机会，也无法抓住这样的机会。尤其是当有多名求职者竞争同一岗位时，成功案例几乎会起到决定性的作用。

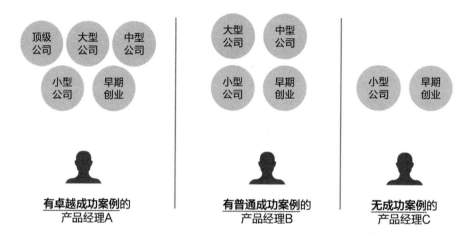

站在企业的角度，产品经理是极为重要的岗位，需要企业配合产品经理的策略投入相应的资源。可能一个功能性的需求就要投入数十万元的研发经费，一个战略性的需求甚至要投入数百万元的研发及市场运作经费。这意味着企业将为产品经理承担极大的风险。为了降低风险，企业会对求职者的能力及过往的经历提出更高的要求，这也在情理之中。

推己及人，如果我们自己是创业者，也难以将数百万元、数千万元投入的项目交给一位没有成功案例的产品经理。所以，问题不在于企业的高要求，而在于产品经理如何才能让自己拥有成功案例。

成功案例在岗位竞争中占据绝对优势，这是每位产品经理都知晓的。很多时候，人们会将成功案例等价于商业上的成功，如赚了多少钱，产品有多少用户，等等。但商业上的成功并非一人之力所能达到的，会受到创始人的影响、创始团队的影响，还会受到领导和同事的影响，这些并非产品经理所能左右的。

像一道无解的题，一方面，产品经理渴望成功案例；另一方面，产品经理既无法改变过程，也无法改变结果，只能被动接受成功或失败。

其实，还有另一种成功案例：**功能的成功案例**。

与商业成功案例相比，功能的成功案例更能代表产品经理的产品能力，因为产品经理是功能的设计者。

后台产品常常被认为无法产生成功案例，既没有用户规模，也没有商业价值，但后台产品可以产生功能的成功案例。例如，改良了后台的搜索机制，让内容搜索效率提升了50%，又或者改良了后台的业务流程，让业务的完成效率提升了100%。这些均是功能的成功案例。

简单来讲，我们所说的"功能的成功案例"是由功能所产生的直接结果来判断的，能够有效解决问题，具备实际价值，就是功能的成功案例。

尤其是在内部的岗位竞争中，大家共同为一款产品服务、为一家公司服务，这意味着产品的成功案例、商业的成功案例是可以共享的，大家的成果都一样，不一样的地方就在于功能的成功案例。

甲做10个功能，有8个成功，乙做10个功能，只有1个成功，甲的成功率比乙高，当有更重要的任务时，公司也会倾向于将任务分配给甲，有晋升机会时，公司也会优先考虑甲。对于产品经理而言，最应该关心的是自己设计的功能是否能够取得足够理想的成绩。

证伪模型

如果做的功能都是正确的功能，产品经理就能获得功能的成功案例。问题在于，如何证明这些功能是正确的。

产品经理所做的工作在很大程度上是对未来进行的一种预测，预测某个功能实现后能够取得较好的成绩，所以才想将该功能做出来。只是未来的事情毕竟是尚未发生的事情，存在非常多的变量，以至于难以证明这些功能是正确的。

其实，世界上的许多事物都难以做正面的证明，如曹雪芹在《红楼梦》中提到的"天下乌鸦一般黑"。人们无法证明所有乌鸦都是黑色的，除非能够找到世界上所有的乌鸦，但这不现实。换一个角度，人们可以证明"天下的乌鸦不是一般黑的"，这就简单了，只要找到一只"非黑色"的乌鸦，就能证明了。事实上，已经有很多人证明了世界上存在其他颜色的乌鸦，那么"天下乌鸦一般黑"也就被证明是错误的了。

这种做法被称为"证伪"，即基于目标观点构建反向观点，如果反向观点被证明是正确的，那么目标观点就被证明是错误的。比如，人们认为某个功能是正确的，将其视为目标观点，对应的反向观点便是"该功能是错误的"。一旦证明该功能是错误的，那么该功能就不会是一个正确的功能。

做正确性的证明极为困难，需要同时满足非常多的条件，但做错误性的证明比较容易，只要满足一个错误的条件，就可以做错误性证明。

在所有的功能中，把错误的功能过滤掉，那么功能的正确率也就提升了。**证伪模型就是一套用来过滤错误功能的产品方法论，能够帮助人们识别出部分典型的错误功能**。

模型分为三层，每层都是一种独立的功能分析方法，每层都包含一个典型的功能错误。

第一层是问题严重性分析，对应的错误是"不需要实现的功能"；第二层是条件充分性分析，对应的错误是"无法实现的功能"；第三层是平均成本分析，对应的错误是"不值得实现的功能"。模型的三层犹如三重过滤网，对错误的功能进行三次筛选过滤。

第一层：问题严重性分析

问题严重性分析是证伪模型的第一层分析，也是效率最高、最容易判断的环节。其核心原理在于：**存在受问题影响的用户，问题才是真实存在的，若没有受问题影响的用户，那么问题本身就是不存在的。不存在的问题就不需要解决。**

我们可以通过分析是否存在受问题影响的用户来判断该问题是否真实存在，也可以通过分析受影响用户的规模来判断该问题的严重性。若是不存在的问题或严重性较低的问题，便是可以不解决的问题，可将其称为"不需要实现的功能"。这样的功能即使实现了，也缺少受众用户，难以取得我们所期望的成绩。

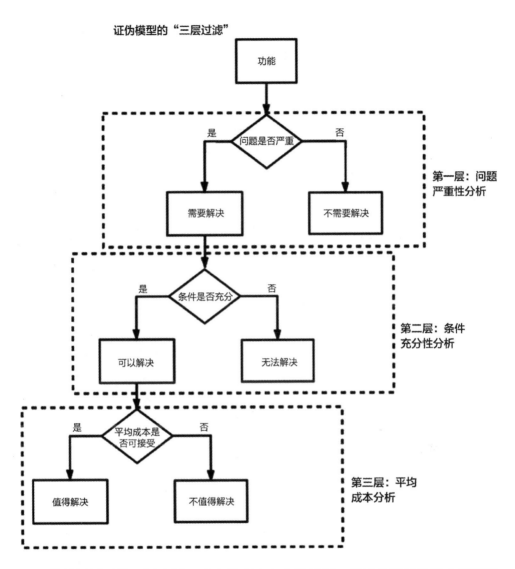

证伪模型的"三层过滤"

若是通过了第一层分析，确定是真实存在的问题，并且是受影响用户规模较大的问题，就可以进入证伪模型的第二层。

第二层：条件充分性分析

条件充分性分析是证伪模型的第二层分析，也是性价比较高的分析方式。其核心原理在于：**问题的解决需要依赖一些特殊条件，只有当这些特殊条件满足时，问题才会真正解决；如果条件不满足，问题就无法解决；而无法解决的问题，也就不用解决。**

我们可以通过分析功能产生作用所需依赖的条件，来分析产品及团队能否满足这些条件，进而判断这些功能是否具有实现的意义。若条件不满足，就是不用实现的功能，也称"无法实现的功能"。即使功能实现了，也无法真正解决用户遇到的问题，只会向用户传达出"我无法满足你的需求"这样的信息。

如果条件满足，就意味着通过了证伪模型的第二层分析，该功能会被贴上"需要解决""有条件实现"的标签，接下来要进入第三层分析。

第三层：平均成本分析

平均成本分析是证伪模型的第三层分析，也是最后一层分析，同时是最困难的一层分析。其核心原理在于：**只有公司存活，才能为用户提供长期、可持续的服务。如果功能平均成本过高，有可能过度消耗公司资金，缩短产品寿命，那么这样的问题是不应该被解决的问题。**

将功能的开发成本与观察期内的使用次数进行对比，得到使用功能的平均成本，分析该平均成本是否可接受，是否超过了公司的承受范围。如果功能的平均成本超过了公司的承受范围，则该功能是不应该被实现的功能，也称"不值得实现的功能"。

证伪模型中的三种功能分析方法的核心意义在于帮助我们过滤三种典型的错误功能："不需要的功能""无法实现的功能""不值得实现的功能"。

如果某项功能通过了证伪模型，就意味着该功能是一个"需要实现的功能""可以实现的功能""值得实现的功能"。借助证伪模型，我们可以避免部分错误的功能，这样就可以极大地提升功能的正确率。

下面详细讨论每层的分析方法。

问题严重性分析

典型错误功能：不需要实现的功能

产品的功能与用户遇到的问题存在因果关系，问题是因，功能是果。

因为用户被某种问题影响，所以，产品经理设计了某个功能，并将其提供给用户使用，帮助用户解决该问题。例如，在电商产品中，用户在购买多件商品时存在"携带不便"的问题，所以，产品经理提供了"购物车"的功能，帮助用户解决了这个问题。

严格来讲，产品的每个功能都针对一个问题，都来自问题中。判断功能重要性的标准就是问题的严重性，问题越严重，功能就越重要。反之，如果问题本身并不严重，甚至不存在，那么其对应的功能也就不重要了。

例如：

- 如果实现了"购物车"的功能，就能让用户一次性购买多件商品。
- 如果实现了邀请功能，就能让用户邀请自己的朋友使用产品。

这样的情景常常出现在人们的工作中，忽视对问题的分析，仅凭借功能的作用进行判断，但这是错误的。

- 如果用户本身没有一次性购买多件商品的诉求，即使实现了"购物车"的功能，也不会起作用。
- 如果用户本身没有邀请朋友的诉求，即使实现了邀请功能，也不会起作用。

功能的作用是建立在解决问题的基础之上的，若问题本身都不存在，那么功能就不会起作用。

以刷新功能为例，刷新能够解决用户获取最新信息的问题，但是，对于一款不依赖网络服务的工具性产品，并不存在"获取最新信息"的问题，那么是否还需要为用户提供刷新功能呢？如果提供了，这项功能是否会被用户所使用？

很多功能在实现以后不被用户所使用，就是因为用户并不存在与功能对应的问题。对于用户而言，这些功能无法帮助自己解决任何问题，没有使用这些功能的理由。

这就是证伪模型第一层分析需要过滤的典型错误功能：**不需要实现的功能**。

站在功能的角度，所有功能都有其特殊的作用。事实上，每个功能原本就是针对某个问题被设计出来的，只是在产品和用户中，功能所针对的问题或许并不存在。

问题严重性分析的三个原则

问题严重性分析，就是站在问题的角度，通过分析问题的严重性，进而证明功能的重要性。

功能是问题的解决方案，问题的严重性与功能的重要性呈正比。越严重的问题，其对应功能的重要性越高，该功能越需要优先实现。越不严重的问题，其对应功能的重要性越低，该功能被实现的优先级也就越低。

问题严重性分析需要遵循以下三个原则。

第一个原则：证明问题的存在

如果存在被某个问题影响的用户，便表示该问题是真实存在的；反之，如果没有被该问题影响的用户，便表示该问题并不是真实存在的，是虚构的，其对应的功能就是错误的。这是问题严重性分析的基础条件，只有在证明问题确实存在的情况下，后续的分析才有意义。

第二个原则：规模越大，问题越严重

被问题影响的用户规模越大，问题越严重，对应的功能解决方案的正确性越高。被问题影响的用户规模是用来划分功能优先级及分配功能开发资源的核心原则之一。

当两个功能对比时，被影响的用户规模越大，越会被重视。若对单个功能进行判断，可以通过被影响用户相对于全量用户的占比进行分析评估，占比越高，功能越应该被重视。

创业阶段的产品缺少时间沉淀，老用户的规模会远远小于新用户的规模，在日活跃用户中，超过80%由新用户构成。因此，会对新用户产生影响的都是严重问题，只有解决影响新用户的问题，新用户才会成长为老用户。

第三个原则：价值越高，问题越严重

被问题影响的用户价值越高，问题越严重，对应的功能解决方案正确性越高。

被问题影响的用户价值也是用来划分优先级及分配功能开发资源的核心原则之一。

当两个功能进行对比时，对应用户价值越高的功能越会被优先实现，会得到更多的资源。若对单个功能进行判断，可以通过部分用户价值相对于所有用户价值的占比进行分析评估，占比越高，功能越应该被重视。

付费会员比普通会员具有更高的用户价值，对于一些变现方式较为单一的产品而言，会员营收甚至可以在公司所有营收中占比超过80%。因此，企业通常会为付费会员提供更多的功能，将付费会员存在的问题视为优先级最高的问题，也是最重要、最迫切需要解决的问题。

在问题严重性分析的三个原则里，优先证明问题存在，在问题被证明真实存在的基础上，去判断被影响用户的规模及被影响用户的价值。

条件充分性分析

产品滑铁卢

2017年，我的一位朋友从大厂离职，用自己的积蓄组建了研发团队，开始自己的首次创业，做一款互联网资讯产品。

这款产品定位于专业的互联网资讯平台，为互联网相关人士提供最新资讯，内容涵盖范围广泛，包含投融资、大厂动态、职业发展、重要功能更新及其他实事、热点等，与互联网沾边的所有信息都可以被收录进平台。

这款产品的一个特点在于内容的投稿审核制度。为了保证内容的质量，每篇文章都由作者投稿，再经过两次审核，第一次由普通编辑对文章的质量进行审核，第二次由组长对文章的含金量进行审核，最终通过后，才会推送给用户。

另一个特点是创始人坚持做原创内容。朋友做事特别有原则，是原创内容的拥护者，尊重作者的版权，在无数次的团队会议中始终坚持不用内容爬虫，坚持在作者投稿的基础上做高质量内容的资讯平台。

这两个特点给产品的早期发展打下了基础，一方面尊重原创，赢得了作者的认可；另一方面保证内容质量，吸引了读者用户。

一年后，这款产品的用户数量已经达到了100万，每天都有30万名用户使用这款产品，并且使用产品的用户平均每天会使用3次。在内容方面，平台已经积累了5 000多篇高质量文章，平均每天都会收到50篇投稿文章，其中有10篇高质量的文章会推送给用户。

用户对这款产品的黏性及忠实度极高，已经产生了口碑传播的效应，官方公众号也有数十万名粉丝密切关注产品的更新动态，并积极参与产品组织的一些活动。

忠实用户的形成及增加无疑是一件好事，但也会带来一些困扰，用户开始借助公众号及官方客服提出自己的意见或想法。其中，有一位用户提出了内容分类的想法，希望产品能提供内容分类的功能。

后来，这个想法被采纳了，内容被划分为15类，用户可以根据自己的喜好定制分类的排序。

内容分类功能上线后的一个月里，产品的日活跃用户数从30万降到了10万，还在持续降低，每天投稿的文章数也从50篇降到了30篇，能够推送给用户的仅有5篇。就像拿破仑的滑铁卢战役一样，内容分类功能成为这款产品由鼎盛走向衰败的转折点。

其实，原因很简单，这款产品并不具备该功能产生作用的条件，数据下滑也是因为条件不具备所产生的副作用。

无法实现的功能

功能虽然是问题的解决方案，但要解决用户真实存在的问题，也需要先满足条件。**当条件不满足时，即使提供了功能，问题也没有办法解决。**

朋友的资讯产品每天有30万名用户使用，每天能向用户推荐10篇文章，用户平均每天会使用3次。通过分散推送的机制，10篇文章被整理成5组内容，设置5个固定的更新时间点，就可以培养用户固定的使用习惯。每次用户使用时，都会有新的内容可供阅读，尽管更新的内容数量较少，但质量可以弥补数量的缺陷，仍然符合用户对资讯产品新鲜感的诉求。

上线内容分类的功能以后，内容被划分成15类，每天只有10篇优质文章更新的情况下，平均每类仅能更新0.6篇文章。接近一半的内容都会处于"今日无更新"的状态，另一半内容则会处于"一天才更新1～2篇内容"的状态。

尽管内容更加精准了，用户能够更快速地阅读自己想要阅读的内容，但几乎感知不到内容的更新，固化下来的内容并不能满足用户对产品的新鲜感诉求，甚至让用户产生"死寂感"。产品的活跃用户也因为内容缺少更新，逐渐减少使用的频率，从一天3次降为一天1次，再降为多天1次，最后完全流失。

内容未做分类处理确实会影响用户的阅读效率，对于用户而言，这是一个真实存在的问题，但这款产品不具备内容分类所需要满足的条件，即内容的更新数量。只有当内容更新数量达到一定数值，分类后的内容不会让用户产生"死寂感"，仍然能满足用户对资讯平台的新鲜感诉求时，分类功能才能真正地解决用户存在的问题。内容的更新数量及内容的储备数量就是分类功能产生作用所需要满足的条件。

大多数功能都存在条件限制，在条件满足的情况下功能才能真正地解决问题。当条件不满足时，这些功能不仅无法满足用户的需求，还会产生副作用，直接或间接造成用户的流失。

我们判断一项功能能否实现，不仅要判断技术能否实现，还要考虑许多客观条件，尤其是功能产生作用所需具备的条件。

有很多问题，确实存在被影响的用户，也确实有被解决的价值，但条件的缺失会让这些问题处于"无法被解决"的状态，其对应的功能也就处于"无法实现"的状态。

毕竟，产品经理应该思考的是功能实现以后的结果，而不是技术上的实现。

条件充分性分析的三个原则

对于产品经理而言，拒绝是一种勇气，也是一种能力，职位越高的产品经理，越需要具备拒绝的能力。与其让用户在惊喜后感到失望，经历较大的情绪落差，不如一开始就不要给用户期望，冒着被吐槽的风险，拒绝实现该功能。这样做，尽管会产生一些抱怨，却不会影响用户的正常使用，当满足功能产生作用的条件时，再为用户提供相应的服务。

条件充分性分析需遵循以下三个原则。

第一个原则：功能条件的数量大于等于1

有的功能只需要满足一个条件即可有效解决问题，有的功能则需要满足多个条件才能解决问题。对功能进行条件充分性分析之前，优先找出功能需要满足的所有条件，确认没有遗漏之后，再做条件充分性分析。

例如，内容分类的功能就要满足两个条件：一个是内容的更新数量，另一个是内容的存量。若在某个分类下，仅有一条内容的存量，就会向用户传达出"这里没有内容"的信息。若在某个分类下，每天更新不到一条内容，就会向用户传达出"这里没有新鲜感"的信息。

第二个原则：不满足条件的功能是错误的功能

用户的诉求是通过功能解决某个问题。正确的理解应该是，通过使用某种功能，得到某种结果，而这个结果能够解决某个问题。

功能并不能直接解决用户存在的问题，仅是用户获得结果的一种方式方法。 影响结果的就是功能所需要满足的条件，只有当功能与条件同时存在时，用户的问题才能得到解决。

例如，用户想要产品实现搜索功能来解决内容查找的低效率问题。最终，依然是内容解决了用户的问题，搜索仅是获取内容的一种方式，内容的数量是搜索功能产生作用的条件，只有当条件被满足时，搜索功能才能产生作用。如果内容数量较少，即使提供了搜索功能，也无法得到相关的搜索结果，用户的问题仍然存在。

第三个原则：条件越充分，功能的效果越好

条件的充分性与功能的效果成正比，条件越充分，功能的效果越好，就像柴禾与火焰的关系，柴禾越多，火焰越旺盛。

如果是严重的问题，搭配上足够充分的条件，功能正确的概率几乎接近100%，能够取得极好的成绩。即使不那么严重的问题，搭配上足够充分的条件，功能也有较高的正确性，能够取得较好的成绩。

例如，点对点发红包是以社交关系链为条件的功能，关系链越多，功能的效果越好。2013年12月，微信月活跃用户数达到了3.55亿，微信用户产生的关系链超过了100亿条。2014年1月27日，微信上线了红包功能，允许用户给自己的朋友发送现金红包。同年2月9日，微信官方数据显示，除夕至初八有超过800万名用户参与了微信红包活动，超过4 000万个红包被领取，累计接近4亿元的现金流动。

活跃用户数与用户的关系链是红包功能需要满足的条件，正是因为微信拥有大量的活跃用户与用户关系链，才促使红包功能获得了巨大成功。

在条件充分性分析的三个原则里，优先判断需要满足哪些条件，再去判断这

些条件是否被满足，最后是判断条件的充分程度。理想情况下，可以只做条件充分性较高的功能，这样可以确保每个功能都可以取得极佳的成绩。

即使在糟糕的环境里，也应该尽量避免实现"不满足条件"的功能，尽量避免无法实现的功能。这类功能大部分会以失败告终，并且会产生诸如用户流失一类的副作用。

平均成本分析

过于细心的生鲜电商

麦子生鲜是一款基于位置服务（Location Based Services，LBS）的生鲜电商平台，平台为用户提供了50种生鲜商品，用户可以通过麦子生鲜App购买水果、蔬菜、肉类等满足日常饮食需求的商品。

平台为用户提供了"两小时速达"与"定时送"两项特殊的服务，配送人员将在用户下单后的两小时内，将商品送到用户的手中。用户也可以选择一个指定的配送时间，配送人员将在指定时间送货上门。这两项特殊的服务准确命中了用户的痛点，产品一上线，用户数量就以较快的速度增长，半年后，已经有100万名注册用户，日活跃用户数达到了10万，其中，4万名用户会产生下单行为。

为了更好地推动产品更新迭代，公司特别重视用户反馈，每个月都会进行用户调研，询问用户在产品使用过程中存在哪些问题。这个举动确实为产品团队带来了宝贵的真实用户的建议，产品也在修复打磨中越来越受用户喜爱，订单量每个月都会有所突破。

在最近一次的调研中，有很多用户共同提出了一个问题：希望产品能在搜索时兼容错别字。人们在搜索某些商品时，常常会输入一些错别字，像"菠菜"和"博采"，"杏子"和"性子"。用户反馈，家里的老人文化程度较低，在下单时输入错别字就会找不到商品，没几次就不想用App了，还是老样子上街买菜。

产品团队通过数据分析的方式，对错别字问题进行了为期一个月的观察分析。在这一个月中，有20万名用户使用过产品，有5万名用户产生了搜索行为，在用户的搜索记录中，有2万名用户产生过错别字搜索的行为，一共有4万次错别字搜索行为的记录。

为了评估功能的开发成本，产品团队也和研发团队进行了可行性探讨，确定"搜索兼容错别字"功能是可以实现的，但需要10万元的研发成本（工时折算），此时，公司的现金流还剩100万元。

这是一个存在被影响用户且有条件解决的问题。如果解决了错别字兼容问题，就可以减少部分中老年用户的流失，并且提升每天的订单量。

新功能上线以后，每天的订单量确实增加了，从40 000单增加到41 000单。后续迭代中，产品团队又做了几个类似"搜索兼容错别字"的功能，每天的订单量越来越多了。

然而，当订单量突破每日50 000单以后，麦子生鲜的资金链断了，一方面融资不顺利，另一方面公司原有的100万元现金流在功能迭代过程中耗尽了。尽管拥有上百万名用户，尽管日活跃用户数达到了20万，尽管每天都有50 000笔订单，公司仍然倒闭了，团队解散，产品也停止了面向用户的服务。

归根结底，产品团队做了太多"不值得实现的功能"。

平均成本

没有被影响用户的问题不需要解决，没有条件解决的问题解决不了，尽管这两类问题会给产品带来很大的负面影响，但很好判断，也很好规避。还有一类问题隐藏在正确问题中，既有被影响的用户，也具备解决问题的条件。这类隐藏起来的问题才是产品经理所遭遇的高危险问题，常常在不知不觉中让产品死亡。这类问题就是**使用了错误的刻度单位**。

麦子生鲜也是因为使用了错误的刻度单位而失败的。

假如有两把尺子A和B，尺子A的长度是100米，最小刻度是1米，尺子B的长度是1米，最小刻度是1厘米。将两把尺子并排摆放，起始位置相同，并且在起始位置处，放上一只蜗牛。

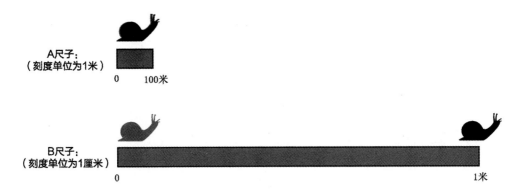

当蜗牛发生位移时，以尺子A为参照的情况下，我们很难感知到蜗牛发生了位移，也无法判断蜗牛位移的距离，当尺子的刻度单位继续增大时，这种感知将接近于无。当刻度单位过大时，移动的物体会呈现相对静止的状态。

尺子B刻度单位较小，我们能够清晰感知到蜗牛的位移，以及蜗牛位移的距离，当尺子的刻度单位继续缩小时，这种感知将极为明显。当刻度单位极小时，任何细微的变化都会如同行驶中的列车一样明显。

尺子就是我们用来衡量功能成本的工具。当刻度单位较大时，我们无法对功能做出正确的判断，太多信息呈现出静止、无法被感知的状态。一些很严重的问题隐藏在大刻度单位背后，难以被察觉。

麦子生鲜评估"搜索兼容错别字"功能时使用的10万元开发成本就是大刻度单位，适合用来与现金存量进行对比，但作为功能分析就不太适用了。产品经理需要换一种衡量功能成本的刻度单位。一种更小、更精细的刻度单位——**平均成本**。

通常情况下，我们将研发经费与观察时间段内的使用人数及使用次数进行对比，以此得到人均成本、次均成本。

人均成本=费用/累计使用人数

次均成本=费用/累计使用次数

这里需要增加一个辅助条件，假设有效计算周期为功能上线后的一个月。

在上线该功能之前，麦子生鲜的产品团队对用户一个月内的使用行为进行了观察分析，得到了一些数据，计算平均成本时需要使用这些数据："在观察的一个月时间里，一共有20万名用户使用过产品，有5万名用户产生了搜索行为，在用户的搜索记录中，有2万名用户产生过错别字搜索的行为，一共有4万次错别字搜索行为的记录。"

现在，以一个月为计算周期，尝试计算"搜索兼容错别字"功能的平均成本。

以用户为计算单位，计算每名用户的平均成本，10万元的研发费用，为2万名产生错别字搜索行为的用户提供服务及为4万次错别字搜索行为提供服务似乎是一个可以接受的成本。但当计算功能的平均成本时，隐藏的问题就暴露出来了。

人均成本5（10÷2）元，相当于公司需要为每名产生错别字搜索行为的用户支付5元成本；次均成本2.5（10÷4）元，相当于公司需要为每次错别字搜索行为支付2.5元成本。这样的平均成本就令人难以接受了。

互联网产品通常为大规模的用户提供服务，因此，功能的人均成本及基于使用次数的次均成本都是一个极低的值。

2020年，腾讯云提供的云短信10万条套餐包售价是3400元，平均每条0.034元。同年，拥有4亿名日活跃用户的抖音公开的广告收费标准为，CPC[1] 0.2元一次，CPM[2] 4元千次，相当于0.004元一次。

在衡量功能的平均成本时，人们通常会以一个极低的值作为标准进行判断，而且用户规模越大，标准值越低。按用户人数计算，人均成本极少超过1元每人，按照使用次数计算，次均成本极少超过0.01元每次。

当尝试用平均成本对功能进行分析时，原本能够接受的成本也会变得难以接受，成为"不值得实现的功能"。

现在，如果你是麦子生鲜的产品经理，面对人均成本5元、次均成本2.5元的"搜索兼容错别字"功能，你认为应该做吗？

平均成本的评估步骤

功能的平均成本叠加起来就是产品的平均成本，一些产品在上线初期堆砌了许多功能，但用户规模、使用规模都不足，导致这些功能平均成本极高，在缺少

1　CPC：广告的计费方式之一，按照用户的点击行为计费，用户每点击一次广告，广告主需要向平台支付广告费用，若用户没有点击，则无须支付费用。

2　CPM：广告的计费方式之一，按照曝光数计费，通常以千次曝光进行计费，不考虑用户是否点击，只要广告被呈现出来，广告主就需要向平台支付广告费用。

注资的情况下，产品死亡率极高。

那些什么功能都做、什么都是核心的产品已经被时代淘汰了，并且留下了一个名词"大而全"。相应地，活下来的成功产品，现在依然存续，也留下了一个名词"小而精"。所以，草根创业产品初期只做两类功能，**一类是为大规模用户提供的核心功能，如同微信的通信、淘宝的购物；另一类是吸引新用户的功能，即能够拉新的功能。**

评估功能的平均成本包含以下六个步骤。

第一步：设置成本刻度

成本刻度是指平均成本的单位，可以是每人、每百人，也可以是每千人、每万人。产品规模不同，适合使用的成本刻度也需要进行调整。刻度过小时，得到的数值会过小，且无限接近于零，不容易观察和分析；刻度过大时，得到的数值会过大，影响评估的精细度，不容易发现问题。

第二步：设立标准值

标准值是一个产品经理所期望的值，反映了产品经理能够为用户的某个行为支付多少成本，这是一个容易被忽略的问题，但是一个有效的问题。标准值是动态调整的，当功能的测算成本始终低于标准值或始终高于标准值，并且偏差幅度较大时，就意味着标准值的设立可能是错误的，需要进行调整。

第三步：设计计算周期

在理论情况下，功能被实现以后，可以永久地为用户提供服务，但实际情况存在许多变动，像产品停止运营、功能变动，乃至一些外部因素都会影响功能的服务周期。因此，要在一个可控的时间段内对功能进行评估，这样的评估才是有效且有用的。

计算周期需要根据功能的特性进行定制设计，一些功能见效较快，覆盖的用户群体较为集中，就要设计一个比较短的计算周期；一些功能见效慢，是长期投入，需要培养用户习惯，就要设计一个比较长的计算周期。

通常情况下，短的计算周期会被设计为1个月或2个月，长的计算周期则是6个月或12个月，极少有超过12个月的计算周期。

第四步：推测功能的使用人数

平均成本是一种评估方法，使用的数据也以推测数据为主，在评估平均成本时，产品从业员需要推测会使用该项功能的用户数量。

推测方法有两种：存量推测与增量推测。

存量推测是基于现有用户进行推测，在现有用户中，有多少用户有使用该功能的倾向，为功能所对应的问题困扰，并以此为基础增加一个浮动范围。

增量推测是以一个月为单位，观察过去多个月的用户新增趋势及新增规模，推测功能上线后的一个月或多个月里，每个月会有多少名新增用户，并以此为基础增加浮动范围。

在选择推测方法时，主要是判断功能是为老用户服务还是为新用户服务。

第五步：推测功能的使用次数

在评估功能的次均成本时，需要推测用户对功能的使用频率。功能是问题的解决方案，问题的出现次数就等同于功能的潜在使用次数，所以，常常用替代的方式将对功能的测算转变为对问题的测算。需要以月或周为单位，分析某些相关问题出现的次数，并且观察问题扩散的速度和趋势。

问题出现的次数对应的就是功能的潜在使用次数，问题扩散的速度和趋势对应的就是功能的潜在使用次数的增长趋势。

第六步：将结果与标准进行对比

最后一步就是将推测出的平均成本与标准成本进行对比。

若平均成本低于标准成本，功能的正确率会更高，且差值越大，正确率越高，极有可能是一个很出色的功能。

若平均成本高于标准成本，功能的错误率会更高，且差值越大，错误率越高，极有可能成为产品的一个负担，耗损公司的现金，需要慎重对待。

在实际工作中，标准成本有可能是一个错误的值，需要产品从业人员在数次迭代验证的过程中对其进行调整。

当然，比对结果及测算过程均是功能分析的过程，所使用的均是分析材料，并不能直接等同于决策。这样做是为了让产品从业人员更好地做决策，而不是替代决策。

一些平均成本极高的功能，在某些条件的支撑下，也可能是必须做的功能；一些平均成本极低的功能，在某些条件的约束下，也可能是不能做的功能。

有限的机会

张三是一位有3年经验的电商产品经理,2019年7月初入职了一家创业公司,担任电商产品的主要负责人。

这款产品以水果为主打商品,是一款为用户提供水果购买的电商平台,与全国100多个果园建立了供销合作关系,平台负责销售,果园负责商品包装、物流配送等环节。

平台于2019年1月正式上线,产品的主流用户是三线城市的中老年群体,早期主要采用邀请送红包的机制获得新用户。经过半年的推广,同年7月,用户规模突破了100万名,每天有5万名用户使用,能够产生5 000笔订单,平均客单价30元,累计一天有15万元交易额。

日活跃用户中,新用户占比70%,50 000名用户中有35 000名是新用户。订单数据中,新用户下单占比50%,5 000笔订单里,有2 500笔订单是新用户的首单。

这是张三第一次担任产品负责人,为了抓住这次难得的机会,7月下旬,张三提出了自己的第一个需求。他认为,活跃用户的增加能够带来更多订单,而现在产品的日活跃用户占比仅5%,有非常大的提升空间。为此,张三说服了老板和团队,制订了一个版本的迭代方案,包含了3个功能:签到、抽奖、兑换优惠券。

用户每天上线后均可以签到,成功签到后,可以获得抽奖次数,每次抽奖均有可能获得优惠券碎片,而优惠券碎片可以通过等额兑换的方式获得可使用的无门槛优惠券。一共有5种面额的优惠券,分别是1元、2元、5元、10元、20元,兑换某种面额的优惠券需要集齐10张相同面额的优惠券碎片。

在这套方案中,优惠券是吸引用户的动机,签到、抽奖、兑换优惠券则是影响用户行为的玩法。通过一些细节的概率设计,用户集齐10张优惠券碎片需要至少完成20次签到行为,将会产生20天的登录行为。

为了增加活动对用户的吸引力,默认20元面额优惠券碎片的获得概率高于其他面额优惠券碎片的获得概率,随着用户持有20元优惠券碎片的数量增加,其获得的概率会逐渐降低。当用户获得9张20元面额优惠券时,随后的抽奖行为将不再获得该面额的优惠券碎片。

这是一个逻辑极为复杂的迭代方案，团队连续加班1个月，在2019年8月下旬成功上线新版本。

一个月后，这个迭代方案宣布失败，新版本不仅没能提升产品日活跃用户数量，日活跃用户占比也从原本的5%降到了3%，每日交易额降低至9万元。

老板对张三的产品能力产生了质疑，后续由张三提出的需求均得不到采纳。团队对张三也极为失望，同事们私下都在议论，产品负责人不仅没能带来数据增长，反而使数据下降了40%。

随后不久，老板重新招聘了一位有5年经验的电商产品经理，张三也从产品负责人的岗位调成以执行为主的普通产品经理岗位。

这家创业公司原本希望在"双11"取得漂亮的战绩，这将成为后续融资时的加分项。但因为日活跃用户的减少，导致公司"双11"战绩平平，参与规模、覆盖规模远远没有达到预期。

产品经理是互联网公司非常关键的岗位，也是一个让人爱恨交加的岗位。采纳产品经理的方案对于公司而言是一件风险系数极高的事情，每个需求都有可能导致用户的流失。

遗憾的是，产品经理没有编译器，也没有其他能够检测错误的工具，唯一的方式只有先做，做完再看结果是正确的还是错误的，如果结果是错误的，只能及时止损，已经付出的成本和已经产生的损失是无法避免了。

但如果结果是正确的呢，或许可以让产品实现100%、200%的收益增长，并且可以将业务发展的任务交给这位决策正确的产品经理，让创始团队或高管团队能从执行的任务中抽离出来，有更多的时间研究商业与市场。

风险极高，回报也极高，所以，互联网公司会采用"控制"的策略，控制产品经理会带来的风险范围。在影响较小的范围里让产品经理试错，尽管可能存在的收益也会减少，但胜在风险可控，不会出现太大的事故。

如果产品经理取得了成功，便逐渐放大风险的范围，直到充分信任，完全放权，任由产品经理主导产品的发展。如果产品经理失败了，则逐渐缩小风险的范围，减少因为产品错误导致的损失，也就是减少授权。

对于产品经理而言，机会是有限的，成功了，就能得到更大的资源、更多的权限、更高的职位，失败了；就会逐渐远离决策中心，成为执行产品经理。

故事中的张三做了一个无效的功能，并且产生了亏损，产品的数据不增反降。这不仅是一个无效的功能，更代表了机会的流失，没能抓住属于他的晋升机会，或许这也是唯一一次晋升机会。

抓住机会才会有更好的发挥舞台和更多资源的新机会，才会缩短与决策圈的距离；失败了不仅得不到新资源的倾斜，还会让已有的资源流失，与决策圈越来越远。

隐藏任务：预测功能的正确性

功能成功的受益者并不只有用户与公司，产品经理自身也是功能成功的受益者，这将是改变未来轨迹的一把钥匙。

同样是产品经理，有的人能快速地成为产品负责人，并继续往高处发展，也有的人像案例中的张三一样，即使得到了产品负责人的机会，但很快又失去了这个机会。

区别就在于功能的多次成功或多次失败。成功的次数越多，越具备连续性，越会被公司重用，可使用的资源也就越多，形成一个正向的循环；失败的次数越多，就越被边缘化，可使用的资源就越少，形成一个负向的循环。

主动控制自己的职业发展，维持正循环发展或从负循环跳入正循环的方法只有一个：**预测功能的正确性**。这是一项隐藏任务，不被大众知晓，但对于优秀的产品经理而言，人人皆知。

下面设置几组对比，以5次版本迭代为分析对象，每次迭代的成本相同，仅考虑结果对产品经理的影响。

产品经理A：4次版本迭代均得到了成功的结果。

产品经理B：4次版本迭代均得到了失败的结果。

产品经理C：第一次、第二次版本迭代均得到了成功的结果，第三次、第四次版本迭代均得到了失败的结果。

产品经理D：第一次、第二次版本迭代均得到了失败的结果，第三次、第四次版本迭代均得到了成功的结果。

	第一次迭代	第二次迭代	第三次迭代	第四次迭代
产品经理A	✔	✔	✔	✔
产品经理B	✘	✘	✘	✘
产品经理C	✔	✔	✘	✘
产品经理D	✘	✘	✔	✔

"✔" 代表成功；"✘" 代表失败

现在，思考以下两个问题：

- 公司业务调整，需要裁掉一位产品经理，谁会被裁掉？
- 公司发展顺利，需要晋升一位产品经理为产品主管，谁能得到晋升？

功能的成功或失败不仅会影响产品经理在公司的晋升，也会以"成功案例"的形式在其未来的求职中产生影响。如果产品经理做的功能都能够得到正确的结果，在产品之路上就会顺利地成长，也会因为有成功案例而得到更好的发展。如果产品经理做的功能总是得到错误的结果，在产品之路就会磕磕绊绊，也会因为没有成功案例而与好机会失之交臂。

功能正确就会成功，功能错误就会失败，问题在于，**结果可以预测吗？**

实际上，对功能的结果进行预测就是产品经理的隐藏技能。相对于勤奋地做所有功能，有所选择地做正确的功能和回避错误的功能才是产品经理需要有的技能。

因为，功能的结果是可以预测的，在投入开发资源之前就能预测功能会成功或失败。

张三的功能可以预测吗

下面将证伪模型运用到张三的案例当中，判断一下该功能是不是一项错误功能。

产品背景

这是一款卖水果的电商产品，主流用户是三线城市的中老年群体。用户规模突破了100万名，每天有5万名用户使用，70%为新用户。能够产生5 000笔订单，平均客单价30元，累计一天有15万元交易额。其中，有50%的订单是新用户的首单。

功能：签到兑换优惠券

张三设计的迭代版本包含"签到""抽奖""兑换优惠券"三个主要功能，核心吸引力是"优惠券"。用户每天登录产品，可以通过签到的行为获得抽奖次数，每人每天仅能抽奖一次。抽奖功能可以抽到优惠券碎片，平均每20天可以兑换一张优惠券，有可能兑换1元、2元、5元、10元、20元的优惠券。

证伪模型的问题严重性分析

在案例中，最终给到用户的是优惠券，大多数电商产品的消费者都存在"占便宜"的心理特征，消费者都会思考，怎么才能用更便宜的价格购买某个商品。

但是，方案中的功能并不是单纯的优惠券功能，而是签到兑换优惠券功能，平均每20天才能兑换一张优惠券。对应的问题就要转变为：是否需要通过20天的登录行为获取一张面额不足20元的优惠券？

尽管张三通过概率机制，将优惠券的面额提升至20元，但这种方式仅能吸引用户产生首次行为。一旦领取到1元、2元等低面额的优惠券，用户就会有较大的情感落差。功能上线一个月后，产品日活跃用户数降低也是因为伤害了这部分忠实用户的情感。

如果在设计功能时，张三尝试对问题的严重性进行分析，就能避免类似的错误功能，也就能增加自己抓住机会的概率了。

掌握了证伪模型，等同于拥有了一个"错误功能"的辨识系统，能够帮产品经理对功能进行检查，将错误的功能标记出来，一方面避免了无用功和时间的浪费，另一方面能够增加所设计功能的正确率。

· 自 我 检 测 ·

项目背景

这是一款互联网资讯产品，面向互联网从业者提供最新的与互联网相关的信息。产品累计用户100万名，日活跃用户30万名，平均每日阅读3篇文章，内容层面，平台已积累了10万条高质量资讯内容，每天都有50条内容更新。

现在，为了增加用户的活跃度，延长用户的留存时间，产品部门提供了三个功能设计方案：收藏功能、分类功能及专题功能。考虑到时间和资源的问题，只能从中选择一个功能进行实现。

收藏功能。用户可以对自己认可的文章执行收藏操作，被收藏的文章将永久存储在用户的收藏夹中。

收藏功能可以形成以内容为单位的用户资产，收藏的内容越多，用户对产品的依赖性越强，黏性也就越强。

分类功能。将内容划分成5~10种内容类型，用户可以自定义内容的顺序，查看自己喜欢的内容。

分类功能可以兼顾不同用户对内容的不同倾向性，能够强化内容与用户兴趣的匹配性，匹配性越高，内容对用户的吸引力越强，产品对用户的黏性就越强。

专题功能。由运营人员手动生成专题，将多条有关联的内容汇集在专题页，用户可通过专题页访问专题内的所有内容。

专题内容来自不同的作者、不同的发布时间，甚至属于不同类型的文章，但都会和专题有一定关联性。当这些内容聚集在一起时，就会形成内容的叠加效应，原本对内容不太感兴趣的用户，也会对内容产生兴趣。

如果你是产品总监，你认为应该实现哪个功能？

提示：尝试使用证伪模型的第二层"条件充分性分析"。

·重点内容·

1 功能的成功案例也是一种成功案例，会影响产品经理在市场上的竞争力。

2 证伪模型的核心是，通过证明目标观点的反向观点来推翻目标观点，一共包含三种典型的错误功能：不需要实现的功能、无法实现的功能、不值得实现的功能。

3 问题的严重性分析的核心在于判断是否存在被问题影响的用户，以及这部分用户的覆盖范围，由此帮助产品经理证明某功能是不是需要实现的功能。

4 条件充分性分析的核心在于分析功能产生作用所需要依赖的客观条件，通过对条件充分性的分析可以判断功能是否会产生期望中的作用，条件不满足的功能便是无法实现的功能。

5 平均成本分析的核心在于对功能的成本进行分析，可以分为平均成本和次均成本，通过判断平均成本是否处于可接受的范围来判断该功能是否值得实现，若平均成本超过可接受范围，便属于不值得实现的功能。

6 功能的正确率是产品经理的隐藏任务，也是一种隐形的考核方式，高正确率能够帮助产品经理赢得晋升机会，也能赢得更多的资源倾斜。

7 每个人的机会都是有限的，应该将每一次机会视为唯一的一次机会，尽自己最大的努力，避免做错误功能，尽可能地提升自己的正确率。

打破认知（下）

需求的危害性

· 思考一下 ·

"不被认可"对产品经理的成长最为不利，会过早地葬送产品经理的职业生涯。

做错了，我们至少能得到错误的经验，至少自己提出的需求已经被实现并投入市场运作。然而，一旦我们提出的需求不被领导和团队认可，那么连实现的机会也会被剥夺。

如果你遇到了"不被认可"的情况，该怎么办？是选择沉默还是选择离职？或者，我们可以思考一下"不被认可"的原因。

张三的疑问

2015年，图片社区是互联网的一个小风口，很多产品都有非常好的数据表现。其中，有一款在创业阶段的图片社区产品为专业摄影师提供服务，社区里的大多数图片都是摄影作品，质量比较高，因此受到了许多手机摄影师的喜爱。产品拥有300万名用户，日活跃用户达到了60万名，每天上传的图片超过10万张，是一款潜力较大的产品。

张三是图片社区领域的一位产品经理，偶然的机遇下加入了这家公司，职级是高级产品经理，参与这款图片社区软件的迭代开发，面向产品总监汇报。

第一次被拒绝

入职后不久，张三提出了第一个需求，他希望增加一些可以美颜的滤镜功能，针对女性群体，满足女性爱美的需求。

这是一个很好的需求，也有很多成功案例证明需求是真实存在的。由美图公司研发的"美颜相机"于2013年1月27日正式推出，截至2013年4月25日，仅用了88天，用户总数就突破了2 000万名。

遗憾的是，这个需求没有被采纳。

第二次被拒绝

入职后的第三个月，张三提出了另一个需求，他希望增加一些贴纸功能。用户在编辑图片时，可以在图片上增加一些好玩的贴纸，这些贴纸可以是当下热门的元素，如影视剧的卡通人物形象，也可以是一些装饰物。

贴纸是许多图片社区产品纷纷拥抱的一个需求。"in"是一款主打贴纸的图片社区产品，2014年6月上线，仅一年时间就完成了B轮的3亿元融资，累计用户总数接近6 000万名，日活跃用户接近200万名，每日上传的图片达到了800万张。其核心的功能就是"贴纸"。

遗憾的是，这个需求同样没有被采纳。

第三次被拒绝

又过了一个月，张三提出了第三个需求，他希望图片的裁剪模块能够支撑16∶9的长方形图片裁剪，目前产品只支持1∶1的正方形图片裁剪。

这是一个来自用户的需求，许多用户反馈，希望产品能够支撑16∶9（长宽比）的图片。人们在生活中用手机拍摄的照片大多数都是16：9的尺寸，每次都被迫拆解成1：1的正方形图片，这影响了图片的构图，也增加了用户上传照片的成本。

然而，这个需求还是被拒绝了。

在不久后的评级中，张三的职级从高级产品经理降为普通产品经理。其提出的每个需求几乎都被产品总监拒绝，成了产品团队里最不被认可的产品经理。

从一位需求的挖掘者降为需求的执行者，这让张三感到困惑："为什么我提出了那么多需求，但总得不到认可？""为什么这些好的需求得不到认可，而那些看上去很一般，甚至很基础的需求却能通过？"

你是否知道这两个问题的答案？

两个问题的答案

在产品新人的阶段，能够提出需求已经很优秀了，这意味着需求敏感度高，是产品经理突出的起跑优势。但随着从业时间的增加，这种优势就不再是优势了，大多数产品经理都能够提出需求，而且很容易就能提出需求，因为需求实在是太多了。

对于产品经理而言，需求并不是单一的，而是多元化的。一方面，每个需求都有其对应的用户群体，有的人喜欢吃素，有的人则无肉不欢，当基数足够大时，任何一个奇思妙想的需求，都必然存在对应的用户群体。另一方面，相同的个体在不同的时间也存在不同的需求，可以既想吃素又想吃肉，需求与需求之间并不存在绝对的互斥现象。

这就是第一个问题的答案。

"为什么我提出了那么多需求，但总得不到认可？"因为需求太多了，以至于企业不会通过数量去认可一位产品经理。

根据需求多元化理论，不同的个体可以在相同的时间存在"不同"的需求。相同的个体也可以在不同的时间存在"不同"的需求。这些"不同"造就了需求多元化的特性。

用户的数量决定了需求的数量，而互联网的产品通常会为数十万、数百万乃至数千万名用户提供服务。庞大的用户规模使同时存在的需求数量也极为庞大。

"微信之父"张小龙曾在2019年微信公开课中提到一个有趣的现象："**每天都有5亿人吐槽微信的不好，每天都有1亿人教我怎么做产品。**"而在当时，微信是国内第一款月活跃用户10亿名的App。这些"吐槽"对于微信的产品经理而言，都是唾手可得的需求。

也就是说，微信的产品经理每天要面对上亿的需求量级。

用户规模越大，需求越多元化，需求的数量也就越多，犹如需求汇集而成的海洋，可以轻易地淹没任何一位产品经理。同样地，任何一位产品经理，都能够从需求的海洋中轻易获得需求。因此，需求的数量原本就与认可无关，也并不能用来考核或证明产品经理的能力。

需求本身没有价值

美颜滤镜、贴纸、图片裁剪规格对于图片社区产品而言都是很好的需求，甚至对于2015年的图片社区市场而言，这些功能能让产品具有更好的竞争力，获得更多的用户及更大的用户黏性。但是，"彼之蜜糖，我之砒霜"，对于某些产品而言，这些可能是价值极高的需求，但对于当下所做的产品，或许只是有害的需求。

这就是第二个问题的答案。

"为什么这些好的需求得不到认可，而那些看上去很一般，甚至很基础的需求却能通过？"因为需求自身并不具备价值属性，只有与产品结合时才会出现价值属性，脱离产品存在的需求只能称为"客观需求"，不能称为"好的需求"。

用户规模、用户属性，乃至用户对产品的原始需求等众多因素，都会引起需求价值的变化。同样的需求，在有的产品那里能产生极大的价值，而在另一些产品那里产生的价值极小，有时候甚至是负价值，不仅不会带来增长，还会引起用户的反感。

美颜的需求如果依附在以女性为主的图片社区，以晒生活、晒日常的图片社区，会产生较高的价值，但若在专业摄影类的图片社区，产生的价值就微乎其微了。前者，以自拍照居多，希望照片"美丽""漂亮"和"好看"；后者则以专业拍摄居多，希望得到更专业的对其摄影技术的评价。

贴纸功能在图片社会确实存在极大的市场效应，普通用户也可以用贴纸让图片变得更加生动，并且贴纸功能扩展性极强，这些贴纸就像存在于图片当中的表情，可以持续更新，每套新的贴纸都会唤醒用户的新鲜感。但这是贴纸的市场效应，并不等同于贴纸的价值，在专业摄影类的图片社区产品里，用户更关心图片本身传达的信息，这是一种更接近艺术形态或技术形态的内容社区。

增加贴纸功能只会让这些摄影作品变得不伦不类，尽管专业作品增加诙谐的贴纸也有很大的趣味性，但这款产品的用户是专业摄影师，这样的做法就不太合适了。

不被认可的产品经理

功能阶段是产品经理的海选池，从严格意义上来说，此阶段的产品经理只是"准产品经理"，还不是真正意义上的产品经理。

需求阶段才是产品经理真正的起点，门槛极高，不仅需要努力，还需要机遇。在这个阶段，产品经理开始研究需求，而不是研究功能。

产品圈里经常提到"功能经理"，虽然这是一种自嘲的称呼，但也是真实存在的。许多产品经理会在功能阶段停留很长时间，3年、5年都有可能，还有的产品经理直到离开这个行业，依然停留在功能阶段。

这是一个需要产品从业人员重视的问题。

大多数"准产品经理"都会长时间停留在功能阶段，只有少数人能迈过通往需求阶段的高门槛。原因在于，在产品经理的工作中，存在一种糟糕的现象——"不认可"。

提出的需求不被领导认可，这意味着需求不会被实现，产品从业人员的想法就得不到实践，也得不到验证的结果反馈。在工作中，产品从业人员只能做其他人提出来的需求，帮助其他人将需求转变成功能的设计方案，时间长了，就会对产品经理这个岗位产生一些误解。比如，产品经理原本就是功能经理，原本就不需要提出需求，原本就应该做好老板安排的事情，以至于完全丧失行业信心，最终就变成了"功能经理"，放弃了主动提出需求。

"不认可现象"就是从功能经理转变为产品经理所需要迈过的门槛，只有解决"不认可现象"，才能争取到资源，实现自己提出的需求，进而成为真正意义上的产品经理。

初级阶段的产品经理取得团队认可的方法在于完整的原型图及细致的需求文档。当从功能阶段迈入需求阶段时，认可的条件发生了变化。新的认可条件是**"需求的正确性"**。

如果经常提出正确的需求，团队对产品经理的认可度就会逐渐提高，相反，如果在工作中经常提出错误的需求，就会成为不被认可的产品经理。在团队里，一旦成为不被认可的产品经理，后续提出的需求就很难被重视了，不论拥有多么优秀的背景，都会被团队边缘化。

要规避"不被认可"现象，产品经理需要换一个角度看待需求，不再以需求的数量作为产品能力的衡量标准，也不再脱离产品去谈论需求的好坏。产品经理要认识到，需求实现虽然可以提升产品数据，但存在很大的危害性，不恰当的需求会导致产品往糟糕的方向发展。

需求的危害性

对于普通消费者而言，花生能够养胃，可以缓解胃部不适，但对于对花生过敏的消费者而言，哪怕吃下极为微量的花生都会引发过敏反应，严重时会导致休克，甚至死亡。有益或有害并不是由花生单独决定的，而是由花生及食用花生的人共同决定的。

需求也是如此。

需求本身没有价值属性，需求与需求之间也是不可被比较衡量的。不能说某个需求是好需求，也不能说某个需求是坏需求。只有当与具体的产品结合时，需求才会具备有效的价值属性。只是，人们更习惯用简洁的表达方式，所以依然会听到"这是一个好需求"或"这是一个坏需求"的言论，这是一种省略主语的表达方式，需要产品经理自行补充"主语"和理解内在的含义。

完整的表达应该是：**相对于某产品，这是一个好需求，或者相对于某产品，**

这是一个坏需求。

需求在未处理的阶段，仅是用户诸多需求中的一个，只会单向对用户产生影响，让用户感受到某种困扰。一旦需求进入处理阶段，成为产品的一项解决方案，需求的影响就不再是单向的，而是双向的，既会解决用户的某种困扰，让用户感到愉悦，也会影响产品的发展。

有的需求与产品有较高的匹配度，称为好需求，可以让产品往更好的方向发展，有的需求与产品的匹配度较低，称为坏的需求，会让产品往更糟糕的方向发展。

下面通过两个常见的产品场景，认识一下坏需求对产品的危害。

降低产品数据

对于产品而言，并不是用户越多越好，而是持续使用的用户越多越好。如果一款产品的留存率较低，存在许多使用上的漏洞，那么拉新就是一个坏的需求。拉新只会带来大量一次性使用者，这些使用者会增加产品的累计用户数据，但并不会持续使用，导致产品的活跃率持续下降。

举个例子：

某产品拥有 100 万名注册用户，每天有 1 万名用户使用，运营团队为了扩大产品的用户规模，策划了一场拉新活动。从结果上来看，活动很成功，为产品带来了 30 万名新增用户，但活动结束以后，每天使用人数仍然只有 1 万名。

活动所获得的 30 万名新用户，让产品的注册用户从 100 万名提升到了 130 万名，但让产品日活率从 1% 降到了 0.77%。

这是一个坏的需求。

当产品的留存能力极低时，盲目地获取新用户只会让这些新用户处于糟糕的使用环境中，就像竹篮打水一样，水会快速流失。

占用资源

对于产品而言，研发资源和研发时间都是极为有限的资源。面对有限的资源，多数人的利益大于少数人的利益，必要时，甚至会牺牲少数人的利益，服务于多数人。

　　每个需求都会消耗一部分资源，将这些资源用于满足小群体用户的需求就会导致大群体用户的需求被延迟满足，严重时，会让大群体用户在等待中流失殆尽。不考虑用户群体规模，单纯地追求需求的效果，也会让产品经理被糟糕的需求所迷惑，尽管会提升小部分用户的使用体验，但伤害了大部分用户，就像"丢了西瓜，捡了芝麻"一样。

举个例子：

　　一款资讯产品，每天都有50万名用户使用，每天累计使用时长超过了50万小时。

　　某产品经理提出了夜间阅读模式的需求，他认为这项需求可以改善用户在夜间使用的产品体验，可以通过减轻用户在夜间使用产品时的疲惫感，进而延长用户在夜间的产品使用时长。

　　夜间阅读模式需要兼容产品已有的所有页面，开发复杂度较高，研发团队用了两周的时间实现了功能，又用了一周的时间进行测试和修改，总共投入了一个月的时间，产品才正式上线。

　　但新版本上线以后，用户的使用时长几乎没有增加。原因在于，50万名日活跃用户里只有500名会在22:00至24:00使用产品，不到100名会在24:00至7:00使用产品。群体规模太小了，以至于无法让总数据得到明显的增长，50万小时的累计使用时长，即使增加500小时，也仍然约等于50万小时。

　　同样是一个月的研发时间，团队完全可以满足更多人共同的需求，为更多人提供服务，但因为夜间阅读模式这个需求占用了研发资源，以至于其他的需求只能向后顺延。

慎重对待需求

　　需求本身没有好坏之分，只有和某个具体的产品结合时，才会产生具体的价值属性。不同的需求，对相同的产品而言，效果是截然不同的；相同的需求，对于不同的产品而言，效果也是天差地别。如果选择了坏的需求，就会给产品带来许多危害，严重时，坏的需求可以让过去数年的努力全都白费，甚至因为见效时间太长、需求过于复杂而耗尽公司的资金。

归根结底，产品经理对产品的理解有一些偏差：产品不是为了实现需求而实现需求，也不是单纯地"为用户服务"。只有那些既能服务用户又能让产品有正向收获的需求，才会进入研发排期，并且需求对产品的价值越高，需求的优先级越高。

产品经理会接触到非常多的需求。实际上，所有的需求都会向产品经理汇集，有来自用户的，有来自客户的，还有来自团队的，或者来自老板的。在这些需求中，只有极少数能够同时满足用户和产品的双向需求，更多的是单向需求，单向满足用户或单向满足产品。

单向满足用户的需求，是指只考虑用户利益，不考虑产品利益，尽管会让一部分用户感到愉悦，但产品并不会有什么收获，就像一场义务劳动，公司投入了资金，团队投入了精力，最后什么都没得到，只能承受亏损。

如果产品没有可衡量的商业化收益，包括现金收益或某种核心的数据收益，以及能够撬动资本市场的业务收益，公司终究会因为资金耗尽而被迫停止运营，无法持续地为用户提供服务。

单向满足产品的需求，是指只考虑产品利益，不考虑用户利益，尽管会让产品获得较高的回报，但会损害用户的利益，用户会感受到欺骗，产生厌恶等情绪，从而拒绝使用该产品，直接导致用户流失。如果没有了用户，等同于产品提供的服务缺少了受益人，产品的商业化价值也就无从谈起。

单向需求通常是一方收益，另一方亏损，无论是用户受益、产品亏损，还是产品受益、用户亏损，最终都会呈现出双输的局面。

用户与产品本就是一体两面，产品为用户服务，有用户才有产品；用户使用产品解决问题，有产品，问题才能被解决，两者同时存在，也同时消失。只有双赢的需求，也就是双向满足的需求才是产品经理需要重视的需求，这也是产品越做越难的原因，也是有经验的产品经理总是感叹需求难以挖掘的原因。毕竟，大多数需求都是单向的，只有少数需求才是双向的，而在双向需求里，又只有极少数需求是高价值的。

但是，在实际工作中，产品经理没有那么多时间可以持续地研究与挖掘。时间不够怎么办？

时间不够怎么办

挖掘高价值的双向需求需要花费很多时间，对这些需求进行验证也需要花费很多时间。一个好的需求往往需要投入2个月以上的时间进行探索和持续思考。但在实际工作中，时间永远是奢侈品，产品经理没有时间。

产品经理处于研发生产线的最上游，所有的设计人员、研发人员、测试人员等都是根据上游的输出来开展工作的。产品经理确定了需求并设计出产品方案，这些产品方案激活了整条生产线，如果上游的输出停止了，没有产品方案交付给研发团队，整个研发生产线就会处于瘫痪状态。所以，无论是研发生产线还是背后实际支付成本的老板，都在迫使产品经理尽快输出需求，只有持续的需求、连续的产品设计方案，才能让研发生产线运转起来，避免瘫痪。

因为工作的特殊性质，产品经理的时间与研发生产线的有效生产时间密切关联，即便一周的完全用于思考的时间也是欠缺的。

时间成了产品经理极大的矛盾点。并且，随着岗位的晋升，公司对产品经理的期望越来越高，产品经理所带领的团队规模越来越大，对需求数量和速度的要求也会越来越高，在时间上的矛盾也会越来越严重，甚至会让产品经理形成一种极为矛盾的感知：做了是错，不做也是错。

释放时间

在工作中，产品经理的时间主要分配在需求挖掘、产品设计、团队沟通三件事情上。理论上，三者的时间分配比例应该是7∶2∶1，需求挖掘占比最大，团队沟通占比最小。但实际上，很多产品经理的时间分配比例是3∶3∶4或3∶4∶3，甚至是2∶4∶4，给到需求挖掘的时间完全不够。

矛盾的本质是时间分配出现了问题。如果能有一些调整时间分配比例的方法，产品经理就能有更多的时间对需求进行辨识和挖掘。例如，团队沟通的时间比例可以压缩至"1"，甚至无限接近"0"。

团队沟通的主要目的是帮助团队正确理解产品设计，确保最终实现的功能效果与产品设计相符合，这个目的可以借助完整的需求文档及相关交付文档实现。

交付文档原本就是作为沟通的替代方案被设计出来的，好的交付文档应该追求开发过程中零提问。这意味着开发团队能借助文档的阅读对产品设计提不出任何疑问，文档能清晰、完整、准确地表达出产品设计的理念及具体的做法。

举个例子：

甲乙二人设计了两个相同的"刷新"功能，用户可以通过该功能获取最新的信息，两者的差异仅体现在文档中。

甲的文档：

用户可以在页面顶部向下滑动触发刷新功能，每次刷新获取最新内容，刷新失败时，用 Toast（一种简易的消息提示框）提示用户：网络信号差，请检查网络。

乙的文档：

触发方式：内容列表顶部，通过手势触发，具体手势为从上至下滑动。

获取内容数量：每次刷新，均可获取 10 条内容。

获取内容规则：按照内容的创建时间排序，获取最新发布的内容。

网络异常处理：网络异常状况，执行刷新功能后跳转至网络异常的页面，提醒用户检查网络状态。

网络异常：无网络、弱网络，均被视为网络异常。

请求超时：若服务器 5 秒内未返回数据，提示用户"服务器忙，请稍后再试"。

内容数量不足：刷新时，若最新内容超过 0 条，但小于 10 条，则返回所有最新的内容。

没有更新：刷新时，若最新内容数量为 0，则提示用户"暂时没有新内容，请稍后再试"。

防刷：若是非正常刷新，则该次刷新操作无效，并提示用户"刷新频率过高"。

非正常刷新定义：监控用户刷新频率，两次刷新的间隔时间少于 1 秒，即视为非正常刷新。

对于甲而言，乙的文档里的每个需求点都是需要通过多次沟通才能解决的问题。但是，对于乙而言，这些需求点都被记录到了文档中，所以不会产生沟通的负担。仅完善需求文档就可以让乙拥有更多的可支配时间，这些时间可用于需求的辨识和挖掘。

产品经理需要具备优秀的沟通能力，要重视团队沟通，但并不是所有的沟通都值得提倡，尤其是需求遗漏、产品设计缺陷等问题。产品设计时欠缺考虑，导致交付错误，沟通是对这种错误的处理方式，但不能视为正常现象，不能认为是理所应当的，用沟通替代交付文档是极低效的做法，不值得提倡。尽量完善交付使用的需求文档，减少沟通使用的时间，这样可以释放一部分时间。

小需求策略

借助需求交付文档可以释放一部分沟通时间，只是这些时间对于需求的持续挖掘而言还远远不够。越高级的岗位，对产品经理的要求越高，相应地，产品经理对需求的商业价值要求也越高，需要花费的时间也越长。

如果成功，这个需求将为产品带来非常高的商业价值，日活跃用户数翻倍，用户新增速度翻倍，各项数据均会以指数级的速度增长。每位产品负责人都希望得到这样的结果，但是，很多时候即使是零沟通，留给产品经理思考的时间也远远不够。

这需要使用另一个能够争取到更多时间的策略：**小需求策略**。

需求的数量非常多，有产品经理非常渴望的高价值双向需求，也有让产品经理避之不及的单向需求，但最多的是小需求。它们既不会给产品带来非常高的价值，也不会为用户带来非常高的价值，当然，成本也是极低的，不会给团队带来多少负担。

如同在头像功能的基础上增加查看大图、下载保存图片功能，或者在昵称的基础上增加昵称的字段长度，又或者在上传图片的基础之上支持上传原图，这些均属于小需求范围。这些小需求可以一点点地完善产品的功能，尽管每个小需求产生的价值有限，但累积起来可以改善用户的使用体验，让用户更好地使用产品所提供的服务。另外，小需求在需求挖掘阶段花费的时间极少，可以快速推动至研发团队，带动研发生产线的运作，能够为产品经理制造一个较大的时间差。

在产品的版本迭代过程中，存在很多以完善体验为主要目的的版本，在这些版本里，产品经理花的时间较少，研发团队花的时间较多，通常情况下，产品经理一周的输出时间可以带动三周的研发生产时间。

多出来的两周时间就属于产品经理的连续思考时间，对于一些重要的需求，产品经理甚至可以连续推出两三个用小需求构成的以完善、优化为目的的版本，从而获得更长的连续思考时间，用于需求挖掘。

100个平庸的需求也比不上1个高价值的需求，而产品经理想要找寻的就是那个能够为产品和用户带来高价值的需求。但想要获得高价值的需求，就必须先具备较多的时间筹码，需求价值越高，花费时间越长。

所以，在现阶段，小需求策略是"时间"矛盾点的主要解决办法，也是产品经理必须掌握的一种时间技巧。

雷区

小需求策略也有一些雷区，需要产品经理警惕。

小需求也需要思考

产品的每个需求都需要经过思考，小需求只是思考时间较短，能够在短时间内进行判断，并且得出结论。如果放弃了对小需求的思考，容易出现反复修改，上一个版本修改的内容会在下一个版本继续修改，才上线的新功能也可能在下个版本被删除，会让整个产品的生产过程极为混乱，让团队处于糟糕的氛围中。

这是产品经理要警惕的第一个雷区：小需求并不是不需要思考的需求，而是思考时间较短的需求。

驾驭时间

小需求策略能够为产品经理争取到可观的时间差，但这部分时间应该充分应用在需求挖掘和需求思考中，这是一个争取时间的应急策略，而不是偷懒的拖延策略。

如何利用好这部分多出来的时间，如何让这部分时间能够挖掘出高价值的双向需求，决定了产品经理未来的晋升和发展空间。就像龟兔赛跑的故事一样，即使给偷懒睡觉的兔子再多的时间，它也会输给持续前进的乌龟。

期限性

小需求策略也有期限性。

原则上，依靠小需求构成的完善版本不能连续超过4次，也就是两个月的时间。在此期间，产品经理应至少挖掘一个有价值的需求。

连续多次使用小需求策略会降低团队的期望值，向团队传递出产品经理只会修修补补的错误感知，严重影响产品经理在团队中的号召力，同时会向领导传递出"能力不足"的信号。

毕竟，公司和团队对于产品经理的期望是极高的，希望产品经理能够找到高价值的双向需求，能够让产品的数据实现指数级增长。与之相比，改善、完善性质的小需求仅是附加品，顺手为之。

这是产品经理要警惕的第三个雷区：公司和团队的耐心都是有限的，不过问不代表放纵，只是给了一个比较长的观察周期，切忌挑战公司和团队的耐心。

做一款成功的产品很难

产品从立项开始，就是一场与时间赛跑的竞争。就像考试一样，时间结束后，产品经理必须交出一份答卷，成绩通过了，就可以迎来第二阶段的发展，成绩不合格，产品也就到此为止了。

时间是有限的。做了错误的需求，会耗损有限的时间。有的需求极为复杂，仅一个需求就会消耗2个月甚至更长的时间，反复几次，时间就耗尽了。产品经理即使心态保守，不做高成本、高风险的需求，在时间耗尽时，也很难凑到足够的分数，终究会因为成绩不理想，被投资人或老板舍弃。

但如果产品经理做了正确的需求，产品的价值、公司的价值就可以实现数十倍、数百倍的提升，只需要2~3年时间，就可以让一个草根创业团队发展成市值数十亿元的上市公司。所以，产品经理才会成为当下互联网公司最接近CEO的岗位，也是最核心的岗位。

优秀的产品经理一定善于"砍需求"，也就是放弃某些需求。

砍需求，并不是单纯的行为，而是一种技能的别称，是产品能力的体现。产品经理需要知道哪些需求可以被舍弃，以及被舍弃的原因是什么。这意味着，产品经理要掌握辨识需求的能力，掌握衡量需求价值的方法，以及做出决策的勇气。如果缺少舍弃需求的能力，等同于将结果交给了"运气"，每个需求都尝试性地实现。但对于大多数产品经理而言，运气好只是极少数情况，多数情况下运气糟透了。

没有任何一家公司能够长期容忍一位运气不好的产品经理，也无法接受一位长期无法取得正面结果的产品经理。除非产品经理将碰运气的做法转变成真正意义上的产品能力，通过方法对需求做出取舍。

· 自 我 检 测 ·

某产品是细分领域的工具产品，上线一年即获得了200万名注册用户，日活率超过了60%，为资本市场所看好，一个月前获得了2 000万元的融资。创始团队在获得投资后，计划未来的6个月里，全力扩大市场范围，为更多的用户提供更有价值的服务。

在一次需求评审的过程中，某位产品经理提出了一个新的需求，这是一个商业性需求，可以帮助产品增加收益。但这个需求没有得到领导的认可，没有得到实现的机会。

你认为，没有得到认可的原因是什么？

· 重 点 内 容 ·

1 提出需求的数量越多，不代表能力越能得到认可，产品经理的能力与需求的数量不存在直接联系。

2 需求本身没有价值，只有当需求与产品结合时才会产生价值属性，才能判断需求的高价值和低价值。

3 要警惕不被认可现象，避免反复提出相似的需求，避免反复因为相似的原因而不被认可。最重要的是，避免成为一名不被认可的产品经理，这将剥夺产品经理的自主权，剥夺产品经理提出需求的权力，使提出的需求得不到资源而无法实现。

4 需求不仅能够提升产品的数据，也有可能损害产品的利益，导致某些核心数据降低。

5 认识到需求的危害性，慎重对待每个需求，用更多的时间寻找双赢的需求，既要对产品有价值，又要对用户有价值。

6 借助工具和方法的升级，释放出更多的可以自由支配的时间，实际上，产品经理学习方法和工具的本质目的是释放自己的时间。

7 小需求策略也可以帮助产品经理争取到更长的时间，通过一些价值低但风险接近为零的需求，让产品迭代和开发处于并行的状态，避免为了输出需求而输出需求。

8 做一款成功的产品很难，比想象中更难，需要产品经理对需求进行辨识和判断，什么应该做，什么不应该做，尝试运用方法和知识对需求进行预测，切忌依靠"运气"做产品。

第 **8** 讲

衡量需求价值

· **思考一下** ·

一款新上线的产品，注册用户只有1 000名，每天新增10名新用户。某产品经理提出了一个拉新的需求，上线后，新用户增长的速度有了显著提升，每天会增加50名新用户。

你认为这个需求是一个高价值需求吗?

优秀与普通

现在，有A和B两个班级，A班有10名学生，每人的成绩都是10分，B班同样有10名学生，其中，1人成绩是80分，其余9人均是0分。学校需要选择一个班级作为重点班级，向其倾注更多的资源。如果你是校长，你会选哪个班级呢？

答案B班。表面来看，A班的总成绩是100分，平均成绩是10分，B班总成绩只有80分，平均成绩是8分，但对于学校而言，总成绩和平均成绩并不是最好的评判标准，人们更多地使用成功案例来判断学校的好坏。所谓的成功案例，是指有多少人能够进入名校，能够取得高分。

B班尽管大多数学生都是0分，但有一位学生是80分，距离满分100分只差一步。相对于A班的所有学生而言，该学生有更大的概率以满分的成绩被名校录取，成为一颗耀眼的新星，同时会成为学校的成功案例，帮助学校吸引更多的新学生。

为了塑造成功案例，在招生时，学校会有一些特殊的招生方式，面对一些成绩非常优秀的学生，开出优厚的条件，包括免学费、提供奖学金等。所以，有时候，80分是大于100分的。

其实和学校很像，公司对优秀产品经理的要求是具备让产品突破或产品成功的能力，而不是能否完成更多的任务。公司并不看重总成绩，也不看重平均成绩，而是看重某一段特别出彩的经历。

即使做过的需求里，99%的成绩都是0分，只要有一个需求取得了80分的成绩，产品经理也会脱颖而出，会被分配更多的资源，给予更大的施展空间。这个80分的需求就是高价值需求，也是人们常说的成功案例，能让人看到希望，拥有让人兴奋的想象空间。其效果胜过数十个乃至数百个低价值需求。

产品经理的职业很特殊，从某种意义上来说，产品经理的价值来自需求的价值，需求的价值越高，产品经理的价值就越高。而需求的价值又影响了产品的价值，需求的价值越高，产品的价值就越高。

三者的关系是，以需求为中心，带动产品经理与产品的价值变化，需求在两者之间搭建价值流动的桥梁，让产品经理的价值与产品的价值进行互换。也就是说，产品的价值越高，产品经理的价值就越高。

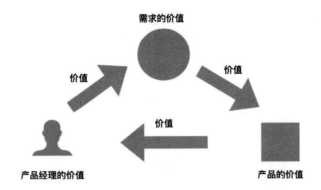

产品从业人员对大厂的产品经理存在憧憬，如对方来自腾讯、阿里巴巴、头条，潜意识里就会认为对方是专业的，尽管对其所参与的工作内容一无所知。实际上，也是因为产品的价值与产品经理的价值进行了互换，因为腾讯的产品十分优秀，所以产品从业人员认为腾讯的产品经理也十分优秀。

如果把"腾讯的产品经理"换成"微视的产品经理"，憧憬就消失了，产品从业人员并不会认为微视的产品经理十分优秀，因为人们不认为微视这款产品优秀，甚至没有听说和使用过这款产品，这是一款陌生的产品。实际上，微视也是腾讯的一款产品。

2013年9月，微视正式上线，主打短视频分享，2014年春节，日用户数量暴增至4500万名，除夕至初一，微视的总播放量达到上亿次。遗憾的是，微视团队做了很多错误的需求，2015年3月，微视产品被并入腾讯视频，原总经理宣布离职，微视产品部多个工作组被解散，产品也开始减少更新频率，直到进入维护状态，不再更新。2017年4月10日，微视宣布停止运营。2017年8月，腾讯重组微视项目组，微视得以继续运营。

不出彩，就出局

价值，以需求为桥梁，在产品经理和产品之间进行连接，产品价值越高，产品经理的价值越高，反之亦然。

在C端产品里，负责客户端的产品经理价值通常会比负责后台的产品经理价值更高，而在客户端里，负责数据增长的产品经理则比负责体验方向的产品经理拥有更高的价值，其区别在于需求价值的差异。需求有多少价值，就能够从产品价值中互换多少价值。

在团队内部，高价值的产品经理对资源有优先使用权，也会得到更多的机会，低价值的产品经理则随时处于被淘汰或被替换的边缘。即使在公司外部，市场也会显著倾向高价值的产品经理。对于一些低价值的产品经理，即使有大厂的背景，也只是有一定的基础优势，并不会得到过多的机会。

这很残酷，但也很现实。产品经理的未来如果不能出彩，就会被踢出局，只是时间问题。即使到现在，人们也很难想象，有十年乃至更久产品经验但没有成功案例的产品经理，他们的未来应该走向何处。毕竟，普通的岗位有太多新鲜血液，高级岗位又特别稀少，而且竞争的基础条件是具备成功案例。

在市场上，有很多年轻的产品总监，他们只有五六年的产品经验，处理的需求数量远少于有十年经验的产品经理，但他们有较好的成功案例，这些成功案例让他们拥有更强的市场竞争力。归根结底是80分大于100分的问题，缺少了成功案例，即使做过再多的需求，也不能转化成自身的市场竞争力。

产品经理终究不是以需求数量取胜的行业，而是以需求质量、价值来衡量的行业。从成为产品经理的第一天起，就应该认识到一件事情，产品经理的未来与需求密切相关，这里的相关是指需求的价值，而不是需求的数量。越早提出高价值需求，就能越早担任产品经理的高级岗位，进入产品经理的职业下半场。

如果长时间处理低价值的需求，尽管作为产品经理的价值依然在增长，但会被其他人拉开很大的距离，并且，停留在低价值需求的时间越长，这个差距会越大，以至于进入职业下半场的希望越渺茫。

产品经理不出彩，就会出局。

选择比努力更重要

人们常说，选择比努力更重要。但是，需求不像超市的商品，没有被贴上价值标签。

需求的选择是前置选择，先做了选择，才会有对应的结果，才会知道这个需求的价值是高是低。

在做出选择之前，每个需求对应的价值都是未知的，哪个价值高哪个价值低，人们无从知晓，即使在做出选择以后，也只能通过结果知晓被选择的需求具有多少价值，其他未被选中的需求所对应的价值依然是未知的。除非这些需求在未来的某个时间点被选择，否则它们的价值将永远处于未知的状态。

这就像闭着眼睛射箭，要求准确命中目标靶心，而且目标是移动的，随着时间点的变化，目标还在发生变化。更困难的地方在于，目标隐藏在一大堆干扰元素中，这些干扰因素外表看上去和目标"长"得极为相似。

很多被选择的需求，只是受到主观偏好的影响；也有一部分被选择的需求，是一种拍脑袋的行为，说不上为什么，只是一种感觉；还有一部分被选择的需求，是在碰运气、试试看，就像丢硬币一样，正面选A，背面选B。

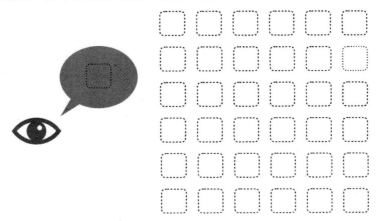

以上这些选择都是无效的，表面上是在做选择，实际上，它们是"努力"的表现形式，努力尝试，努力去做。"努力"的背后是侥幸心理，试图用需求的数量弥补需求的质量，用多个需求去撞大运：先试试，不行再换其他的，万一成功了呢？

真正的选择是一种运筹帷幄，似乎一切尽在掌握之中，只要做了，就一定能取得期望中的结果，追求的不是成功，而是尽量高的成功率，将结果控制在自己手中。

优秀的产品经理，他们提出的需求总是有极高的成功率，10个需求中有8个都能取得预想中的结果。还有一些经验丰富的产品经理，有时候成功，有时候失败，失败的概率往往超过成功的概率，发挥极不稳定。前者是在选择，后者则是在努力。

选择比努力更重要，只是，很多时候产品经理无法选择，没有选择权，也不具备选择的能力。因为他们无法判断哪些需求价值高，哪些需求价值低。

需求的相对价值

物理学有一个经典的问题：**当人们处于行驶中的火车内部时，人是静止的还是运动的？**选项A：静止的；选项B：运动的；选项C：既是静止的，也是运动的。

你会选哪一个？

人的运动状态是一个相对概念，也就是将一个事物与另一个事物进行对比，人处于什么状态，要看与什么样的事物进行对比。相对于火车内的司机、车厢、乘客等不动的事物而言，人处于静止的状态；相对于火车外的车站、树木等不动的事物而言，人则处于运动的状态。所以，正确答案是C。

不仅是物理学，相对概念在生活中的很多地方都有体现，如数字"3"与数字"5"对比，"3"是一个小数字，但数字"3"与数字"1"对比，"3"则是一个大数字。大数字还是小数字，区别不在于数字"3"本身，而在于和它对比的另一个数字。

需求也是如此，需求价值实际上也是一个相对价值。

相对价值

某款资讯产品累计拥有100万名注册用户，日活跃用户为5万名，每天新增用户5 000名。产品总监认为，当前的数据显示产品处于一种不健康的状态，日活率只有5%，表示用户的活跃度较低。作为资讯产品，这意味着大多数新增用户都在短时间内流失了，用户的留存周期太短。基于这种不健康的状态，产品总监希望能在下次大规模获得新增用户之前，解决产品活跃度低的问题，这样才能让新增用户产生价值，而不只是在用户表增加一条数据。

产品团队经过一番研究后，提出了A和B两个需求。

A需求：能够有效提升日活，预期可将日活提升至10万名。

B需求：能够有效提升新增用户量，预期可将每日新增用户提升至5万名。

此时，哪个需求是高价值需求？

答案是能够提升日活数据的A需求。不能提升日活的B需求尽管能够带来可观的新增用户量，但不能提升日活，依然是低价值需求。

但是，如果产品总监的期望发生了变化，想要先扩大用户规模再提升日活，此时，能够带来新增用户量的B需求就变成了高价值需求，而A需求尽管能提升日活，也依然是低价值需求。

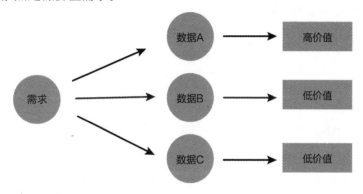

需求价值是一个相对概念。

人们将需求带来的某项数据变化与产品当前存在的某种数据指标进行对比，以此衡量需求价值。而且，作为对比对象的数据指标也是衡量需求价值的标准媒介。一旦作为对比对象的数据指标发生变化，实际的对比内容也会发生变化。

A需求能够极大地改善产品日活数据，但不能带来新增数据。若以日活数据作为对比对象，A需求就属于100分需求，若以新增数据作为对比对象，A需求就变成了0分需求。

以日活数据作为对比对象，是将需求带来的"日活数据增长"与当下产品的日活数据进行对比，由此可以得到该需求能够极大提升日活数据的结论，并判断该需求是100分需求。

以新增数据作为对比对象，是将需求带来的"新增数据增长"与当下产品的新增数据进行对比，由此可以得到该需求不会带来新用户增长的结论，并判断该需求是0分需求。

在工作中，很多特别好的需求能够为大规模用户创造出价值，也能大幅度提升产品的某项数据指标，但这些需求经常被延后或淘汰，原因是对于当前关注的数据指标而言，这些需求是0分需求。当产品经理判断需求价值时，并不是单纯地以服务用户规模作为参考条件的，而是判断需求的相对价值，判断该需求对产品的某项数据指标能产生多大的价值。

作为对比对象的数据指标就是需求价值的参考系。

需求价值的参考系

产品内部的所有数据均可视为衡量需求价值的参考系，所有的参考系均可用来衡量需求的价值。每个需求在不同参考系的衡量下都会产生一个对应的需求价值。这也意味着，需求价值并不是单一的，而是多元的，有多少个参考系，就会有多少个需求价值。

如果一款产品内部包含了20项数据指标，这意味着面向该产品的需求存在20个参考系，等同于该需求会有20个需求价值。

有时候，产品因为过于激进而留下了许多bug，严重影响了用户的使用，以当前的状态，即使一个bug修复的需求也会比能够带来大量新用户的需求更有价值。此时的参考系是产品的bug数量，拉新的需求并不能减少产品的bug数量，以bug数量为参考系时，拉新的需求就是0分需求。

参考系的数量越多，需求的价值数量也就越多，有的产品有超过100项数据指标，这就意味着每个需求都会有超过100个需求价值，产品经理几乎无法确认需求在每个参考系中的价值。实际上，产品经理也不需要确认每个参考系。参考系的数量尽管很多，但只分为三种类型，产品经理只需要关注该参考系属于何种类型即可。

弱点参考系

需求相对于该参考系价值为0，甚至为负数。

对于需求而言，大多数的参考系都是弱点参考系。当以弱点参考系衡量需求价值时，尽管该需求在其他参考系里能有良好的表现，但依然是一个0分需求。

最优参考系

需求相对于该参考系价值最高。

最优参考系与弱点参考系相反，是指需求相对于该参考系能够产生最大的价值。当以最优参考系衡量需求价值时，该需求便是一个100分需求。

普通参考系

需求相对于该参考系，价值既不为0，也不是100，属于中间阶段。除了弱点参考系和最优参考系，剩下的参考系均可视为普通参考系。以普通参考系衡量需求的价值，存在许多可能性。如果最优参考系的价值是100，弱点参考系的价值为0，普通参考系就是游走在1～99的任意数字。

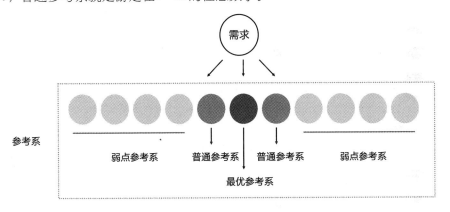

通常情况下，对于需求而言，大多数的参考系都是弱点参考系，要毫不犹豫地舍弃；少数参考系属于普通参考系，可以根据具体的数值再确定舍弃或进入第二轮的价值评估；最优参考系只有一个，可以直接进入第二轮的价值评估。

如果A需求能够让日活增长1万名，日新增用户增长100名，付费转化率提升0%，业务参与率提升0%，那么对于A需求而言，日活数据便是最优参考系，日新增用户数据则是普通参考系，付费转化率及业务参与率则是弱点参考系。

目标参考系

团队期望增长的数据指标便是目标参考系。

弱点参考系、最优参考系及普通参考系是基于需求与参考系之间的关系进行划分的，用来衡量需求的价值。目标参考系不同。目标参考系以团队的期望为主要内容，是团队指定的某项数据指标，主要作用是与前三种参考系进行对比。

若目标参考系对于需求而言是弱点参考系，那么该需求便是一个错误需求，是一个低价值需求，需要舍弃；若目标参考系对于需求而言是最优参考系，那么该需求便是一个正确的需求，有可能是一个高价值需求；若目标参考系对于需求而言是普通参考系，就需要根据具体的数值再行判断。

目标参考系随时都在发生变化，上个版本中团队期望日活数据得到改善，下个版本中团队期望可能转变为新增数据得到改善，下下个版本中团队期望则可能转变为业务参与率的提升。所以，需求的价值也在随着目标参考系的转变而转变。

现在，已知A需求能够让日活增长1万名，并且会带来1 000名日新增用户的增长，但不会影响业务转化率，也不会影响付费转化率。

相对于A需求而言，日活数据便是最优参考系，日新增用户数据便是普通参考系，而业务转化率与付费转化率则是弱点参考系。

当团队期望日活数据增长时，日活数据指标就是目标参考系，相对于A需求而言，日活数据指标也是最优参考系，A需求便是一个正确的需求。

当团队期望日新增用户数据增长时，新增用户数据指标就是目标参考系，相对于A需求而言，新增用户数据指标是普通参考系，需要根据具体的数据再行判断。

当团队期望业务转化率提升时，业务转化的数据指标是目标参考系，相对于A需求而言，业务转化的数据指标是弱点参考系，该需求将被作为低价值需求而舍弃。

如果团队期望付费转化率提升，付费转化的数据指标则会成为目标参考系，相对于A需求而言，付费转化的数据指标同样是弱点参考系，该需求也会被视为低价值需求而舍弃。

目标参考系决定了应该使用哪个参考系作为需求价值的衡量对象，脱离目标参考系，便无法对需求价值进行判断。

因此，产品经理在尝试判断需求价值时，第一件事便是约定一个目标参考系，即期望当前版本改善哪项数据。若没有目标参考系，就无法判断需求价值。

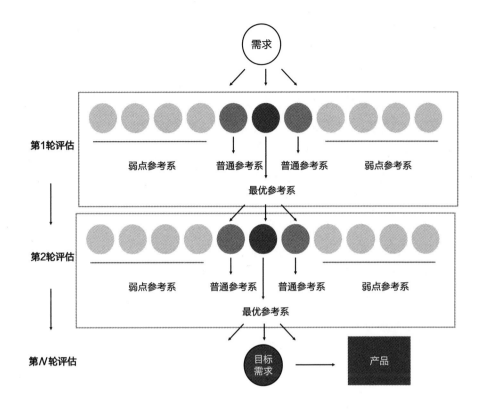

需求之争

团队当中的每位成员都有自己期望提升的数据指标，有的想提升日活，有的想提升新增，也有的想提升变现能力，人们都会以自己对产品的期望，形成自己的目标参考系。这就会导致关于需求的争执，对需求的认可不一致。

实际上，关于需求的争执，大多数情况均是因为目标参考系存在偏差导致，人们所争执的并不是需求，而是目标参考系。

A需求能够提升日活，B需求能够带来更多的新用户，站在需求的角度，两个需求没有可比之处，不能说A需求就比B需求更好或B需求比A需求更好。但若以日活为目标参考系，A需求就优于B需求，若以新增用户为目标参考系，B需求就优于A需求。所以，人们争执的实际上应该是先提升日活还是先提升新增用户，也就是衡量需求价值所使用的目标参考系，而不是A需求和B需求本身。

也就是说，人们所争论的是在当前阶段，应该期望产品哪项数据增长，哪项数据指标才是现在的目标参考系。

若目标参考系未达成一致，需求的争论就没有意义。

当产品处于快速增长阶段时，用户的新增数据常被作为目标参考系，能带来新增用户的需求就是高价值需求，而一些基础建设的需求优先级会被降到极低。这个阶段即使存在导致系统崩溃的bug，只要不影响用户的增长，也有可能延缓数个版本再解决相关需求。

当以产品的稳定性或产品的体验为目标参考系时，基础建设的需求则会成为高价值需求，甚至每个bug都会及时得到相应解决。在这个阶段，能带来新用户的需求，不管是100万名还是1 000万名的新用户，都只能进入需求池，等待下一次的目标参考系的变更，才有可能被提上开发日程。

更多的时候，目标参考系是由上至下指定的，目标参考系的变化也是由上至下触发的。作为产品经理，需要与公司的决策层、高管层，乃至产品负责人基于目标参考系达成共识，这样才能避免陷入目标参考系的争执中。

同时，需要警惕目标参考系的变化，需要根据目标参考系的变化重新衡量需求的价值，调整需求的排期。一旦目标参考系发生了变化，原本高价值的需求可能立即变得一文不值，原本被舍弃的需求也可能变得炙手可热，被赋予极高的期望。

需求的争执只有建立在共同的目标参考系之上才是有意义的碰撞和讨论，否则毫无意义。

做还是不做

若目标参考系相对该需求而言是弱点参考系，就需要将这些需求冻结，记录在需求池中，等到该需求的最优参考系成为目标参考系时，再取出来进行深入的判断。

若目标参考系相对该需求而言是最优参考系，该需求是否就应该列入开发计划中，投入资源加以实现呢？

并不一定。即使目标数据指标是需求的最优参考系，也还需要经过第二轮的价值评估，才能判断需求价值的高低。

西瓜新闻是一款资讯类产品，为用户提供多种类型的时事热点内容，其核心模块是同城热点。由系统采集用户当前地理位置信息，主动推送该位置所在城市相关的热点新闻。同城热点的内容与用户具备较高的共鸣，用户愿意将自己看到的关于这个城市的新闻分享到自己的朋友圈，也愿意向朋友推荐西瓜新闻。

该模块为西瓜新闻赢得了市场的认可，仅上线6个月的时间，就拥有了200万名注册用户，并且，产品每天都有5 000名以上的新用户增长。最大的问题在于用户的留存周期较为短暂，7日留存率[1]不到20%，15日留存率[2]不到5%，大多数新用户都会快速流失，只有极少数能成长为产品的忠实用户。

因为留存的问题，尽管有200万名注册用户，但产品的日活用户加上每天的新增用户也只有10万名。经过半年的扩张，创始团队意识到了问题的严重性，如果不能解决留存问题，新用户的增长将没有意义，增加多少就会流失多少，这些新用户仅是注册表里的一条数据，并不会为产品带来实质性的价值。为此，创始团队决定用两个月的时间强化产品对用户的留存能力，在这两个月里，日活数据将被视为目标参考系，只有能提升日活的需求才会被实现。

张三是西瓜新闻产品团队的一员，在使用其他产品时发现了早起挑战的功能，这是一个能提升日活的功能。用户每天需要报名，以及支付1元现金才能参与次日的早起挑战，次日在6:00至7:00时间段内使用产品，完成打卡操作便视为挑战成功，若超过该时间段，则视为挑战失败。挑战成功者将退回报名费用，并且与其他挑战成功者平分挑战失败者的报名费用。

参与早起挑战的用户至少会产生两次使用行为，一次是报名，另一次是查看挑战成绩，也就意味着用户将连续使用产品两天，为产品贡献两天的日活数据。

现在，日活数据便是早起挑战的最优参考系。张三推测该功能将为产品增加1 000名用户的日活，并将其以需求的形式提交给了产品总监，希望能够获得开发资源将其实现并投入使用。

如果你是西瓜新闻的产品总监。你认为该需求应该被采纳吗？

---

1 7日留存率：从注册日期开始计算，用户在7日后依然使用产品的概率。
2 15日留存率：从注册日期开始计算，用户在15日后依然使用产品的概率。

适者生存，优胜劣汰

英国生物学家查尔斯·罗伯特·达尔文在其1859年发表的《物种起源》中提出了"适者生存，优胜劣汰"的概念，意思是**不能适应竞争进化的物种，会遭到自然界无情的淘汰，只有那些最适合周围环境的生物才能生存下来。**这个理论奠定了生物进化论的基础，也给当时的生物学带来了一场巨大的变革，受到影响的不仅是生物学，还涉及军事领域、政治领域、经济领域等。

即使已经过去了100多年，"适者生存，优胜劣汰"依然作为生存法则被各行各业引用，其中，也包括了互联网行业。**只有适合的需求才会被选择，只有优秀的需求才会被选中。**

问题在于"选择"并不等同于"选中"，能够在新环境生存的需求并不是唯一的，产品的每项数据指标都存在若干可以提升的解决方案，也就是说，会有多个处于最优参考系的需求。

如果以日活数据为目标参考系，不仅早起挑战处于最优参考系，诸如签到、打卡、会员、订阅、抽奖、话题等以提升日活为核心价值的需求，均处于最优参考系。这些同样处于最优参考系的需求都能够生存下去，也都会被"选择"，但只有少数会被"选中"，并投入开发资源将其实现。

"适者生存，优胜劣汰"在需求当中的体现就在于"**能够适应环境的才有被选择的可能性，只有足够优秀的才会被选中，那些不够优秀的，即使处于被选择的范围，也依然会被淘汰**"。

最终，被选中的需求不仅处于最优参考系，还需要有足够高的价值。

高价值需求

需求的价值是相对概念，只有以某项数据指标作为参考系进行对比，才能得到需求价值。需求价值的高低则是另一个相对概念，产品经理需要将某个需求的具体价值与另一个需求的具体价值进行对比，才能得到这个需求具有高价值或低价值的结论。

在缺少对比对象时，需求价值的高低就无法判断了。

在西瓜新闻的案例中，产品经理提出了"早起挑战"的需求，经过测算，该需求能够让产品的日活用户增加1 000名。是否应该采纳该需求？

无法判断的原因在于缺少对比对象，如果补充一个新的需求作为该需求的对比对象，就能判断需求价值的高低了。

西瓜新闻产品团队的另一名产品经理提出了一个新的需求，姑且称为需求A，经过测算，该需求能够让产品的日活增加5 000名。此时，相对于需求A而言，"早起挑战"就变成了低价值需求，成为不应该被采纳的需求。

实际上产品的每个版本都是需求的选择，随着产品经理个人职级和职权的提升，选择的重要性及选择的复杂性也会越来越高。在产品经理的职业早期，需要从多个体验需求中选择一部分进行开发；当产品经理能够独当一面时，需要从多个能够提升产品核心数据的需求中选择一个进行开发。这些选项互为对比关系，相对价值较高的就是当下的最优解，整个过程就是需求的"优胜劣汰"。

但也有一种特殊的情况，在选择的过程中，只存在唯一选项，没有其他需求进行对比，无法判断需求价值的高低。此时，就需要设置一个期望值，将期望值模拟成对比对象，也就是期望该版本的某项数据能够实现多大幅度的增长。

需求的期望

有这样一个小故事，甲乙两人是同一个村庄的年轻人，甲的性格稳重，耐心极佳，乙的性格比较浮躁，耐心较差。他们曾多次参加村里的长跑运动会，每一次乙都会在半路放弃，甲则会坚持跑完全程。两人偶然得知有人在距离村庄10千米外的矿洞里挖到了宝石，商议后，决定一起去挖矿，试试运气。

他们同时开始挖矿，1天后，都挖到了一颗绿宝石，价值1万元。甲很高兴地带着绿宝石离开了矿洞，乙则将绿宝石放在身边，继续挖矿，3天后，又挖到了一颗钻石，价值10万元，这一次，乙高兴地带着钻石及绿宝石离开了矿洞。

得知他们的收获后，村民们纷纷夸赞乙，认为乙比甲更有耐心，能够做大事。但是，大家心里都有一个疑惑，如果乙比甲更有耐心，为什么在运动会上乙总是半路放弃呢？

你知道原因吗？

期望值驱动需求判定

挖矿就是挖需求，绿宝石和钻石就是不同价值的需求，对应的1天、3天则是挖掘需求所花费的时间。问题并不是谁更有耐心，而是什么因素影响了挖掘的行为，又是因为什么乙坚持了更长的时间。

答案是"期望值"，乙比甲对挖矿的期望值更高。甲的期望值是价值1万元的矿石，得到绿宝石以后，期望值就得到了满足，而乙的期望值是价值10万元的矿石，得到绿宝石以后，期望值仍然没有被满足，直到获得了价值10万元的钻石才满足了乙的期望值。

两者对挖矿的期望值不同，相同的却是期望值满足以后，都失去了继续挖掘的动力。

对需求的期望值决定了产品经理会被什么样的需求满足。期望值越高，对需求的要求也就越高，越难以被满足。然而，不论期望值是高是低，在被满足的同时，也失去了期望，等同于失去了继续挖掘的动力。如果期望值较低，在获得低价值需求时，就会因为期望已被满足而停止需求挖掘，无法触及高价值的需求。

所以，**高期望值对应了高价值需求，低期望值对应了低价值需求。**

如果产品经理对需求的期望是让日活数据增长10%，那么A需求能让日活增长10%，就会被采纳，作为可实施的需求。但是，若产品经理的期望是让日活跃数据增长30%，A需求就会被排除在外，因为不符合期望。

产品经理可以通过设置较高的期望值来过滤不符合期望的需求，迫使自己持续进行需求挖掘，直到获得能满足高期望值的需求，这样就可以有效提升输出需求的质量。这个方法正为许多高级产品经理所使用，被视为需求判定的第三种方式。

第三种需求判定方式

早期互联网产品是通过用户痛点对需求进行判定的，能够解决用户痛点的需求会被判定为有价值的需求。随着行业的发展，需求的数量越来越多，每个需求背后都存在用户痛点，因此，大多数需求都会被判定为有价值的需求，但能实现的只是其中的极少数需求，这也直接导致用户痛点失去了对需求判定的作用。

随后，产品经理开始使用数据增长对需求进行判定，能够带来数据增长的需求就会被判定为有价值的需求。

只是行业发展的速度超过了人们的预测，相对于越来越困难的融资，企业不得不交出更好的成绩，甚至提前实现自我造血的能力。这样一来，数据增长对需求的判定也逐渐失去了作用，毕竟，仅提升数据已经不够了，企业需要的是大幅度提升数据。

第三种需求判定的方式则是通过更加主观的期望值对需求进行判定，只有符合期望的需求才会被判定为有价值的需求，不符合期望的需求均会被舍弃。

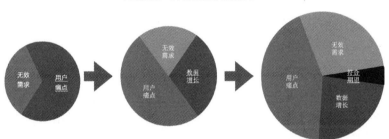

不同阶段，不同的需求判定方式

第一阶段：用户痛点 ⟶ 第二阶段：数据增长 ⟶ 现阶段：符合期望

判定方式的升级导致需求的获取难度以几何倍数增长，原本是10选1，现在变成了100选1，原本能够被判定为有价值甚至是高价值的需求，现在则会被判定为低价值需求。只是在实施过程中，该判定方式也存在三个典型的应用错误。

错误一：没有期望

没有期望，即期望值为0。

产品经理在判定需求的过程中没有提前设置期望值，等同于期望值为0，这会导致大多数的需求，只要不给产品带来负面影响，都是可做的需求。

在该状态下，需求方成了需求的驾驭者，产品经理则成了需求的执行者，不论是客户、用户，还是同事、老板，需求方每提出一个需求，都会被响应。问题在于，人们从不以任务数量或处理过的需求数量衡量产品经理的价值，这些数量无法替代成功案例。

错误二：低期望

低期望，即期望值大于0，小于10。

也就是说，产品经理在判定需求的过程中有提前设置期望值，但设置的数值较低，容易被满足，尽管会过滤掉一些无价值的需求，但能够满足该期望值的需求的价值也极低。

在该状态下，需求方与产品经理会存在一些冲突，这意味着产品经理对需求有一定的驾驭能力，开始争夺对需求的主导权。问题在于，低期望值会导致低价值需求被提出，而由低价值需求构建的成功案例所具备的市场竞争力极为有限，无法满足企业对产品经理的高期望。

错误三：过度期望

过度期望，即期望值大于80。

这是一个极高的期望值，对应的需求获取难度也极高，往往需要花费很长一段时间，只是"0"收获的风险也极高。

在该状态下，产品经理是需求的驾驭者，需求方则是需求的提供者，在需求判定的过程中，因为期望值过高，导致大多数需求被排除，甚至所有的需求都会被排除。问题就在于长时间处于"0"收获的状态，1个月、2个月乃至更长的时间，对于团队而言，产品经理的"0"收获也就等同于"0"输出状态。当耐心耗尽时，也就是产品经理离开之时。

这三种错误状态分别对应了产品经理的三个瓶颈期。

"没有期望"对应了功能瓶颈，产品经理扮演的是需求实施者的角色，缺少对需求本身的辨识分析能力。"低期望"对应的是需求堆砌瓶颈，追求需求的数量，无视需求的质量，尽管输出的需求极多，但没有能拿得出手的作品。"过度期望"对应的是完美瓶颈，过度追求极高价值，忽视了时间、成本及团队，尽管有思想、有理念，但没有输出，犹如空中楼阁，纸上谈兵。

三种期望并行

实际上，期望也是一个相对概念。通常以产品当前的某项数据作为对比对象，希望通过某个需求让该项数据在现有的基础上实现增长。增长的比例就是对需求的期望。

基础期望

基础期望：数据增长10%～30%。

如果现在的日活用户是10万名，那么需求实现后，日活将提升10%～30%，日活用户将增长至11万～13万名。

符合基础期望的需求，尽管增长幅度较小，但也是团队能够认可的一个增长幅度，是在产品实现过程中最普遍的需求，同时是产品对需求的最低要求。每个月输出一个符合基础期望的需求，可以帮产品经理争取更多的时间来挖掘更高价值的需求。

理想期望

理想期望：数据增长30%～60%。

如果现在的日活用户是10万名，那么需求实现后，日活将会提升30%～60%，日活用户将增长至13万～16万名。

符合理想期望的需求能够带动产品实现较为可观的数据增长，同时能坚定团队对产品及产品经理的信心，是产品经理核心的需求。每个季度输出一个符合理想期望的需求，可以帮产品经理提高在团队中的影响力，增加可使用的资源。

杰出期望

杰出期望：数据增长60%～80%。

如果现在的日活用户是10万名，那么需求实现后，日活将提升60%～80%，也就是日活用户将增长至16万～18万名。

符合杰出期望的需求，能够让产品数据实现极大的飞跃，无论是在公司内还是在公司外，都会成为极佳的成功案例，形成极大的竞争优势，也是产品经理的代表性需求。

符合杰出期望的需求不仅挖掘时间极长，实现成本通常也极高，需要投入更多的资源及资金，通常情况下，杰出期望的挖掘周期为半年或一年。

三种期望将需求的价值及该价值所需要的时间划分成了三个梯度，这三个梯度是相辅相成的。

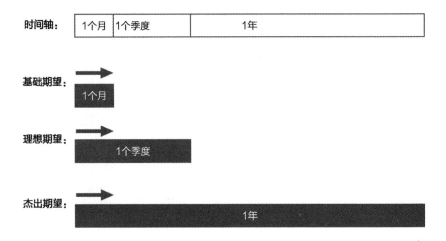

基础期望最容易满足，挖掘的时间也最短，可以为理想期望争取到足够多的挖掘时间。理想期望带来的数据增长坚定了团队对产品经理的信心，可以为杰出期望争取到足够多的话语权及资源使用的力度。杰出期望则是借助时间和资源的双重作用，让产品数据实现极大的飞跃，给团队带来胜利果实的同时，成就产品经理的杰出成功案例。成功案例能为产品经理争取到更好的机会、更多的资源。

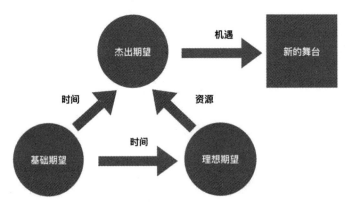

谁会成为产品总监

不想当将军的士兵不是好士兵，不想当产品总监的产品经理也不是一位好的产品经理。相信每位产品经理都有一个产品总监的梦。

不妨换个角度思考这个问题，假如你是CEO，你会任命什么样的产品经理为产品总监？

"芒果好物"是一款生鲜电商App，现在拥有500万名注册用户，每个月的订单数量是150万笔，每个月交易额达到了3 000万元。

产品团队原本是5人的配置，1名产品总监，2名高级产品经理，2名普通产品经理，但是因为个人发展的因素，产品总监离职了，现在的产品团队仅剩4人，并且没有产品总监。

创始人决定从两名高级产品经理中选择一名担任产品总监的职务。这个岗位十分重要，在被赋予更多资源的同时，也会被寄予更大的期望。同时，这个岗位带来的风险也极大，产品总监的决策一旦出现了错误，不仅会导致严重亏损，还可能直接导致公司破产。

为了更慎重地做出选择，创始人将候选人入职后的重要履历记录在两份文件中，以便能更好地进行判断。

文件A：

张三，高级产品经理，8年产品从业经验，在公司任职的时间超过4年，是元老级员工。自入职以来，他经常自主加班，"996"是他的工作常态，获得了两次年度最勤奋奖。

现在的产品中，有很多需求都是由张三提出的，也是由张三完成的，可以说，张三是产品团队里最了解这款产品构造的人。

文件B：

李四，高级产品经理，5年产品从业经验，在公司任职的时间超过1年。自入职以来，他只在要求加班的时候加班，极少主动加班。

现在的产品中，只有少数需求是由李四提出并完成的。因此，关于业务和产品内部的设计构造经常需要询问张三才能完成。

2019年年底，李四设计了一个"年货节"，从产品到活动一手操办，整个活动持续了45天。活动期间，订单数量达到了1 500万笔，交易额超过了4亿元。在"年货节"之前，产品每个月的订单数量只有60万笔，"年货节"结束以后，2020年每个月的订单数量都有150万笔，这个活动对产品的正面影响依然在产生效应。

你认为"芒果好物"的创始人最终会任命谁担任产品总监？为什么？

产品经理的身价

每个行业都有一个衡量身价的核心指标，有的以累计值来衡量身价，有的以平均值来衡量身价，核心指标越高，身价也就越高。用来衡量产品经理身价的核心指标则是"最大值"，即在产品经理过往经历中取得的最大成就。

有的产品经理只有1年产品经验，在这一年中，其设计的产品获得了1000万名用户。有的产品经理有10年产品经验，在这10年里，其最大成就是一款50万名用户规模的产品。前者的经验远不如后者，最大成就却远胜于后者。

突出的"最大值"成就了一批年轻的产品总监，同样地，丰富的从业经验也成就了许多高级产品经理。

尽管成功案例不具备可复制性，曾经做过千万名用户规模的产品的产品经理不一定还能做出第二款千万名用户规模的产品，但相对于只做过几万名用户规模的产品的产品经理而言，前者更让人信任，CEO更愿意将期望托付给他。

产品经理职业后期的竞争，既不是从业时间的竞争，也不是需求数量的竞争，而是已经取得的"最大值"的竞争，数值越高，竞争力越强。同时，"最大值"也是产品经理的身价，最大值越高，身价越高。

问题在于如何提升自己的"最大值"，怎样才能形成自己的成功案例。

做正确的需求远胜于将需求做正确

做正确的需求带来的价值远胜于将需求做正确，前者是策略，后者只是执行。

用户对某件商品产生兴趣以后，即时给到一张优惠券，减少用户的思考时间，就是一个正确的需求。不考虑用户对商品的兴趣，单纯地实现了"无漏洞，无bug"的优惠券功能，就是将需求做正确。用户对商品没有兴趣，没有意识到商品的吸引力，即使一折的价格，订单的转化率也会极低。

遗憾的是，大多数产品经理的主要工作内容是将需求做正确，提升的仅仅是执行的效率。做的需求数量越多，不代表价值就越高；做的需求速度越快，也不代表价值就越高。很多经验丰富但缺少成功案例的产品经理也是因为过度关注"将需求做正确"而忽略了"做正确的需求",导致成为"经验丰富"的产品经理,而不是"优秀"的产品经理。

价值的提升取决于需求是否正确。正确的需求,即使做得极慢、数量极少,也依然具有极高的价值。错误的需求就像数字0,0乘以任何数都等于0,数量的增加与速度的加快对于0而言,都没有意义。

决定价值的始终是需求的正确性,只有做正确的需求,产品经理才能借助需求的价值,实现自我价值的增加,拥有自己的成功案例。关键在于辨识需求的正确性。

需求相对论

正确的需求才是有价值的需求,但"正确"是一个主观概念,甲认为正确的,乙也可能认为是错误的,如果无法达成关于正确的共识,就无法有效判断需求的正确性。

幸运的是,这个观点反过来同样成立,即"有价值的需求才是正确的需求"。现在,用来衡量需求的是价值,而价值是一个足够客观的概念,高价值的需求就是正确的需求,低价值甚至没有价值的需求就是错误的需求。

产品经理可以通过衡量需求的价值,进而判断需求的正确性,所使用的方法就是"需求相对论"。

A需求能带来100名新增用户,仅依靠这点,无法判断A需求是高价值需求还是低价值需求。B需求能带来10 000名新增用户,仅依靠这点,也无法判断B需求是高价值需求还是低价值需求。如果将两个需求进行对比,就能够得出A需求是低价值需求,B需求是高价值需求。

"需求相对论"的出发点就是"**采用需求的相对价值代替需求的绝对价值,通过对比的方式,衡量需求之间的价值高低,进而锁定高价值需求,过滤低价值需求**"。

构成"需求相对论"的三个概念是相对参考系、相对价值、相对期望值。

相对参考系

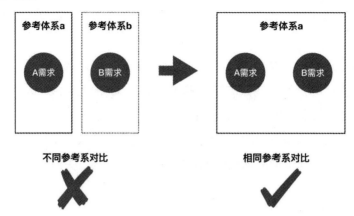

处于不同参考系的需求无法进行对比，处于相同参考系的需求才能进行对比。每个需求都存在多个参考系，分为弱点参考系、普通参考系、最优参考系。如果产品的目标参考系相对于需求是一个弱点参考系，该需求便应该被淘汰。如果产品的目标参考系相对于需求是一个最优参考系，该需求就可以进行价值高低的判断。

相对价值

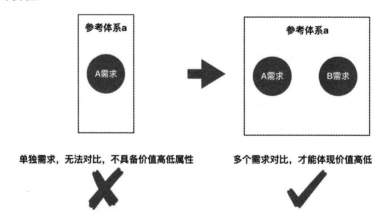

当需求单独存在时，则不具备价值高低的属性。只有将需求与另一个需求进行对比时，才会体现出价值的高或低。若没有与之对比的需求，就需要与期望值进行对比。

相对期望值

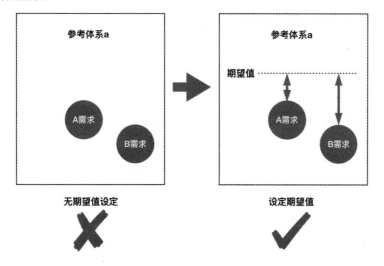

期望值的设定可以帮助产品经理挖掘高价值需求，避免陷入低价值需求的忙碌中。将需求的价值与产品的期望值进行对比，符合期望值的便可以做，远低于期望值的则不应该做。

· 自 我 检 测 ·

现在，尝试将"需求相对论"的方法应用在实际的工作场景中吧！

有一款资讯产品，累计注册用户100万名，每日活跃用户10万名，每日新增用户1 000名。在一次需求评审的过程中，产品团队提出了四个需求，等待优先级的判定。

A需求：可以让每日活跃用户从10万名增加至13万名。

B需求：可以让每日新增用户从1 000名增加至3 000名。

C需求：可以让每日新增用户从1 000名增加至4 000名。

D需求：可以让每日新增用户从1 000名增加至10 000名。

你是产品总监，思考在下列特定场景中如何设定需求的优先级。

场景一： 老板想要提升新增数据，请选择合适的需求优先级，先做什么，再做什么。

场景二：老板想要提升新增数据，现在就需要交付开发实施，但是对C需求还没有考虑清楚，此时，应该先做什么，再做什么。

场景三：这是下个季度的规划，时间比较充裕，一个月后才需要交付开发实施，此时，应该先做什么，再做什么。

· 重 点 内 容 ·

1 从开始做产品的第一天起，产品经理的目标就是做得出彩，如果不出彩，就会在未来的竞争中落后于人。

2 需求的价值建立在对数据的影响上，需要根据产品的数据项建立三个参考系判断需求的价值。最优参考系是指上升幅度最大的数据项，普通参考系是指上升幅度既不是最高也不是最低的数据项，弱点参考系是指上升幅度为0甚至会下降的数据项。

3 目标参考系是指团队在当前版本希望改善的数据项。

4 高价值需求是将需求的价值与企业的期望进行对比，超出期望的就是高价值需求。

5 没有期望、低期望、过度期望都会影响产品经理对需求价值的判断，所以，设定一个合理的期望也是产品经理产品能力的体现。

6 产品经理可以提出三层期望，分别是基础期望、普通期望、杰出期望。在工作中，基础期望是底线、及格线，普通期望是正常表现，而杰出期望，只有那些让人兴奋的需求才能满足。

7 以产品总监为方向，以获得成功案例为目标，持续前行。

认知升级（上）

忙碌与成功，并不是因果关系；

实际上，忙碌是成功的敌人，会让我

们忽视更重要的事情。

作者寄语

你认为，拥有1年经验的产品经理与拥有5年经验的产品经理相比，两者掌握的技能数量是相同的吗？

和许多行业一样，产品经理也存在多次技能"扩张"的特殊时刻。产品经理需要具备非常多的技能，这些技能并不是一开始就要具备的，而是在从业过程中，不断受到外界刺激，通过扩张得到的。

产品经理会掌握什么样的技能，取决于会受到什么样的外界刺激。产品经理会在什么时间掌握这些技能，取决于在什么时间遇到了这些外在刺激。

以数据分析技能为例。有的产品经理虽然拥有5年产品经验，但依然缺少数据分析技能，因为在这5年的产品工作中，他并没有遇到数据分析相关的工作环境，像外包、后台、初创期的产品等，不具备可供分析的数据。

也有的产品经理在从业第一年就开始学习数据分析技能，因为在他所处的工作环境中，需要对数据进行分析。一些拥有一定用户规模的产品，要求每位产品经理都掌握数据分析技能，通过数据分析去挖掘需求，验证自己的猜想。

思考一下，如果产品经理一直没有遇到数据分析相关的外界刺激，是否会一直无法掌握数据分析技能？

若一直没有遇到外界刺激，产品经理所掌握的技能也会陷入一成不变的状态。所以，许多产品经理拥有较丰富的产品经验，但没有与经验相对应的技能。

这样的学习模式让产品经理的成长过于被动，不知不觉就被排挤到市场边缘，不是因为产品经理比其他人差，而是因为没有遇到外界刺激，以至于无法扩张自己的技能边界。

但是，反过来想一想，如果产品经理主动制造"外界刺激"，提前扩张自己的技能边界，会怎么样？结果可能是，即使只有1年产品经验，也可以应聘要求3年产品经验的岗位。因为产品经理提前掌握了后者所需具备的技能，并且比后者更具备成长潜力。

你现在应该知道，为什么同样有5年产品经验，有的人仍然是产品经理，有的人已经成为产品总监。并不是谁更聪明，也不是谁更有天赋，而是其遇到的"外界刺激"不同，导致其掌握的技能与认知不同。

现在，要开始第三部分的内容了，这部分会打破两种认知，也会建立两种认知，新建立的两种认知将贯穿整个产品人生涯，当产品经理成为产品总监以后，这两种认知依然会产生重要的影响。

第9讲：为什么时间总是不够用？时间都去哪儿了？提升效率真的能让时间变得够用吗？

第10讲：专业和业余有什么本质上的区别吗？自己是专业的产品经理吗？

第11讲：许多人认为产品经理不具备对产品的决策权，所以，领导说什么就做什么，这种认知是不正确的，这种心态被称为"弃权"，会让产品经理长时间无法迈入产品后期。

第12讲：决策权具体是指什么？产品经理应该如何做决策？

现在，你准备好了吗？让我们一起升级认知吧，目标是成为一名优秀的产品经理。

为什么时间总是不够用

· 思考一下 ·

假设你当前的工作任务需要每天工作到22:00，并且一周工作六天。

现在，领导额外分配了一个新的工作任务给你，需要每天额外增加2小时工作时间才能完成，或者牺牲唯一的休息日也能完成。此时，你准备怎么办？是选择每天24:00下班，还是选择没有休息日，或者选择跳槽？

有没有更好的选择？

张三的困境

时间有多么重要？这么说吧，高价值的需求往往来自对某类用户的痛点分析，或者对某个行业的趋势洞察，不论是痛点分析还是趋势洞察，都建立在时间的基础之上。只有长时间的投入，才能更了解一类用户，才能准确地发现用户存在的痛点，也只有长时间的投入，才能更了解一个行业，才能准确洞察行业的发展趋势。

所以，需求价值总是和需求挖掘的时间呈正比，需求挖掘所用的时间越长，收获的需求价值越高。遗憾的是，产品经理往往没有那么多时间。

产品经理要处理的工作实在太多了，会议、沟通、文档、画图等，各种各样的事情耗尽了产品经理的时间，即使"996"，也只有极少的时间能够用于需求挖掘，甚至完全没有时间做需求挖掘。

但真的是这样吗？

小草是一家科技互联网公司，已经成立了2年，采用"项目组+公共部门"的制度，由1名产品经理和9名开发工程师组成10人项目组，一共5个项目组，测试、UI则共同组成公共支撑部门，为5个项目组提供设计图的支撑及质量测试的支撑。为了避免开发生产线停滞，公司规定每个版本规划的需求量都需要能够支撑对应开发小组两周的工作量。

张三就是其中的一名产品经理，拥有3年产品经验，负责其中一款产品。该产品也可以拆解成客户端、H5活动、后台管理系统三款子产品。前端开发人员也都不太一样，客户端的需求对应了Android、iOS工程师；H5活动的需求对应了H5前端工程师；后台管理系统的需求则对应了Web前端工程师。

两周一个版本的更新频率对于张三而言，实在太快了。

为了不让研发生产线处于瘫痪状态，张三不得不同时准备三款子产品的需求方案，这也意味着必须得获得三类完全不同的需求，而且这些需求必须转换成产品的设计方案，输出完整的原型图、需求文档、业务流程图等交付文档。

仅仅是交付文档的输出，就需要一周的时间才能完成，还要用4天的时间与团队沟通，组织各种评审会议，真正用于挖掘需求的时间只有不到3天。时间实在太少了，以至于输出的需求总是捉襟见肘，满足了客户端的需求，后台管理系统和H5活动的需求就无法兼顾，满足了后台管理系统和H5活动的需求，客户端的需求就无法兼顾。

需求不饱和，被分配到需求的开发人员每天忙到23:00，没有被分配到需求的开发人员准时上班、准时下班，工作时间还可以开开小差，团队的氛围逐渐向消极的方向发展。

这种状态持续了半年，张三成了最忙碌的产品经理，但业绩考核总是垫底，其所在的项目组也成了公司内氛围最差的项目组。其所负责产品的各项数据指标也持续半年没有明显的增长。

李四也是小草科技的产品经理，拥有5年产品经验，其负责的产品同样包含客户端、后台管理系统、H5活动三款子产品。但李四的处境和张三截然不同。李四所带的项目组的全体成员忙得不可开交，有的时候甚至需要通宵赶进度。同样是半年的时间，李四的业绩考核稳居第一名，其负责的产品用户规模已经增长了10倍，从10万名注册用户变成了110万名注册用户，每天的使用用户也从1万名增加到了11万名。作为奖励，李四带领的项目组的每位成员均得到了一笔可观的业绩奖金，一些表现突出、有卓越贡献的成员，获得的奖金甚至超过了10万元，加班、熬夜、团队的付出，都得到了直接的回报。

这让张三十分羡慕，他也想像李四一样调动团队的积极性，把产品做成功。问题在于，自己团队的需求输出太慢了，缺少了需求的输出，团队成员就算有心拼搏，也无力付诸实践。

思来想去，张三将重点放在了输出效率的提升上，希望能像李四一样，能够在单位时间里输出更多的需求，让团队充分运作起来。为此，张三还花费20 000元参加了产品培训班，希望自己的能力可以更快速地提升。

你认为张三这样做正确吗？

效率的含义

提升效率有错吗？好像没有什么错，每个人都应该提升自己的效率，看上去这是一个正确的判断。只是，效率并不能让产品成功，实际上，效率和成功的关联性比人们想象中的薄弱。

不妨做个假设：张三经过一番学习，效率有了显著的提升，团队中的所有开发人员都进入了忙碌的工作状态，产品数据一定会实现增长吗？有没有可能依然没有增长？

答案是有可能，而且可能性很大。

效率这个词，在汉语词汇里被解释为单位时间内完成的任务数量。完成是效率的基础判定条件。但是，产品经理并不是一个追求完成的工作岗位，完成一个需求或完成多个需求，对于产品经理而言没有任何意义。产品经理关心的是需求完成后，能否让产品的某项数据实现增长，如果不能，那么这个需求即使完成了，也没有任何意义。

需求数量与产品价值并没有直接的关联性，影响产品价值的不是需求数量，而是需求价值。不能带来数据增长的需求，即使完成100个，也仍然没有价值，能够实现数据增长的需求，即使只完成一个，也是有价值的。

提升效率实际上提升的只是需求的输出速度，最终提升的则是需求的数量，但不论是速度还是数量，都不能让产品经理做出一款成功的产品。

也就是说，能够高效输出的产品经理并不一定是一位优秀的产品经理。就像大部分的鸟都会飞，但会飞的不一定是鸟，也有可能是长翅膀的昆虫。

在心理学上，产品经理追求效率的心态被称为"易得性偏见"。

易得性偏见

人们在进行预测和决策时会受到记忆力或知识的局限，很多时候会利用自己熟悉的或能够凭借想象构造而得到的信息，这就导致赋予那些容易被发现的、容易记起的信息过大的比重，但这些信息只是应该被利用的信息的一部分。除此之外，还有大量的信息同样是必须考虑的，它们对于正确评估和决策有着重要的影响，只是人们的直觉推断总会忽略这些因素。

1974年，丹尼尔·卡尼曼与阿莫斯·特维斯基将这一心理现象称为易得性偏见，也称可得性偏见，属于认知偏差的一种。

丹尼尔·卡尼曼（《思考，快与慢》的作者）与阿莫斯·特维斯基是著名的心理学家、经济学家，两人共同研究发表的"预期理论"让卡尼曼获得了2012年诺贝尔经济学奖。

互联网人常常提到的"锚定效应"，就是两人共同研究发现的，除此之外，他们还发现了20多种认知偏差的现象，大多数都被引入互联网中。

简单来讲，易得性偏见是指，人们会用自己熟悉的、记忆深刻的信息来解答当前所遇到的问题，并且很难察觉到这是一种认知偏差，会将其视为正确答案。

效率就是一个典型的易得性偏见，似乎所有的问题都可以用效率评价。比如，没有时间是因为效率太低，需求输出的数量少是因为效率太低，没有产出也是因为效率太低，数据没有增长还是因为效率太低。似乎工作中的所有问题、所有困难都可以归结为效率太低。

原因很简单，在我们的记忆中，最常用来形容工作能力的词汇便是效率。想一想，有没有开发工程师因为功能实现得慢而被质疑，有没有测试工程师因为测试慢而被质疑，有没有UI设计师因为出图慢而被质疑？

我们在判断他人时，常常使用效率作为主要依据来衡量对方能力的强弱，不论是开发工程师、测试工程师还是UI设计师。完成得越快，能力就越强；完成得越慢，能力就越弱。

久而久之，效率就变成了一个熟悉的、容易获得的、容易记起的词汇，也触发了行为心理学的易得性偏见。当衡量产品经理的能力时，我们也默认采用了效率衡量的方式，但这是错误的。

效率并不适用来衡量产品经理的能力，严格来讲，还会产生负面的影响。

职业危机

有的互联网公司，创始人不懂产品，认为产品很简单，只是画图和写文档，忽视了最重要的分析和设计，常常提出不合理的要求。比如，要求一个星期内完成整个产品的设计方案，要求输出完整的70页原型图，以及对应的需求文档。

这个要求会吓退许多经验不够丰富的产品经理，但对于那些有足够经验的产品经理而言是一个可以完成的任务。于是，创始人就会夸奖那些能够完成任务的产品经理，认为他们十分优秀，但这样的夸奖对于他们而言，并没有什么触动。画图画得快、文档写得快，用古人的话来讲就是"无他，唯手熟尔"，仅是因为做得多了，熟练了而已，并没有值得炫耀之处。有的极客产品经理甚至会因为夸奖他的效率，而感受到被侮辱和敌意。

产品经理所追寻的是能够让产品数据实现十倍、百倍增长的需求，是一款在数据上能够让其自豪的产品，而不是画图画得快。如果真的要夸奖，也应该是为多少用户提供了多少好的服务，为多么重要的问题提供了多么好的解决方案，这些才是对产品经理的褒奖。

当然，非产品行业的人因为对产品经理缺少了解，也会用效率来衡量产品经理的能力，但是，作为产品经理，要对效率保持足够的警惕性。毕竟，过度关注效率是有害的。

盲目抄袭

大概没有什么比抄袭更快、更有效率的了。产品经理习惯抄袭以后，就很难再进行有针对性的产品设计了。当遇到一些新的需求、新的业务、新的产品时，产品经理会因为缺少可抄袭的对象变得手足无措。

因为在抄袭的过程中，产品经理忽略了原创产品设计的能力，以及定制化产品设计的能力，尽管抄袭的设计方案有许多，但自身的设计能力没有得到提升，久而久之，就会成为一位只能抄袭、无法原创的产品经理，这样是无法独当一面的。

追求速度

以完成为目标跳过了需求分析步骤，获得需求以后，第一时间开展产品设计工作，完成产品设计方案并交付开发团队。这同样是追求效率的一种表现形式，许多原本不应该做的功能都会因为追求速度而被实现。

例如，在内容缺少的情况下实现搜索功能；在老用户缺少的情况下实现购物车功能；在用户规模不到百人的情况下实现提升日活的功能。

在忽略需求分析和产品设计的情况下，需求的正确性及产品设计方案的正确性都会极大地降低。从结果来看，满足的需求非常多，做的功能也非常多，但产生的价值微乎其微。在长时间投入的情况下，项目大概率会因为产品没有良好的反馈而停止运营，项目组所有成员均会被裁撤或重新划分到其他项目组。

过度追求效率对产品经理还有很多严重的负面影响，包括忽略了行业的研究、用户的研究等，以及其他一些非常重要的信息。

回到案例中，李四所带领的项目组之所以获得奖金，是因为取得了十倍数据的增长，而不是加班时长或需求实现的数量。如果只有效率，没有数据的增长，还会有奖金吗？

易得性偏见原本就是指忽略了其他重要的信息，仅凭借熟悉的信息对事情做判断，克服它的方法便是意识到那些原本被忽略的信息，在每次做判断时都要经过缜密的思考与分析，慎重得到结论，并且对结论进行更严谨的证明。

现在，你还认为没有时间是因为效率低吗？

时间都去哪儿了

不妨思考一个问题：拥有5年产品经验的产品经理比拥有3年产品经验的产品经理多了2年的从业经验，前者一定比后者优秀吗？

答案是不一定。

市场上有很多优秀的年轻产品经理，尽管只拥有3年产品经验，但依然比拥有5年产品经验的产品经理更加优秀，能够给产品、给企业带来更多的价值增长。限制产品经理的并不是没有时间，而是其他一些因素。

接下来以张三为例做一次时间分析，看一看他的时间都去哪儿了，如果你也感觉自己没有时间，不妨用同样的方法做一次自我时间分析。

张三的一次迭代经历

张三所负责的产品是一款社会资讯App，为用户提供社会新闻、社会资讯的内容。在本次迭代前，该产品已经拥有100 000名注册用户，日活跃用户有10 000名，日新增用户则有1 000名。

老板希望这款产品能尽快实现收益，要求张三能够在本次迭代中对接第三方广告系统，在资讯列表页植入广告位，通过展示第三方提供的广告内容获得广告收益。

张三则认为产品目前的活跃用户太少，即使在列表页增加广告位，能够带来的收益也微乎其微，而且广告的植入一定会损害用户体验，一方面会降低新用户的留存率，另一方面会加速老用户的流失。

为了避免做错误的需求，张三用了一天半的时间对该需求进行了详细的分析，尽可能地收集广告相关的资料，还特意买了一本广告相关的书，将书里能够证明观点的内容都进行了记录，一切都是为了证明自己的观点是正确的，希望老板能够放弃该需求。

第二天下午，张三向老板汇报了自己的分析过程及分析结果，整个汇报过程持续了一下午，其间有沟通、有碰撞，遗憾的是，老板依然坚持当前版本一定要实现广告植入的需求。

就这样，时间过去了2天，而公司要求产品必须每2周更新一个版本，产品经理每2周都需要组织一次需求评审，交付新版本的需求方案，并且这些需求要能够支撑2周的开发量。

距离下个开发周期还剩下8个工作日。

在老板坚持的情况下，广告需求依然要按时上线。于是，张三又用了2天的时间对第三方系统进行调研，包括广告的价格、类型等产品相关的信息，以及产品同行对各个广告系统的评价。

距离下个开发周期还剩下6个工作日。

随后，张三用了2个工作日设计了3套不同的广告植入的原型方案，最终第二套方案入选。为了对广告进行控制，以及监控广告的实际数据，张三花费了1天的时间设计了一套针对广告的后台管理模块的原型方案，准备在现有的后台管理系统中进行迭代开发；花费了2天的时间设计了客户端的原型方案及对应的后台原型方案，共花了3天的时间。

距离下个开发周期还剩下3个工作日。

完整的产品交付不能只有原型方案，还要包含需求文档、业务流程图、逻辑图等必要的交付文档，当张三完成全部的交付文档时，时间已经过去了3个工作日。

距离下个开发周期还剩下0个工作日，也就是说，现在就要进入需求评审了。

第三方广告系统的接入耗尽了张三的所有工作时间，因此张三没能输出基于H5相关的活动需求，而H5的开发人员也将因为没有需求在接下来的2周里没有事情可以做。

为了更好地观察"时间都去哪儿了"，姑且不考虑加班的情况（实际上，加班或不加班都不会有太大的影响）。毕竟，时间的长度并不是现在要探讨的问题。

新版本上线一个月后，数据与张三的判断完全相同，每天的广告收入不到10元，日活用户也从10 000名降到了8 000名。实际结果证明了该需求是一个错误的需求，但所有人似乎都忘记了张三曾经提出过反对意见，只有张三记住了这件事。

后续每次老板提出一些看似错误的需求时，张三都会更努力地劝说老板取消该需求，只是收效甚微。

时间分配

实际上，并不是没有时间，而是时间分配出了问题。下面整理了张三在本次迭代中的时间分配：

2个工作日，证明广告需求是错误的。

2个工作日，调研第三方广告系统。

3个工作日，为错误的需求设计了3套产品方案及1套后台管理模块的原型方案。

3个工作日，完善交付文档。

宝贵的时间就这样分配完了，几乎所有的时间都被用来证明需求是错误的，所以没有时间去挖掘其他的需求。然而，对"错误"的判断能力，并不等同于对"正确"的探索能力。

对"错误"的判断能力，是指能够判断某个需求是错误的，这项能力可以让企业避免一些不必要的损失。对"正确"的探索能力则是指能够找到正确的需求，找到能够带来数据增长的需求，这项能力可以帮助企业快速成长，是企业发展必须具备的能力。两者看似相同，实际上完全不同。

错误的需求一定要避免吗？不一定。

无论是需求实现以后能带来多少数据增长，又或者需求实现以后会导致多少数据丢失，都是站在现在的时间点预测未来可能发生的结果。而未来总是充满变数和不确定性的，在结果出现以前，错误的需求也可能是正确的需求，正确的需求也可能是错误的需求。

错误的需求并不是一定要避免的，产品经理并不需要完全拒绝错误的需求，这并不是产品经理的工作核心，企业对产品经理的核心期望不是对"错误"的判断能力，也不是对"错误"的规避能力。

企业允许产品经理犯错，也允许有亏损，甚至允许产品经理持续犯错、持续亏损，但不允许产品经理长时间无法提升产品的数据，找不到"正确"需求。

对"正确"需求的探索能力才是企业对产品经理的核心期望。

想一想，产品经理存在的意义是什么？难道不是让某款产品的某项数据实现增长吗？难道不是通过解决某个问题让产品更好地发展吗？

在错误需求上投入太多的时间，势必会影响对正确需求的探索。就像张三一样，在一个错误的需求上用了大量的时间进行分析、调研及产品设计，以至于完全没有时间挖掘正确的需求。

不是缺少时间，而是时间的分配和使用出现了偏差。产品经理将过多的时间投入到了一些不太合适的事情上，以至于真正应该花时间思考的事情没有时间思考了。

这种现象也被称为目标偏离。原本的目标是寻找能够提升数据的需求，不经意间却变成了证明某个需求是错误的。

目标偏离

"不忘初心，方得始终"，这句话在产品圈子里流传甚广。产品经理做任何一款产品、实现任何一个需求都会有一个初心，正是这个初心支撑着产品经理后续的行为。产品经理的初心是什么？初心是提升数据，为尽可能多的用户提供尽可能好的服务。但是，现实总是比理论更加复杂，产品经理常常做着做着就忘记了初心是什么，原本应该关注的目标，不经意间就变成了一个新的目标。

证明需求是错误的是典型的目标偏离，除此之外，完美主义、体验至上也是常见的目标偏离现象。

完美主义

完美主义的含义是从多个角度追求完美的产品效果，可以是体验完美、功能完美，也可以是逻辑完美等。

在有的场景里，追求完美并没有错，这种完美会让用户感到愉悦，让用户能够享受产品的使用过程，此时，完美主义是正面的评价，是对产品经理的褒奖。

但在更多的场景里，完美主义是负面的评价，只会满足产品经理个人的价值观，却让团队额外付出数倍的时间与精力。

内容社区一定要做搜索功能，电商一定要做购物车功能，社交一定要做发红包功能，大多数情况下，这些需求均受到完美主义的影响，认为缺少这些功能的产品就是不完美的。可是产品为什么要"完美"？因为完美的产品方案能够提升产品的某些数据。如果需求本身不能改善产品数据，追求完美也就失去了意义。

为了完美而去追求完美，也是目标偏离现象的一种。花了大量的时间让产品变得完美，那么用来挖掘需求的时间也就被压缩了，需求的价值自然也就被忽视了。

实际上，产品原本就是不完美的，正是因为不完美，产品经理才需要持续地更新迭代，不断让产品变得更好。

体验至上

体验至上的核心是给用户营造良好的、友善的使用环境和良好的使用氛围。体验至上更多地体现在交互设计、产品细节设计和视觉设计上。但是，体验真的是至上的吗？或者说，是不是所有的页面、所有的功能都需要体验至上？产品的设置页、帮助页、版本介绍页是否也应该追求体验至上？

体验至上并不是通用的标准概念，需求的影响面积、业务的重要性都会影响产品经理在用户体验上投入的时间和精力。那些大规模用户使用的、特别重要的需求常常会更加重视体验，一小部分用户使用的、不那么重要的需求，体验就会差很多。

归根结底，体验是用来改善数据表现的一种方式。

提倡体验至上是因为好的体验能够增加用户使用过程中的愉悦感，从而延长用户的使用时间，以及形成用户与用户之间的口碑传播。一旦需求不能改善数据时，体验也就不需要至上了。

盲目追求体验至上也是目标偏离的一种现象，具体表现为，在一些不需要过高体验的需求里，花费大量的时间提升使用体验，以至于没有时间持续挖掘高价值需求。

不忘初心，方得始终，然而，初心易得，始终难受。

对需求进行错误判断及完美主义、体验至上均属于目标偏离的现象，这种现象就像时间黑洞一样，不断地吞噬产品经理有限的时间。没有时间的真相并不是因为时间少，而是因为时间被这些黑洞吞噬，以至于没有时间来做那些真正应该做的事情。

不妨思考一个问题：在案例中，如果张三只在广告系统的需求上花费了1天的时间，则距离下个开发周期还剩下9天的时间，如果在这9天里，他始终坚持挖掘高价值需求，结果又会有什么变化呢？

李四的一次迭代经历

同样的一件事，可以分配10天的时间，也可以分配1小时的时间。但是，时间分配不是拍脑袋的决策，需要遵循一定的规则，规则不一样，具体的时间分配就会出现差异。

张三所遵循的规则是"完成"，将需求拆解成若干子任务，每项子任务的完成需要花费多少时间就分配多少时间。只是，遵循这样的分配规则，结果并不是很理想，因为"完成"对产品经理没有太大的意义。

不妨换一个角度，尝试另一种时间分配规则。

李四负责的产品也是一款资讯App，主要为用户提供体育新闻。在本次迭代前，该产品同样拥有100 000名注册用户，日活跃用户10 000名，日新增用户1 000名。老板同样希望这款产品能尽快实现收益，要求李四能够在本次迭代中对接第三方广告系统，在资讯列表页植入广告位，通过展示第三方提供的广告内容，获得广告收益。

李四对需求的判断与张三一致，产品当前的数据并不适合接入广告系统。但李四采取的策略不太一致，同样是10天的时间，看一下李四的时间是如何分配的。

第1天，对广告系统做了简易的需求分析，并与老板沟通，确认了该需求是一定要做的需求。

第2天，完成了简易的原型图方案，直接将"腾讯广告"选为第三方广告接入系统。

第3天，完成了简易交付文档的输出。

第4天，开始挖掘能够获取新用户的需求。

第5天，继续挖掘获取新用户的需求。挖掘到一个具有话题性、传播性的需求"赛事经典片段集锦"。

"赛事经典片段集锦"需求介绍：通过网络获取一定数量的经典视频片段，以搞笑、幽默性质的故事为主要判断标准。

李四认为，人们天然具备传递幽默的本能，而体育赛事上的幽默片段，对于体育新闻的读者而言是非常好的传播载体，用户会将这些内容分享给自己的家人、同学、同事及朋友。

第6天，完成了该需求的产品方案。考虑到研发资源并不充分，该方案以H5活动的形式进行开发，不提供管理后台，客户端也不做改动。

第7天，对该方案进行优化完善。将H5活动页面设计成专题页，并且模板化，由H5开发人员协助制作多个主题的H5专题页，每隔一段时间就更换专题内容。

第8天，补充了活动数据统计相关的需求，要求统计出每个专题的App内访问人数、访问次数、分享人数、分享次数、App外的访问次数。

第9天、第10天，完成了"赛事经典集锦"的交付文档。

新版本上线一个月后，与张三一样，广告系统每天只有不到10元的收益，证明了该需求是一个错误的需求。不同的地方在于，产品的日活用户不仅没有降低，还从原本的10 000名增至20 000名，累计注册用户也从100 000名增加到了200 000名，每天的新增用户也从1 000名增加到了5 000名。

"赛事经典片段集锦"取得了极大的成功，用户自发地将这些幽默的赛事片段分享给身边的人，并且大部分用户都会密切关注专题的更新，每次更新都意味着一次新的内容传播，这个需求为产品带来了可观的新用户增长数据。

新版本上线后的数据不仅证实了接入广告系统是错误的，也证实了李四提出的需求是正确的。

在随后的工作中，老板逐渐不再参与李四所负责的项目，给他更多的施展空间。

最终，这款产品成为公司第一款拥有100万名用户的产品，李四及其团队成员都得到了可观的奖励。

另一种时间分配规则

同样的10天时间，来看一下李四的分配方案：

3天时间处理广告相关的需求。

2天时间挖掘H5活动需求。

5天时间处理新需求"赛事经典片段集锦"。

广告相关的需求，张三用了10天，李四仅用了3天，表面来看似乎是因为李四的效率更高，所以能够有时间去挖掘需求和实现新的需求。不妨再深入对比一下。

两者的差异并不只是所用时间的差异，具体任务的执行过程及输出产物也存在差异。在需求分析中，张三收集了多项资料，李四仅完成了简易分析。在产品调研中，张三对多款产品进行调研，李四则直接使用了头部产品"腾讯广告"。在原型方案中，张三完成了3套原型方案，李四仅完成了1套简易原型方案。在交付文档中，张三完成了完整的交付文档，李四仅完成了简易的交付文档。

张三和李四的时间分配表

	张三	李四
需求分析	2天，收集多项资料	1天，简易分析
产品调研	2天，调研多款产品	0.5天，使用头部产品
原型方案设计	3天，原型方案（3套）	0.5天 简易原型方案（1套）
文档交付	3天	1天 简单交付文档
方案累计用时	10天	3天

若以任务完成的质量及对待任务的态度来看，张三必然比李四更加优秀，前者对每项任务都很认真，也很细致，后者均采用简易策略，即使选择第三方广告系统，也未经过横向对比，直接使用了头部的"腾讯广告"。

但从结果来看，正是因为简易策略才让李四在3天的时间内处理了广告相关的需求，不是因为效率更高，而是降低了任务的复杂度，降低了输出的质量。

简单来讲，**花费时间少不是因为做得"更快"，而是因为做得"更少"。**

就像跑步一样，我们跑20千米，原本的速度是5千米每小时，需要4小时，通过专业的跑步方法，可以将速度提升至10千米每小时，这样，只需要2小时就能跑完20千米。速度的提升可以缩短完成的时间，也就是"更快"。

"更少"是什么意思呢？速度维持5千米每小时，将跑步的目标里程从20千米调整为5千米，只需要1小时就能完成目标里程。在不提升速度的情况下，通过降低目标的难度，就可以缩短完成的时间，也就是"更少"。

通常情况下，相对"快"而言，"少"能够缩短的时间更多，让一件任务从不可能变为可能，也是因为"少"而不是"快"。

你经历过版本延期吗？如果距离上线时间还剩下3天，而未开发的需求还有10个，即使满负荷加班的情况下，也还需要5天的时间才能完成。

怎样才能避免延期且保障产品如期上线呢？

答案是"砍需求"。

通过减少需求数量的方式减少所需时间的总量，将原本需要5天才能完成的任务量调整成需要3天完成的任务量。将一些不必要、不重要、不紧急的需求延后至下个开发周期，进而有效保障产品的上线时间，也就是简易方案所追求的"做得更少"。

简易方案

最小可行化产品（Minimum Viable Product，MVP），是硅谷企业家埃里克·莱斯在《精益创业》一书中首次提出的概念，现在这一概念已然成为互联网产品在创新、创业过程中的指导思想。当构造某款产品时，找到该产品最核心的一部分功能，先推出一个最简的版本，验证市场的接受度，在效果理想的情况下，再以此为基础实现更多的功能，如果效果不理想，就可以将损失降到最低。

MVP的概念不以"成功"为导向，而以"失败"为导向。简单来讲，MVP概念提倡创业者快速地失败、廉价地失败，失败越早，损失就越少。

如果将MVP的概念运用到产品设计的过程中，用对待产品的方式对待每个需求，以"失败"为导向，快速地失败、廉价地失败，就会得到一个很实用的方案，也就是案例中李四所用的简易方案。

有一些需求产品经理认为是错误的，其他人认为是正确的，也有一些需求是不确定的，需要做了才知道结果，面对这些需求时，产品的目标就会出现一些变化。**原本，产品实现某个需求的目标是取得一个较好的数据结果，现在，产品的目标需要转变为取得某种验证结果。**

在案例中，张三和李四均认为接入广告的需求是错误的需求，在老板的坚持下，两人均将广告需求纳入了迭代计划，只是两人的目标不太一样。张三的目标仍然是取得较好的数据结果，为此做了很多分析、调研，并设计了多套原型方案。李四的目标转变成了获取某种验证结果，采用了简易方案。

换一个角度，会得出另一个信息：并不是李四比张三"更快"，而是李四比张三损失了"更少"的时间，前者损失了3天，后者损失了10天。

在简易方案中，产品经理会舍弃产品的体验性、舍弃功能的完整性、舍弃设计的完美性，舍弃最优解，所有非必要的功能及过程都会被舍弃，只保留需求最核心部分的内容，以及简单但强力的风控机制，这样才能把成本降到最低，同时将失败后的损失减到最少。

简单但强力的风控机制类似于一个可以控制的开关。当功能产生糟糕的效果时，不经过代码的变更，也不经过版本的发布和升级，而是通过控制开关，及时关闭功能的展示及使用，将这项功能对用户的影响降到最小。案例中的广告系统也会搭配一个开关，处于关闭状态时，广告模块将被隐藏，不会被用户浏览，也不会影响用户使用。

简易方案所对应的是另一种时间分配的规则：区别对待。

有的需求，产品经理需要投入更多的时间，输出比较完整的产品方案，而有的需求，产品经理需要投入更少的时间，输出简易的产品方案，通过对需求的区别对待，就可以将更多的时间投入更重要的需求。也只有区别对待，才能有效提升时间效能的极大值。

时间的效能

在时间不够充裕的情况下，人们通常会将问题归因于效率，认为提升效率就能释放时间。但是，提升效率的同时容易出现目标偏离的现象，反而会花费更多的时间。所以，你会发现一个有趣的现象：越追求效率，任务就越多，效率越高，也越繁忙。只是，效率这个词不太适合作为产品经理的能力衡量维度，因为效率不等同于创造的价值。

与效率相比，时间的另一个作用对象更适合用来衡量产品经理的价值或能力：时间的效能。

所谓的效能，是指单位时间内创造的价值。

同样10天时间，甲将时间全部投入A需求，乙则将时间全部投入B需求，如果A需求的价值是100万元，B需求的价值是10万元，那么甲的效能就比乙的效能更高。因为在同样的时间里，甲通过A需求能够创造更高的价值。

时间的效能与需求的数量无关，仅与需求的价值有关，需求的价值越高，重要性也就越高，时间的效能也就越高。核心在于产品经理要对需求进行判断，什么是重要的需求，什么是不重要的需求。当产品经理能够清晰地辨别出需求的重要性时，其就可以通过灵活的时间分配将大多数时间集中投入重要的需求中。如果当下可选择的需求价值都不高，重要性也都不高，也可以将更多的时间投入需求的探索与挖掘中。

在案例中，李四的时间便是如此分配的。他仅用少部分时间（3天）来处理广告相关的需求，因为这是一个不重要的需求。随后，他用了2天时间挖掘新的需求，因为在当下的环境中，缺少重要的需求，需要先经过挖掘才能得到重要的需求。最后，他用了5天时间实现了新的需求"赛事经典片段集锦"，因为这是一个重要的、价值较高的需求。

实际上，需求挖掘常常是最花时间的环节，所有高价值需求的背后都离不开长时间的挖掘与分析。

如果将时间视为固定大小的空间，需求就像放入空间的物品，同样是1立方米的空间，其中一个装满了黄金，另一个装满了矿泉水，你认为谁的价值更高？

时间是相同的，但最终创造出来的价值可能有极大的差异，根本原因是需求的价值决定了时间的效能。相同的时间内，需求的价值越高，时间的效能也就越高，需求的价值越低，时间的效能也就越低。

产品经理应该清楚地认识到，如果需求本身是不重要的，那么，无论实现速度多么快、数量多么多，效能都是极低的，无法提升产品经理自身的价值。低效能持续的时间一长，产品经理就变成了经验丰富但话语权极低、价值极低的产品人。

产品经理走出困境的唯一方法就是减少在不重要需求上的时间投入，将大多数时间投入更重要的需求，以提升自己的效能，这样才能提升自己在行业内的竞争力，以及在公司内的不可替代性。

为此，产品经理需要站在专业的角度了解需求的性质，要认识到需求与需求之间是存在本质差异的。

· 自 我 检 测 ·

某资讯产品已经拥有100万名注册用户，每天有20万名用户使用，每天新增用户有1 000名。已知版本迭代周期为10天，现在需要将时间分配给以下三个需求。

A需求：可以让每天新增用户从1 000名增长至2 000名。

B需求：可以让每天新增用户从1 000名增长至1 500名。

C需求：可以让每天新增用户从1 000名增长至5 000名。

你会如何分配时间？

A需求（　　）天。

B需求（　　）天。

C需求（　　）天。

·重点内容·

1 效率的提升可以让产品经理更快地完成工作，但不能提升产品经理的市场价值。

2 在产品生涯里，要警惕效率带来的危机，不要用需求的数量去衡量产品经理的价值，数量多并不等于价值高。

3 时间不够用并不是真的不够用，而是时间分配缺少技巧，将大部分时间分配在了许多低价值、无价值的事情上，以至于没有时间去做那些真正有价值的事情。

4 关注时间的效能，其核心意义在于舍弃，舍弃那些不需要做的事情和那些不用认真做的事情。

第 **10** 讲

"专业"和"业余"的典型差异

· 思考一下 ·

如果设计一款产品的首页需要10小时，那么设计该产品的设置页需要多少小时？

为什么会出现时间差？是因为首页比设置页复杂，还是有其他的原因？

产品经理的破窗效应

MVP的核心观点在于：**当为用户提供产品时，先不要堆砌太多的功能，只保留产品最核心的功能，形成一个最小的，同时是可行的产品，邀请一部分用户使用。**

在用户的使用过程中，收集用户的反馈，如果反馈是积极的，再加大资源与时间的投入，将更完整的产品提供给更多的用户。如果用户的反馈是消极的，就可以考虑舍弃这款产品，将时间和资源放在新机会的探索及下一次的MVP上。

但是，为什么要用"最小化成本投入"来做产品呢？是为了避免亏损吗？表面上，"最小化成本投入"确实减少了失败所带来的损失，但背后有更深层次的含义。

1982年3月，《大西洋月刊》（*The Atlantic Monthly*）刊登的一篇文章里提及了破窗效应。此理论认为：如果放任环境中的不良现象存在，会诱导人们效仿，甚至变本加厉。生活中常见的结队闯红灯、成堆的烟头、满墙的涂鸦，均是通过一个不良现象引发出的群体效仿行为，是破窗效应的典型场景。

破窗效应里有两个关键词，一个是不良现象，另一个是放任不管。对于产品经理而言，不考虑时间成本的投入，就是破窗效应里的不良现象。

产品经理总是很容易忽略成本的计算，似乎只要需求实现了就可以，不论用1天还是10天，完成了任务就好，缺少对时间成本的认知，导致了时间的白白流逝。遗憾的是，时间是不可再生资源，无论如何努力也无法重新拥有失去的时间。

更重要的影响在于，产品经理不得不面对缺少成功经验带来的低竞争力结果，在未来更激烈的竞争中，处于绝对的劣势。也就是说，产品经理是在用未来可能取得的最大成就替过去和现在所挥霍的时间买单。

从零经验的小白成长为拥有5年产品经验的资深产品人，在5年的时间里，因为缺少时间，始终无法获得高价值需求，一直忙碌于需求的实现，以至于收获了许多"从0到1"的实操经验，只能证明自己会做产品，无法证明自己能够做好产品。

差距就这样拉开了，在未来到来之前，你已经让未来输在了当下。

你的时间全部投入到一系列不重要的事情上，同行则把大部分时间都投入到重要的事情上。

更让人遗憾的是，在时间挥霍过程中，自己往往不知情，而不知情就是破窗效应的第二个关键词放任不管。

在工作中，很少有领导会告诉我们："这里花的时间太多了，可以不用花那么多时间。"也很少有同行的朋友告诉我们："这里不需要花那么多时间，这些时间的效能太低了。"当然，我们自己也无法判断时间花得是多了还是少了。

尽管会有领导提出任务截止的时间，也会有领导质疑为什么还没有完成，但这并不是指时间花得是否合理，而是单纯地考虑任务效率。

这就是产品经理在工作中所遭遇的破窗效应。在分配时间时，产品经理犯了一个错误，但是没有人指出这个错误，以至于在持续的产品工作中，这个错误不断地重复出现，甚至会将"错误"理解成"正确"，认为需求原本就应该全力以赴实现，认为每个需求原本就应该花费大量的时间投入。最终，产品经理陷于忙碌中，却没有创造价值。

不妨思考一个问题：时间是应该用来分析每个需求，还是应该用来分析最有可能成功的需求？前提是产品经理知道哪些是最有可能成功的需求，需要对需求进行分类。

不确定性需求

将需求按照确定性的维度划分出不确定性需求与确定性需求两种类型，前者并不确定需求实现后的效果，后者的实现效果则相对确定。MVP就是针对不确定性需求的产品策略，正是因为需求的不确定性，才需要先验证市场对需求的接受度，再决定是否进行大成本的投入。

如果一个需求百分之百会得到让人满意的结果，那么还需要采用MVP策略吗？不需要。不妨通过一个案例来直观感受确定性需求与不确定性需求的策略采用差异。

某创业团队设计了一款电商产品，用户可以通过该产品购买水果生鲜，团队成员均是草根创业者，没有任何可用于推广的资源。如果你是该产品的负责人，你希望服务器框架能够支撑多大规模的并发请求？

A．能够支撑1 000人并发请求

B．能够支撑1万人并发请求

C．能够支撑10万人并发请求

你的选择是（　　）。

产品上线后，吸引了一位投资人加入，该投资人十分看好这款产品，愿意用大量的资源推广该产品。其公司名下拥有完整的水果销售链，拥有10万间水果店铺，每天累计的客流量超过了1 000万名。

由于投资人带来了新的资金，以及更重要的资源，团队决定对产品进行重构。此时，你希望服务器框架能够支撑多大规模的并发请求呢？

A．能够支撑1 000人并发请求

B．能够支撑1万人并发请求

C．能够支撑10万人并发请求

你的选择是（　　）。

已知：服务器支撑的并发请求规模越大，其开发成本和硬件设备成本就越高。

产品的第一版本上线时，需求的不确定性极强，可能完全没有用户使用，也可能不小心引爆了市场，数日内被上百万人使用，这种不确定性促使产品经理更倾向于采用MVP策略。选择A方案，待产品上线后，密切观察产品数据的变化，及时调整或升级方案。

产品重构后，有了可观的资源，新股东的实体店铺每天都会有100万名线下客流量，这些客流量可以通过销售人员、服务人员有意识地引导，以及一些让利的活动，逐渐从线下用户转变成线上用户，此时，需求的不确定性就极弱了，或者说，已经从不确定性需求转变成确定性需求，在这种情况下，就需要选择C方案，需要服务器能够支撑10万人规模的并发请求。

MVP的策略仅适用于不确定性需求。通过减少成本的投入，进而规避风险隐患。但当面对确定性需求时，产品经理就需要做好万全的准备，推出完成度较高的产品，这就需要较大的成本投入。

在需求分析的时间分配上，面对"不确定性需求"采取的分析策略是：仅做必要性分析，不考虑正确性分析，也不考虑效果分析。

需求类型	必要性(A)	正确性(B)	效果(C)
不确定性需求	A ✔		
	A+B+C ✘		

所谓的不确定性需求，是指结果不确定的需求，往往是新开辟的业务、市场等全新的需求。这些需求没有历史数据的沉淀，与现有业务的联系也比较薄弱，以至于产品经理无法通过历史数据进行预测，也无法通过关联业务进行预测。

预测中的最小数与预测中的最大数存在极大跨度的需求，同样属于不确定性需求。大跨度的预测数值会让预测本身失去参考意义，就像某个需求可能带来1名新增用户，也可能带来10万名新增用户一样，这种跨度对产品的设计、开发都缺少参考意义。

产品经理也会尽可能少地对"不确定性"需求进行正确性分析或效果分析。因为这两种分析方法都依赖对需求的计算，两者均是以需求相关的历史数据或关联的业务数据为基础的分析方法。在缺少相关信息的情况下，正确性和效果几乎是无法分析的，勉强分析反而容易将一些关联性较弱的信息作为核心信息，得到一个错误的分析结论。这种不可计算性通常被视为不确定性需求的典型特征。

不确定性需求存在极高的风险系数。

迭代、优化性质的需求，是在已有需求的基础上做延续、做加法，失败后的损失较小，而且这些延续性的需求或多或少会对原有的需求产生一定的正向作用。不确定性需求处于新业务的萌芽阶段，需要投入较大的实现成本及运作成本，一旦失败，这些成本将面临全额亏损，不会产生任何正向作用。

许多有一定规模的互联网公司会尝试孵化一些新项目，这些新项目会经历3个月、6个月乃至更长的研发时间。新项目上线后，若在观察期内没有获得期望中的数据结果，就会停止运营。这些失败的新项目，除了公司账务上增加的支出，以及公司与产品经理共同付出的时间，再也找不到其存在的痕迹了，就像从没有存在过一样。

因为专业，所以不同

表面来看，全力以赴是应该提倡的一种态度，但在这个过程中存在几个典型的认知错误：产品经理要承担的责任是产品发展好坏的责任，而不是对每个需求的责任；产品经理的使命是让产品更好地发展，为更多的用户提供更好的服务，而不是以实现需求为使命；产品经理应该畏惧的是需求对产品的伤害，而不是岗位。

狮子搏兔亦用全力，是因为兔子值得狮子全力以赴，从生物学上讲，兔子满足了狮子的生存需求，是重要的食物之一，但并不是每个需求对于产品而言都有足够的重要性。

更重要的是，狮子与兔子尽管在体型和力量上有明显的差距，但在速度上两者的差距就很微妙了。动物学家对狮子和兔子做了很多次观察，其中包括对速度的观察。狮子的速度为50~60千米每小时；兔子的速度可以达到50~72千米每小时，欧洲野兔甚至可以达到72千米每小时。如果狮子不全力以赴，很难追上兔子。

全力以赴是值得提倡的态度，但如果是全力以赴对待每个需求，就不值得提倡了。实际上，正是因为不分对象地全力以赴，才让产品经理陷入了忙碌、焦虑、混乱的工作状态。

仔细想一想，对一些不重要的需求及一些没有太大影响的需求，真的需要全力以赴吗？

对于产品而言，重要的需求，产品经理要投入120%的精力，确保需求能被正确地实现，确保需求能够如同预期一样产生效果，对于实施过程中产生的bug也是零容忍；而一些不太重要的需求，产品经理的要求就会降低很多，这些需求在实现过程中产生的很多bug也会处于不被修复的状态，并随着版本的迭代一直延续下去。只是，人们的精力最多只有100%，如何做到120%地投入呢？

在一些有多条产品线的互联网公司中，常常会出现"借人"的现象，当某条产品线遇到一个极为重要的需求时，就会从其他产品线抽调一些相关人员。

这些临时支援的人员就是额外的20%，来自需求不太重要的产品线。

简单来讲，120%的精力投入，就是抽取一部分原本投入"不重要需求"中的时间与精力投入重要需求中，以此最大限度地保障重要需求不出现错误，能够产生预期的效果。

在成为专业产品经理之前，产品从业人员往往会在各个需求之间来回切换，不论是重要的还是不重要的，所有的需求一视同仁，全力以赴地对待所有需求，以至于将时间过多地投入不重要的需求，而那些重要的需求则得不到足够多的时间与资源投入。

实际上，每个需求的重要性都不相同，有的需求极为重要，有的需求则特别不重要，还有的需求曾经重要而现在不重要。大体量的产品通常都有很多细节不尽如人意，像微信没有"消息已读"的功能，微信的相册也不支持按照日期检索内容，并不是这些需求实现不了，而是因为这些需求被判定为不重要的需求，不需要实现。

专业的营养师会根据客户的职业、诉求，为客户推荐不同的饮食方案。滑雪运动员为了完成4~5小时的训练，一天需要摄入8 000卡路里的热量，是正常人的3倍。模特为了维持自己的身材，一天的热量摄入则不能超过1 200卡路里。对于专业的营养师而言，客户的职业不同，对饮食获取的要求也不同。

产品经理就是产品的营养师，需求就是客户，时间、资源则是向客户推荐的食材，专业产品经理会根据需求的类型搭配不同的食谱。

从某种意义上来讲，认识到需求之间存在的微妙差异，认识到需求之间的不同之处，才能更灵活地分配时间及团队的资源。

因为专业，所以不同，这种不同，恰恰是产品经理的专业性体现。毕竟，时间对于每位专业产品经理而言都是极为珍贵的，是不可再生的资源，每小时、每分钟的时间投入都会被精打细算，如果不能区分需求，没有察觉到需求之间的不同，也就无法自主分配时间了。

但对需求进行重要性划分过于主观，甲认为重要的或许乙会认为不重要，甚至产品经理判断重要性的标准也不太一样。有的产品经理通过数据进行判断，能提升数据的就是重要的，不能提升数据的就是不重要的，也有的产品经理通过需求的可持续性进行判断，能够长时间持续的才是重要的，不能长时间持续的则是不重要的，以至于重要性划分几乎无法在实际工作中起到突出的作用。

产品经理需要一些更加客观的划分方式，对需求进行辨识，寻找需求的特征，进而找到不同特征的需求所应采取的时间分配策略。

三种不同的需求分析

对于产品经理而言，需求分析通常指用户需求分析或客户需求分析，通过一系列的调研、观察、推演，准确理解用户及用户对产品的期望，将不完整的、非格式化的要求、想法转变成完整的、可实现需求的思考验证过程。

关于需求的任何形式的思考都可以称为需求分析，这是一个很模糊的概念，仅作为一个过程名词，没有好坏之分，也没有正确和错误之分。

若赋予需求分析某种结果上的期望，就等同于赋予了需求分析方向的倾向性，情况就不一样了。

需求的必要性分析

必要性分析侧重分析需求是否一定要做，通过判断需求实现前与实现后给产品带来的实质性影响来判断需求的必要性。价值越高，必要性越强。是否有必要实现某个需求也可以被解读为该需求是否有足够的价值潜力，值得投入资源。这是一种二元判断，仅有必要和非必要两种结果。

必要的需求不等同于正确的需求，更像不论对错、一定要做的需求，是即使犯错，即使承担风险，也一定要尝试的需求。

非必要的需求也不等同于错误的需求，更多的是有价值但价值并不是那么高，或者价值并不是那么出彩的需求，不值得承担风险。

需求的正确性分析

正确性分析侧重分析需求是否正确，更多地分析需求的合理性，强调需求是真实存在的，通过判断是否存在受影响的用户，以及判断对用户的影响是否足够大，进而判断需求的正确性。

产品经理也常常用需求的正确性界定真需求与伪需求。简单来讲,满足两个条件,即正确的需求,也就是真需求,如果两个条件均不满足,就是错误的需求,也就是伪需求。

条件一:在产品可覆盖的范围内,确实存在被该需求影响的用户群体。

条件二:被影响的用户群体需要达到某个数量值。

一方面,如果没有用户被该需求影响,就表示该需求转化为功能后,该功能会缺少使用用户,甚至完全没有使用用户;另一方面,只有有足够多的使用用户,才能将功能的平均成本降到可接受的范围,如果功能的使用用户较少,就会过度消耗团队有限的资金和时间。

正确性分析同样是一种二元判断,仅有正确和错误两种结果,错误的需求是不应该实现的需求,正确的需求则是可以实现的需求,可以进入需求的排期中,通过迭代版本的目标参考系、需求的相对价值,进而判断在什么时间实现该需求。

需求的效果分析

效果分析侧重分析需求实际会带来的结果,通过多维度、多因素的推演,预测需求实现后,某一项或多项数据具体会产生的变化。

与必要性分析和正确性分析不同,需求的效果分析是一种量化分析方法,分析结果会以数值的形式呈现,可以是纯收益数值,也可以是结合成本的性价比数值。

效果分析依赖许多参数及这些参数之间的运算符号,是一种通过计算进行分析的方法。这种分析方法极为复杂,变化性也极强,是非常专业的分析方法。常见的一种效果分析方法是参与率,比如,在一场活动中将潜在用户数与预测参与率的乘积作为预测活动的参与人数。

潜在用户数是由活动的目标用户属性与产品活跃用户的用户属性对比后得到的结果,如果活动针对的是女性用户,而产品活跃用户中有10万名女性用户,这10万名活跃的女性用户就是活动的潜在用户。

参与率的系数则与潜在用户数不同,潜在用户数更多是一个受监控的具体的值,是一个常量,而参与率则是一个变量。按钮的摆放位置、一句文案、一个视觉元素的大小、设计时采用的颜色搭配等均会对参与率产生影响，不同的整体设计方案也会导致参与率发生极大的变化。

通常情况下，产品经理也会将类似业务的数据、竞品公布的数据、头部产品公布的数据作为变量，带入计算公式中，得到一个可供参考的预测数据。一开始，产品经理的预测数据会与实际的数据存在较大的偏差，随着从业经验的积累，对影响参与率因素的认知增长，预测数据与实际数据的差距也会越来越小，经验丰富的产品经理可以将预测的误差控制在10%以内。

实际上，本书的许多案例与思考也是建立在需求效果分析的基础之上的，这是专业产品经理必须具备的分析能力。

前置策略

需求分析的类型远远不止3种，按照不同的维度划分，还包括需求的确定性分析、需求的紧迫性分析、需求的商业分析等。每种分析方法的耗时也不相同，有的方法耗时较少，能够快速得出结论，有的方法耗时极多，需要通过收集非常多的材料和观察很长的周期才能得出结论。

为了能对时间进行更好的分配，能够将时间用到更重要的事情上，减少一些不必要的时间耗损，在开始进行正式的需求分析之前，产品经理还需要思考一下需求分析的前置策略，也就是应该进行哪些需求分析，又有哪些需求分析是可以不做的。为此，就产生了需求分析的前置策略表。

需求分析前置策略表

需求类型	必要性(A)	正确性(B)	效果(C)
需求1		分析策略	
需求2		分析策略	
需求3		分析策略	
需求4		分析策略	

首行单元格代表产品经理掌握的需求分析方法，可以持续向后延展。每种需

求分析方法需要赋予一个唯一的代号，如代号A是指需求的必要性分析，代号B是指需求的正确性分析，代号C是指需求的效果分析。

首列单元格表示需求类型或某个具体的需求，产品经理可以对某种需求类型进行分析，思考针对该类型下的所有需求应该采用哪些需求分析方法，也可以对某个具体的需求进行分析，思考针对该需求应该采用哪些需求分析方法。

内容部分的单元格则用来填入针对某种需求类型或某个具体的需求采取的需求分析策略。

需求策略分析一共包含以下两个环节。

第一个环节是需要与不需要的判断：针对某个需求分析对象，对每个需求分析方法做出"需要"和"不需要"的二元判断，不需要的需求分析方法将被删除。

第二个环节是关系判断：排除"不需要"的分析方法后，若存在多个"需要"的分析方法，则判断这些分析方法之间存在的关系，是"并"的关系、"或"的关系，还是"部分并"的关系。

需求类型	需求分析方法关系	必要性(A)	正确性(B)	效果(C)
需求分析对象(a)	1. "仅"关系	A	B	C
	2. 简化表达	A		
	3. "并"关系	A +	B +	C
	4. "或"关系	A /	B /	C
	5. "部分并"关系	(A +	B) /	C

"需要"与"不需要"

图例中的"1"表达的含义便是"需要"与"不需要"，用"—"（删除线）表达不需要进行的需求分析方法。其含义为：需要做必要性分析，不需要做正确性分析、效果分析。

图例中的"2"是对"1"的简化表达，将标注删除线的代号从表格中移除，仅保留需要执行的需求分析方法，这样可以让表格的内容更清晰，让要做的需求分析更突出。其表达的含义与"1"相同：需要做必要性分析，不需要做正确性分析、效果分析。

"并"

图例中的"3"表达的含义是"并"，用"+"（加号）表达"并"的关系。其表达的含义为：三项需求分析方法均需要采纳，需要同时进行分析。

"或"

图例中的"4"表达的含义是"或"，用"/"表达"或"的关系。其表达的含义为：三项需求分析方法均需要采纳，但只需要任意执行其中的一种需求分析方法即可。

"部分并"

图例中的"5"表达的含义是"部分并"，用"（）"将处于"并"关系的方法标记出来，以此表达"部分并"的关系。其表达的含义为：如果进行需求的必要性分析（A），就需要同时进行需求的正确性分析（B），而不需要进行需求的效果分析（C）；如果进行需求的效果分析（C），则不需要进行需求的必要性分析（A），也不需要进行需求的正确性分析（B）。

如果通过前置策略表进行表达，之前探讨的不确定性需求就是这样的：

需求类型	必要性(A)	正确性(B)	效果(C)
不确定性需求	A	B̶	C̶

或者是简化版本：

需求类型	必要性(A)	正确性(B)	效果(C)
不确定性需求		A	

前置策略表的意义在于将可使用的需求分析方法先陈列出来，这样可以更方便进行判断和选择。

如果是经过提炼的需求类型，则能够被更大范围地应用，如MVP策略就是针对不确定性的需求，这项策略可以被应用到所有不确定性需求中。

基于此，产生了三个典型的需求类型，以及与其对应的需求分析前置策略，分别是伴生性需求、响应性需求、创造性需求。

根据需求的特征采用最合适的策略，让产品经理的时间产生最大的效能。

正确认识主人翁精神

作为一名专业人士，产品经理具备对需求的敏感性，能够比较容易地判断需求正确与否，但是，运营总监、技术总监，甚至市场、销售等其他岗位的成员有可能并不具备同样的敏感性，他们很难判断需求正确与否。

这使产品经理有时必须做一些错误的需求，为了实现这些错误的需求，产品经理还必须带领团队一起加班、熬夜，牺牲周末的时间，这让人非常痛苦。尽管产品经理知道这些努力毫无意义，但不得不透支自己的时间，去实现这些错误的需求。

相信在工作中，每个产品经理都曾遇到过这样的状况，现在不妨想一下：当老板、领导或运营同事提出了一个错误的需求且无法拒绝时该如何处理。

主人翁精神

Ownership有主人翁精神的含义，越有主人翁精神的产品经理越有可能成长为优秀的产品经理。如果仅秉持完成任务的心态，缺少更高一级的自我要求，那么产品经理设计的产品方案也只能是勉强能用的水平，显得平庸且不专业。

主人翁精神决定了产品经理的成长潜力和成长速度，但Ownership还有另一层含义，所有权，这层含义会改变产品经理的工作方式。

从严格意义上来讲，产品的所有权属于公司，或者说，属于公司的持股股东，如果老板所持有的股权超过总股权的50%，也可以理解成产品的所有权属于老板个人。产品经理能够去改进一款产品，按照自己的理解去打磨一款产品，是因为老板将产品的所有权通过授权的方式赋予团队的所有成员。所以，产品经理原本并不具备产品的所有权，在授权的背景下才拥有了产品的部分所有权。

比如，企业可以招聘一位后台产品经理，由他负责公司所有后台业务的产品设计，也就等同于将后台产品的所有权赋予这个岗位，随后，不管是谁在该岗位任职，均可以行使对后台的所有权，按照自己的想法改进和打磨后台产品。

但并不是一入职就能够完全行使该岗位的所有权，通常情况下，企业会给出一个观察期，通过不同的条件对岗位上的人员进行考核，再根据考核结果赋予其不同程度的所有权。就像关卡游戏，每取得一些成就，就会释放一定额度的所有权，完成所有关卡后，才能获得完整的所有权。这是为了减少"产品错误"带来的风险和损失，毕竟，双方需要一个互相了解的过程。

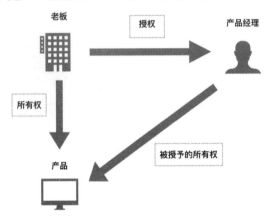

但是，并不是只有产品经理被授予了所有权，团队中重要的岗位都会被赋予所有权。

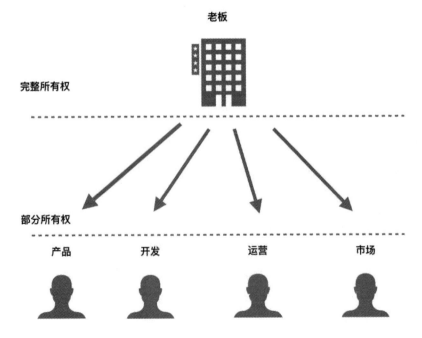

开发人员对产品的代码具有所有权，不论是代码的重构、技术框架的选型，还是实现的语言等，基于技术的需求均是由开发人员提出的。在技术驱动的团队中，开发人员才是需求的主要提出者。

运营人员对活动具有所有权，不论是入口的位置，活动的推送、通知，还是具体的活动内容等，基于活动相关的需求均是由运营人员提出的。在运营驱动的团队中，运营人员才是需求的主要提出者。

市场人员则对客户写在合约中的需求具有所有权，无论是客户信息的录入，还是业务的对接与实施等，基于客户相关的需求均是由市场人员提出的，在市场驱动的团队中，市场人员才是需求的主要提出者。

团队中的所有重要岗位，都对产品拥有一定程度的所有权，也就是说，提出需求并不是产品经理的专利。除产品经理以外的其他岗位同样拥有提出需求的权力。老板更是拥有绝对的需求提出权力，对其他人提出的需求也拥有一票否决权。

产品经理必须意识到，团队中的成员大多数都具有产品的所有权，都拥有正式提出需求的权力。正式提出的需求并不是可有可无的建议，而是必须做的正式需求，因为我们的同事与我们一样，对产品的某些部分具有所有权，有权力按照自己的想法对这部分产品进行改造。当然，如果提出的需求超出了其所拥有的所有权，就仍然只是建议。

就像开发人员可以提出一个活动的建议，但缺少对活动的所有权，这项建议并不一定会被实现，但如果运营人员提出了活动的需求，同时拥有对活动的所有权，这项需求就是一个正式的需求，产品经理有义务提供协助，实现该需求。

没有完全正确的产品

作为职场的一员，响应领导和同事的合理需求是每个人都应该履行的岗位职责，换言之，响应其他人的需求原本就属于常规的工作内容。产品经理排斥的不是对方提出的需求，而是排斥对方提出的错误需求。但是，世界上并不存在完全正确的产品，任何一款产品或多或少都存在一些缺陷，在某些模块、业务上总能找到一些错误。

对于开发人员而言：没有任何一个程序是没有bug的，评估代码质量时应追求较低的bug率而不是追求没有bug。设备的变化、环境的变化、时间的变化等，有太多因素会导致bug的产生。有的bug仅在特定型号的设备上出现，有的bug会存在于不同的网络环境中，还有的bug是因为用户曾经使用过另一个程序。即使工作中会有bug为零的场景，也仅表示暂未发现新的bug，而不代表没有bug。

产品也一样，产品经理面对的是数以百万计、千万计的用户规模，市场更是每天都在发生变化，尽管依靠专业方法能够有效地识别部分错误，但依然有非常大的黑暗空间，隐藏着数之不尽的错误。而其他岗位的需求提出者因缺少产品专业技能，自然会比产品经理更容易提出错误的需求。

从根源上来看，犯错原本就是一种无法避免的现象。

维克多·雨果是法国19世纪前期积极浪漫主义文学的代表作家，被称为"法兰西的莎士比亚"。他在1862年发布的小说《悲惨世界》中提到了这样一个观点："尽量少犯错误，这是人的准则；不犯错误，那是天使的梦想，尘世的一切都免不了犯错误，错误就像一种地心吸力。"

严格来讲，市场上的任何一款产品均来自形形色色的错误，可以说，没有错误就没有现在的互联网生态，任何一款产品都需要在犯错中不断收集市场反馈的信息，不断尝试，才能逐步接近成功。

所以，对于产品经理而言，错误的需求并不等同于要避免的需求，并且，产品经理在团队中存在的意义也并不是保障产品不犯错误。

这是一个误区，人们总是将正确与错误放在一起看待，两者似乎水火不容，追求正确，就一定不能犯错，出现了错误，就远离了正确。虽然同一个需求无法同时具备正确和错误两种属性，但产品是由许多需求构成的，既可以容纳正确的需求，也可以容纳错误的需求。

如果正确需求的数量极多，即使同样存在许多错误需求，也并不会影响产品的成功，如果正确需求的数量为零，即使没有错误的需求，也并不会让产品成功。

归根结底，产品经理追求的产品成功与错误的需求并没有太大联系。

响应性需求

互联网团队中，产品的所有权被老板划分成了若干部分，通过授权的形式，将产品的所有权分配给多个岗位、多个角色，他们与产品经理一样，在自己所有权的范围内，有权力按照自己的想法对产品进行改进，同时，具有犯错的权力。

为了避免犯错，阻碍他人在所有权范围内行使犯错的权力，一方面妨碍了其他同事的工作推进，另一方面也将自己的时间花费在了不必要的环节上，最后的结果必然是双输。

根据需求的提出者不同，需求可以划分成两类：一类是自己提出的需求，另一类是他人提出的需求，后者就是响应性需求。

所有由他人提出的需求均属于响应性需求，产品经理所需要履行的职责便是对这些需求进行响应，如响应领导的需求、响应运营的需求或响应市场的需求。

配合与协助是响应性需求的最大特征。产品经理并不是此类型需求的主导者，而是一位协助者。产品经理并不拥有该需求，仅是参与该需求的实现。在实现过程中，配合需求方对产品进行改进。由此衍生出了响应性需求的第二个特征：轻分析，重设计。

在响应性需求中，需求分析的任务大多数是由需求方完成的。当需求正式交付给产品经理时，已经是比较确定的需求，产品经理只是对该需求进行补充分析。

需求正式交付与需求的交流讨论不同，后者更像一次需求碰撞，产品经理可以根据自己的专业经验，向需求方提出建议，此时，可以围绕需求的正确性进行讨论交流。

一旦需求方明确表示该需求是确定要做的需求，该需求就可以被定义为响应性需求，此时，产品经理思考的内容更多的是以实现为目标对需求进行补充和完善，更重要的是将需求转变为产品设计方案。

为了更好地配合需求方，产品经理会在产品设计时花费更多的时间，力求实现需求所期望的效果。

响应性需求的前置策略

在思考前置策略时，如果仅考虑需求的必要性分析、需求的正确性分析、需求的效果分析三种需求分析方法，那么不具备需求的所有权及轻分析这两个特征就决定了响应性需求更适合"仅C"的模式。

需求类型	必要性(A)	正确性(B)	效果(C)
响应性需求		C	

也就是说，响应性需求不需要做必要性分析，也不需要做正确性分析，只需要做效果分析。

一方面，响应性需求所对应的产品范围，其所有权并不属于产品经理，而属于需求的提出者，产品经理缺少对该模块未来规划的了解，也缺少对该模块当前状况的了解，是无法做出合理、准确的必要性分析的。另一方面，响应性需求是他人在行使自己的所有权，产品经理并不需要判断他人正确与否，也不应该以避免犯错为名义妨碍他人行使犯错权，所以分析需求的正确性没有实质意义。

例如，在现实工作中，当面对运营人员**正式**提出某项活动需求时，产品经理不需要考虑该活动的必要性，也不需要考虑该活动的正确性，其所要考虑的是，在产品设计的过程中，尽可能地实现需求期望的效果，给运营同事接下来要做的工作起到较好的支撑作用。

举个例子：是否应该做"补打卡"

运营人员明确地提出了一个需求，希望能在产品内增加一个打卡的活动，用户每天登录，均可以参与打卡活动，有机会获得现金奖励。产品经理在设计产品时，设计了一个"补打卡"功能，如果用户当天忘记打卡了，可以在一周内通过"补打卡"的功能补充自己的打卡记录，"补打卡"的效果等同于当日已打卡。

需求的效果分析需要依赖许多参数，这些参数的变化将影响效果的预测。所以，下面准备了两套场景，每套场景的参数都不一样，以此构造预测效果的差异。

场景A：该产品是新上线的产品，而且没有流量资源，现在，产品已有1 000名注册用户，每天有100名用户使用产品。此时，是否应该实现"补打卡"功能？

场景 B：该产品已经运营了 1 年的时间，有可观的流量来源，现在，产品已有 100 万名注册用户，每天都有 30 万名用户使用产品。此时，是否应该实现"补打卡"功能？

在场景 A 里，通过已知的数据可以预测需求上线后的效果并不会很理想，此时，实现"补打卡"功能并不会产生很多使用数据，也就不需要在该需求上投入过多的资源。而在场景 B 里，产品已有较为可观的用户量，可以预测需求上线后的效果不会太差，此时，"补打卡"功能能影响比较多的用户，就有了实现的意义。

对需求进行效果分析是为了能在接下来的产品设计工作中遵循不同的设计要求，能够更合理地分配时间。在面对响应性需求时，需求的必要性分析和需求的正确性分析就没有意义了。

因为专业，所以不同。对于专业产品经理而言，需求的类型是不同的，需求分析的方法是不同的。

不仅是需求类型、需求分析方法不同，产品经理所采用的产品设计的要求也是不同的，甚至沟通的目的也是不同的。正是因为这些不同，产品经理才能对时间进行更合理的分配，才能将更多的时间集中到更重要的事情上。

同时，正是因为这些不同，前置策略才成为许多产品经理继续成长的门槛。

提升效能：需求类型不同

2019 年 2 月，我开始用直播的方式定期为观众解答一些产品相关的问题，最开始是每个月一次，现在则是每周一次，最长的一次持续了 3 小时，我们一起交流、一起探讨。

有一些问题让我感触深刻，这些问题对于现在的产品经理都是"门槛"一样的存在，影响最大的一个问题就是产品经理对所做的工作"一视同仁"，这让其做了许多"无效功"，尽管花费了许多时间，但并不能产生具有实质意义的价值。

无论掌握了多少技能，有多么丰富的从业经验，产品经理都需要明确一个本质：**技能和经验是一种加速方法，可以是对成功的加速，也可以是对失败的**

加速，真正影响结果的、对成功和失败起决定作用的是产品经理如何支配自己的时间。

只有将时间更多地投入价值更高的工作中，产品经理才能获得成功，而技能与经验的作用，就是让产品经理更快地获得成功的结果。如果产品经理将大部分时间投入了低价值的工作，就注定与成功无缘，没有任何成功的可能性，此时的技能与经验仅提高了产品经理的执行效率，就像机器上的润滑油，让产品经理更快地做事情，仅此而已。

能否成为专业产品经理的前置条件就是能否很好地对时间进行分配。而所谓的时间分配，简单来讲，就是"针对不同的需求，分配不同的时间"。所以，时间分配是结果，真正的问题是要认识到"不同"。

这里提到的"不同"，可以理解成不同的需求，也可以理解成不同的需求类型，前者是基础，后者则是提炼出的方法。在产品经理的中后期，更常使用不同的需求类型，从若干需求中提炼出需求的特征，针对这些特征判断时间投入的不同。

不确定性需求及响应性需求便是两种不同的需求类型。

不确定性需求无法计算，无法对效果进行预测，具有高风险性。在做需求分析时，会更侧重必要性分析，而不做效果分析。响应性需求则是尊重他人对产品的所有权及犯错权，协助需求方对产品进行改进，为了更好地协助需求方，产品经理需要对响应性需求进行效果分析，却不需要分析需求的正确性与必要性。

产品经理可以按照不同的维度对需求的特征进行提取，进而划分出若干需求类型，如为少数用户服务的"小群体需求"，基于假设的"假象需求"，这些需求类型均可以采取不同的时间分配策略。

1984年1月18日，东京理工大学教授狩野纪昭在日本质量管理学会的杂志《质量》第14期上首次提出基于满意度的二维模式，也就是KANO模型，直到现在，在互联网领域里该模型依然是极佳的方法论。

KANO模型里包含的基本型需求、期望型需求、魅力型需求、无差异型需求、反向型需求，实际上，也是以满意度为核心标准划分的5种需求类型。

对于任何一家企业、任何一款产品而言，不同的需求类型处于一种共生的状态，产品的每个版本里都能找到多种类型的需求，有的需求是响应他人，有的需求是不确定的，还有的需求可能是小群体的。单一的需求类型几乎无法构造一款产品。

需求类型划分的最大意义并不是评价需求的好坏，也不是要求产品经理不能做什么类型的需求，或者一定要做什么类型的需求。其主要意义仍然是对需求进行辨识，通过给需求贴上不同的类型标签，基于此采取针对性的实施策略，经过无数次的打磨、实验，逐渐找到针对某类型需求最佳的实施方案，也是时间投入最合理的方案。

从某种意义上来讲，如果没有提炼出需求的类型，时间分配也就无从谈起，尽管现在已经知道时间分配的重要性，但产品经理仍然会因无法辨识需求而不得不在面对任何一个需求时都只能采取"全力以赴"的方式实施。

提升效能：实施方案不同

这里所说的实施方案是指在产品实施过程中，某个环节采用的不同方法。比如，需求的必要性分析是需求分析的一种方法，也就是需求分析的实施方案。

时间效能的提升并不依赖任务完成的速度，而依赖任务数量也就是尽量减少不需要做的任务，让时间能够更加集中在需要做的任务上。如果产品经理将产品的工作简单地理解成需求分析、产品设计、团队沟通这样的大颗粒任务，就会发现工作处于任务无法减少的状态，缺少任何一个环节，都会导致产品存在缺陷。

只有将大颗粒的任务拆解成小颗粒的任务，才能减少不需要做的小颗粒任务，而不影响产品的完整性。这就需要重新理解日常工作，在这些做过很多次的任务中，找到它们的不同之处，形成若干小颗粒的实施方案。

如同产品经理可以将需求分析拆解成需求的必要性分析、需求的正确性分析、需求的效果分析，面对响应性需求时，只做效果分析，面对不确定性需求时，只做必要性分析。

不仅是需求分析，产品经理在工作中的每个环节都可以拆分出不同的实施方案，每个实施方案的目的均有差异，当这种差异与需求类型的特征相匹配时，就是极佳的实施方案，更能发挥时间的效能。比如，产品经理可以按照产品设计的要求对产品设计的实施方案进行拆分。

产品设计的不同

产品设计是产品经理最主要的输出能力，是将需求转变成可被代码实现的产品方案的过程。

从某种意义上来讲，产品经理也可以称为产品设计师。不论是页面上呈现的视觉元素，还是业务的运作流程，或者是使用过程中的判定条件，均是由产品经理提供明确的设计方案，再转由开发进行实现的。产品经理尝试赋予产品设计不同的要求，由此得到了以下3种产品设计原则。

基础设计

基础设计是指以满足需求为目的，将需求转变成产品方案，不做额外的扩展、优化及强化的设计方案，是一种基础的产品设计策略。其典型特征是，不考虑用户的使用体验，也不考虑需求实际产生的效果，仅起到对需求的支撑作用，App里的设置页便属于最简设计，仅考虑是否产生对应的效果，不必过度考虑用户使用过程中的体验。

体验设计

体验设计是指关注用户需求被满足的过程，优化用户的使用体验，将用户使用过程中可能产生的疑惑、困扰，以及可能产生的衍生需求，作为额外的体验性需求，融入产品的设计方案过程中。

体验设计尽管不能改变用户需求被满足的结果，但会改善需求被满足的过程，也就是先让用户处于一种舒服的环境，在该环境中满足其存在的某种需求。其典型特征是，考虑用户的使用感受。

体验设计常见于业务的执行过程，当用户在执行某项业务时，产品经理希望给用户营造较好的体验，以此增加用户第二次使用的概率。业务的重要性越高，业务的使用体验就越重要，对于一些不太重要的业务，对体验的要求也就不太重要了。

例如，下单体验就是指用户在下单过程中的体验，一些糟糕的下单流程会让用户感觉到烦琐、烦躁，进而放弃下单，或者不再进行第二次使用。

效果强化设计

效果强化设计是指以需求实现后的效果为目标对象，关注的不仅是需求，更多的是需求可能产生的效果，并通过产品设计的方法对结果进行强化的一种产品设计策略。

该策略能够充分发挥产品对用户的影响能力，最大限度地增加需求的辐射面积，对需求可能产生的效果进行放大，极佳的产品设计方案甚至可以将需求的效果放大数十倍，乃至上百倍。

其典型特征是，对用户可能产生的行为进行缜密的分析，并施加额外的干扰因素或影响因素，最大限度地将更多的用户划入需求的覆盖范围。

在本书的第一个概念中讲述的CST法则便是一种效果强化的设计方法。

效果强化设计常见于业务开始前与业务结束后。在业务开始前，产品经理可以通过效果强化设计吸引更多的用户参与到业务中，而在业务结束后，也可以通过效果强化设计，激发用户二次使用的欲望，或者激发用户进行传播的欲望。

例如，活动的首页对于效果强化设计的要求就极高，产品经理可以通过CST法则，让更多的用户参与到活动中，而活动结束页也可以通过效果强化设计，引导用户进行分享、传播及向其他业务导流。

产品经理可以将需求分析拆解成更小的颗粒，也可以将产品设计拆解成更小的颗粒，甚至平时最花时间的沟通也可以按照目标拆解成更小的颗粒。严格来讲，随着产品经理专业能力的提升，许多原本看上去已经是最小单位的任务，逐渐会显现出更细腻的纹路，此时，产品经理就会发现这些最小单位还远远不是真正的"最小"。

提升效能：沃伦·巴菲特的双目标清单

根据需求的类型将可以做的事情列举出来，去除那些不需要做的事情，只在那些需要做的事情上投入时间。简单来讲，当接到一个需求时，产品经理应该先思考做什么，而不是直接做。

在产品领域，这被称为需求的前置策略，但对于人生规划、企业管理而言，它还有另一个名字"沃伦·巴菲特的双目标清单系统"，也称25-5法则。

故事是这样的。

迈克·弗林特做了巴菲特的私人飞行员10年之久，还曾为美国4任总统开过飞机，但他在事业上依然有更多追求。有一次，他和巴菲特探讨其职业生涯目标，巴菲特让他去做以下这些事。

首先，巴菲特让迈克写下他职业生涯重要的 25 个目标，迈克花了一些时间把这些目标写了下来。

然后，巴菲特让他审视一下这个清单，然后圈出他认为最重要的 5 个，迈克也照做了。

迈克现在有了两个清单。一个是他认为自己职业生涯最重要的 5 个目标，另一个是他觉得自己职业生涯比较重要的 20 个目标。

巴菲特问迈克："你现在知道该怎么做了吗？"

迈克回答道："知道了。我现在会马上开始着手实现这 5 个目标。至于其他 20 个，并没有那么急，所以可以放在闲暇的时间去做，然后慢慢把它们实现。"

巴菲特听完后说道："不，迈克，你搞错了。那些你并没有圈出来的目标不是你应该在闲暇时间慢慢完成的事，而是你应该尽全力避免去做的事，你应该像躲避瘟疫一样躲避它们，不在它们身上花任何的时间和精力。"

这就是巴菲特的双目标清单。

产品经理在拆解工作任务时，也就是在拆解目标，如将需求分析拆解成必要性分析、正确性分析、效果分析，将产品设计拆解为最简设计、体验设计、效果强化设计。尽管将目标罗列出来并不会对时间的效能产生多大影响，但它是提升效能的前提条件，在缺少目标或者目标不清晰的情况下，时间效能就无法提升。提升时间效能的方法就是产品经理对待这些目标的态度。

正常情况下，当知晓时间效能的重要性以后，产品经理就会去思考如何提升时间的效能，很自然地会想到在重要的事情上投入更多的时间。这就会陷入一个困境，尽管当下存在一个十分重要的目标，产品经理也确实想要投入更多的时间，但实际情况是没有时间可以投入，也就是从业人员经常提及的"我没有时间"。

实际上，提升时间效能的方法并不是在重要的事情上投入更多的时间。这是一个死胡同。

"坚决不在非重要的目标上投入时间"才是提升时间效能的最佳方法。这就是巴菲特双目标清单的意义，被标记出来的实际上是那20个不太重要的目标，它们会阻碍产品经理的成功。

相对于"投入更多时间"，"不投入时间"是一件非常简单的事情，只需要将这些非重要的事情从执行计划中移除，不想也不做就可以了，这样就能释放出更多的时间。相应地，产品经理就可以将更多的时间投入最重要的目标中了。

所以，当尝试提升自己的时间效能时，与其思考如何投入更多的时间，不如思考哪些事情"不应该投入时间"。

阻碍：思维定式

英国有一位非常著名的逃脱大师，他能在极短的时间内打开无论多么复杂的锁，从而逃生。在过往的表演中，他从未失手。他曾为自己定下一个富有挑战性的目标：要在60分钟之内打开任何锁，逃脱出来，条件是让他穿特制的衣服进去，并且不能有人在旁边观看。

一个小镇的居民决定向著名的逃脱大师挑战。他们特别打制了一个坚固的铁牢，配上一把看上去非常复杂的锁。除此之外，一切都遵照逃脱大师的要求，让他穿着特制的衣服进去，所有人都转过身去，不看他怎样开锁。

逃脱大师接受了这个挑战。当门关上以后，逃脱大师便从特制的衣服当中取出自己的工具，开始思考怎样才能打开这把非常复杂的锁。30分钟过去了，逃脱大师用耳朵紧贴着锁，专注地工作着；45分钟过去了，1小时过去了，最后2小时过去了，逃脱大师始终听不到期待中的锁簧弹开的声音。他沮丧地将身体靠在门上坐下来，结果门却顺势而开。原来，门根本没有上锁。

逃脱大师的故事看上去与现实生活十分遥远，但实际每个人都是"逃脱大师"。

在工作与生活中，每天都在上演同样的故事：每次接到一个新的需求，产品经理总会习惯性地直接思考"怎么做"，就像逃脱大师直接思考怎样开锁一样。如果这些需求是曾经做过的，产品经理就会去寻找记忆中存在的做法，并且付诸行动，如果这项需求从未做过，产品经理就会去向他人寻求帮助。当然，这里提到的"帮助"，也是希望他人能告之"怎么做"。比如，"怎么写一份需求文档""怎么设计一个后台管理系统""怎么设计产品的首页"。

这是产品经理都会遇到的"思维定式"。

在生活与工作中，思维定式的现象随处可见，过去的需求得不到重视，便认为现在的需求也不会被重视，过去的设计方案不被认可，便认为现在的设计方案也不被认可等。

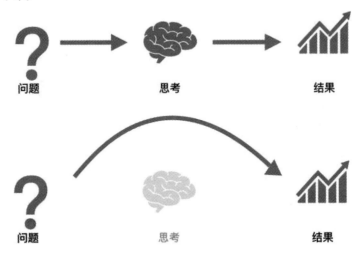

对产品经理影响最大的仍然是在学生时代形成的思维定式。

以本科学历为例，人们会经历13年的校园生活，在这段时间里，学习与考试是重点关注的两项任务。通常情况下，每完成一个阶段的学习，就会面临一次阶段性的考试，学生只需要思考"这道题怎么做"，老师及教育机构会完成题目的设计，代替学生思考"做什么"。

学习、看题、做题，这样的过程会高密度重复13年，在整个过程中，几乎完全没有关于"做什么"的思考，所有的学习经历几乎都是在思考"怎么做"。这就形成了一个思维定式：当遇见问题时，人们会习惯性地思考问题应该"怎么做"，完全忽视了思考"做什么"。

大学毕业后，这个思维定式伴随人们一同进入社会中的工作岗位，有的岗位需要的是执行力，或许不会有太大的影响，但如果是产品经理的岗位，就会出现许多问题。

在接触新项目时，产品经理会像失去思考能力一样，处于混乱、无助、迷茫的状态，尽管掌握了许多方法，也学习了许多技能，看了很多书，但这些知识就像消失了一样，一点都想不起来，头脑中只有一个疑问："这个项目我没有做过，应该怎么做？"即使遇到一个曾经做过的需求，也会直接将过去的解决方案重新做一次,最终结果要么不尽如人意,要么效能太低。

学生时代形成的思维定式对产品经理形成的影响便是:**完全忽略了"做什么",只关心"怎么做"。**

在互联网公司,产品经理并不是以"执行力"见长的,相对于"怎么做",更应关心"做什么"。产品总监会思考"做什么"市场,产品负责人会思考"做什么"业务,普通的产品经理则思考"做什么"需求。

即使在处理他人提出的需求时,产品经理也会去思考应该采取什么样的方法分析需求,采取什么样的设计策略,仍然是先思考"做什么"。这是一个非常强调"做什么"的行业,产品经理存在的意义就是思考和探索应该"做什么",并且告诉团队应该"做什么"。

学生时代形成的思维定式,让产品经理过度关注"怎么做",过度关注问题的解决方案,忽视了对"做什么"的思考。从一开始,产品经理就跳过了最重要的思考环节,从一开始,就忽视了"做什么"的重要影响,结果成了执行产品经理,成了输出的机器。无论有多么丰富的经验,掌握了多少技能,学习了多少知识,在实际工作中,这样的产品经理总是无法做出让自己满意的成绩。

思考"怎么做"仅能帮助人们把事情做正确,但不代表这些事情是有价值的,错误的事情,无论做得多么正确,都不会产生有实质意义的价值。思考"做什么"才能让人们找到正确的事情,只有将正确的事情做正确,最终才能产生有实质意义的价值。

所以,先思考"做什么",再思考"怎么做"。

突破思维定式

思维定式也称惯性思维,是在面对问题时人们的一种思考习惯,所有被固化下来的思维方式均可以称为思维定式,其中,有好的思维定式,也有坏的思维定式。如果想要改变某种思维定式,只能形成一个新的思维定式,用新的替代旧的。

学生时代养成的"遇到问题时直接思考怎么做"就是一个坏的思维定式。人们需要通过形成一个新的思维定式来替换这样的思维定式。这个新的思维定式就是"遇到问题时，先思考做什么，再思考怎么做"。

前置策略的作用在于辅助人们形成新的思维方式，借助前置策略，在问题与结果之间建立联系，遇到问题时也会先思考"做什么"，再思考"怎么做"。其主要内容包含两项：可采用的执行方案清单和差异的辨识。

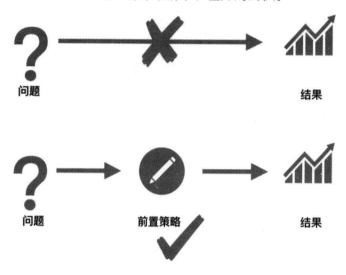

可采用的执行方案清单

产品经理所面对的需求是不一样的，但在执行时可以按照不同的维度提炼出不同的解决方案，如需求分析的3种分析方法，以及产品设计的3种设计目标。将这些提炼出来的解决方案整理成一份清单，这份清单可以反复使用，面对任何一个需求，都可以先将需求放入清单中，进而思考哪些执行方案需要做，哪些执行方案不需要做。

随着经验的积累，从工作中提炼出的解决方案也会越来越多，清单里的内容也会经过多次的增加、修改及删除，但在任何时候，产品经理都可以借助清单的存在感强行植入一个"做什么"的思考环节，反复数次，便会形成"先思考做什么"的思维习惯。

例如，沟通是产品经理最常用的技能之一。按照沟通的目的不同，产品经理可以从沟通中提炼出不同的沟通方案。

- 以"确认"为目的：提问，通过提问，更准确地理解他人的需求。
- 以"传达"为目的：宣讲，通过公开告知的方式，将信息准确地传达给对方。
- 以"碰撞"为目的：讨论，通过构建统一的问题，引导他人一起思考。
- 以"说服"为目的：故事，通过故事的阐述方式，让他人知晓为什么要这样做，为什么这样做是正确的。

执行方案清单

任务	需求分析方法关系	确认(A)	传达(B)	讨论(C)
任务1	1. "仅"关系	A	~~B~~	~~C~~
	2.简化表达	A		
	3. "并"关系	A +	B +	C
	4. "或"关系	A /	B /	C
	5. "部分并"关系	(A +	B) /	C

根据沟通的目的差异，产品经理可以采取更加合适的沟通方式。当然，如果选择的沟通方式与沟通目的并不匹配，就会成为一场"鸡同鸭讲"的灾难。例如，当沟通的目的是"确认"时，如果产品经理采用了"故事"的沟通方式，势必让人觉得啰唆、无趣、不明就里，怀疑你是否理解了他的需求。

另外，罗列可采用的执行方案清单也会要求产品经理进一步提升专业技能，只有持续地对实际产品工作进行提炼，才能从看似相同的事情中发现差异，找到不同之处，以此形成独立的可执行方案。

差异的辨识

思维定式的触发需要满足的前提条件是当前遇到的问题与过往遇到的问题是"相似"的，人们会在不经过思考的情况下，直接使用曾经采取过的解决方案。如果能够破坏"相似"的前提条件，在当前遇到的问题与过往遇到的问题之间找到完全不同的因素，就能从根源上解决思维定式带来的问题。

差异的辨识就是在需求的判定中引入具有"变量效果"的因素，形成对比差异，进而将两个相似的需求判定为完全不同的需求，这些变量因素就是相同需求之间完全不同的因素。

例如，"签到"需求。假设曾经实现过"签到"需求，现在又需要实现一个同样的"签到"需求，这次的要求与上一次完全相同：用户每次完成签到行为均可获得一枚优惠券碎片，连续签到10天即可兑换一张完整的优惠券，优惠券的面额也是相同的，都是10元面额的无门槛优惠券。

表面来看，这是两个完全相同的需求，这就会触发思维定式，让产品经理直接采取相同的设计方案。

此时可以尝试引入一个变量因素：产品的累计注册用户。

曾经实现的"签到"需求属于一款成熟的电商产品，有较大的市场规模，累计注册用户达到了5 000万名。现在要实现的"签到"需求属于一款孵化期的电商产品，没有流量资源，累计注册用户仅100名。现在它们还是相同的需求吗？

需求本身是相似的，但在不同体量下便是两个完全不同的需求。对于已有5000万名用户的产品，产品经理需要更严谨地对待"签到"的产品设计，除了优秀的体验，对效果进行强化，还需要考虑风控机制，避免机器大批量获得优惠券。而对于仅有100名用户的产品而言，产品经理只需要提供最简化的产品设计方案，减少在该需求上的时间及人力的投入，将更多的时间和人力放到以"获得用户"为目标的需求上。

许多大厂出身的高级产品经理在入职创业团队担任产品负责人时，总会忽略用户体量的变量因素。他们在小体量的产品里植入大体量的用户需求，带领团队投入了非常多的时间与资源，实际效果却与预期存在极大的差距。这也是因为陷入了思维定式中，创业者将这个现象称为"水土不服"。

合理引入变量因素，就可以让相同的需求变得完全不同，这些变量因素通常都是需求所处的环境因素，如团队、技术、资金、流量、产品已经取得的数据及有关联的业务等。例如，两个完全相同的需求需要投入1 000万元的研发经费才能实现，对于团队规模大、资金丰富的公司而言，这是一个可以实现的需求，但对于团队规模小、可使用的资金有限的公司而言，这就是一个无法实现的需求。

所以，打破思维定式的核心就在于打破需求的"相同感"。借助这些变量因素的引入，敏锐地发现需求与需求的不同，对需求进行更准确的"差异化辨识"。

前置策略包含可执行方案清单与差异化辨识，前者树立新的思维习惯，后者破坏旧有的思维习惯，在一立一破的过程中，新的思维方式就形成了。

第一性原理

特斯拉电动汽车的创始人、硅谷创业家，被人们称为"钢铁侠"的埃隆·马斯克在一次视频采访类的节目中，提到了自己与众不同的思维方式，即"第一性原理"。他是一位固执的"第一性原理"思维的执行者。随后，许多科技领域、互联网领域的创业者、媒体人纷纷给出了自己对"第一性原理"的解读，这个概念在国内正式流传，为大众所知晓。

2017年，"第一性原理"成为互联网圈最常讨论的一个名词。

最早提出"第一性原理"的是古希腊哲学家亚里士多德，他认为"每个系统中都存在一个最基本的命题，它不能被违背或删除"。在商业中，"第一性原理"被理解成每个产品都有一个最基础的功能，它不能被忽略，也不能被删除，如微信的通信功能、淘宝的购物功能，这些最基础的功能所对应的往往也是用户最本质的诉求。

但是，商业仅是"系统"的一个很典型的子集。亚里士多德所说的"每个系统"涵盖的范围非常广，任何独立的事件乃至任何独立的环节都可以理解成"系统"。即便在一篇文章中，也会存在最基础、最核心的一句话，这句话无论如何都不能省略，也不能删除。

"第一性原理"作为一种思维方式，也可以贯穿产品经理的整个工作过程，它并不遥远，但蒙上了一层面纱，让人看不真切。

举个简单的例子。在一次常规的需求评审中，开发人员对某个需求提出了质疑，他认为该需求是一个伪需求，没有实施的价值。此时，作为产品经理的你应该怎么做？在需求评审中，什么才是"第一性原理"？

答案是告知提出质疑的开发同事，评审结束后，再单独沟通，不在评审中过多占用大家的时间。

对于需求评审而言，同步团队需要做的事情，让团队准确地理解将进入研发阶段的需求，就是此时的"第一性原理"。

在需求评审中，如果有同事不确定某个需求的具体含义，或者不太理解需求，提出了疑问，这种情况就需要及时沟通，对疑问进行解答。因为需求评审的"第一性原理"不仅是产品经理单方面的表达，还需要对方能准确理解。

疑问和质疑不太一样，质疑建立在理解的基础之上，只是不认可。双方可以在评审结束后，将沟通方式切换成"讲故事"的形式，让对方知晓为什么做这个需求，知晓这项需求对产品的意义。

如果人们想要拥有"第一性原理"的思维，就需要将工作中的每个环节视为"独立的系统"，这是"第一性原理"的基础条件。

如果只是将商业、公司、产品理解成"系统"，那么在成为产品负责人之前，你可能都无法真正理解"第一性原理"。有意思的地方在于，只有先拥有"第一性原理"，你才能成为一名合格的产品负责人。

除了对"系统"的抽象理解，在"第一性原理"中，还有一个核心的关键词：**最基础**。

"最基础"可以理解成最核心、最重要，也可以理解成底层，但无论什么样的解读方式，它都是一个相对词汇，相对于系统中的所有命题而言，该命题是最基础的、最重要的。如果系统内的所有命题都是相同的，就没有最基础的命题了。"最基础"包含了以下两层含义。

其一，需要对系统里的所有命题进行"差异化辨识"，将相似、相同的命题通过赋予变量因素，贴上不同的标签，以此形成差异化，打破相似感。这是做选择的前提条件，人们无法在相同的事物里进行选择，这样的选择也是毫无意义的。也就是说，把系统内的"多个命题"转变为"多个不同的命题"。

其二，从多个不同的命题里，找到那个最本质的命题，也是最重要、无法省略、无法删除的命题，将其视为"最基础"的命题。

这样就能形成被埃隆·马斯克所推崇的"第一性原理"思维。

我想，你现在会有一个疑问：我们可以将每件事情抽象成一个独立的系统，也可以借助环境变量因素，让系统内存在的所有命题都产生"差异化"的特征，也可以对这些"差异化"进行辨识。但是，谁才是最本质的命题呢？又应该通过什么方法对最本质的命题进行判断呢？

别着急。"遇到问题，直接思考怎么做"是一个坏的思维定式，你应该尽快将其舍弃，不妨想一想应该"做什么"。这是本书接下来与你探讨的内容：做选择还是做决策？

· 自 我 检 测 ·

开篇有一道思考题，现在，结合内容重新思考一下吧！

假设设计一款产品的首页需要10小时，设计该产品的设置页仅需要0.5小时。你认为出现时间差的原因是什么？

尝试从需求分析和产品设计的角度展开思考。已知条件如下：

需求分析可以分为必要性分析、正确性分析、效果分析。产品设计则分为基础设计、体验设计、效果强化设计。

你认为哪些是设计首页需要做的事情？哪些是设计设置页需要做的事情？两者相同吗？

· 重 点 内 容 ·

1 身边的许多人都没有意识到时间的重要性，将大量的时间放在那些看上去必须做但实际上可以不做的事情上，警惕这些现象，认识到时间的重要性，避免自己成为"破窗"的一员。

2 专业的产品经理要将许多他人看上去相同的事情拆解成不同的事情，只有这样，才能更加灵活地对任务进行分配。所以，认识到"不同"是成为专业产品经理的必经之路。

3 产品经理可以把需求分析拆解成3种不同的需求分析方法：必要性分析、正确性分析、效果分析，3种分析方法对应的目的、执行策略都不相同。实际上，产品经理还可以拆解出更多的需求分析方法来对应更加具体的场景。

4 在产品经理开始去做某件事之前，先想清楚应该做哪些事情，也就是将自身所掌握的方法罗列出来，再决定哪些方法要用、哪些方法可以不用、哪些方法要结合一起用。

5 产品自身具备容错能力，允许产品经理犯错，所以不用去避免所有的错误，应该将时间更多地投入寻找正确的需求上。

6 需求也可以按照某些维度划分出具有共同特征的需求类型，对于不同的需求类型，也会采取不同的实施方案，如不确定性需求适合采取最低成本投入的实施方案，也就是MVP。

7 产品设计也可以拆解成三种不同的设计：花费时间最少的基础设计、花费时间较多的体验设计，以及花费时间最多的效果强化设计。

8 巴菲特的双目标清单在产品上的应用方式就是"前置策略"。产品经理将自己可以做的事情罗列出来，形成第一份清单，再从中选择需要做的事情形成第二份清单，然后舍弃第一份清单，只实施第二份清单所记录的任务。

9 提升效能最大的阻力就是思维定式，受学生时代的影响，我们总是习惯性地直接开始做事情，以至于做了许多原本可以不做的事情，要警惕这样的惯性思维。

10 突破思维定式，在做之前，先思考一下要做什么，经过反复的思考，将自己需要做的事情缩小在必须做的事情范围内，尽可能在思考阶段就减少要做的事情。

认知升级（下）

第 11 讲

产品经理要做决策吗

· 思考一下 ·

有人说产品经理只是领导的工具人，需求和产品设计方案都需要领导做决策。所以，产品经理对产品没有决策权，也不需要决策权，领导说什么就做什么才是处世之道。

你认同这个观点吗？理由是什么？

你敢做决策吗

你知道转换器吗？

常见的USB转HDMI的转接头就是一个硬件转换器，软件上也有转换器，通常用于文件的格式转换，如JPG格式的图片文件转换成PNG格式的图片文件，MP4格式的视频文件转换成MOV格式的视频文件。这种能将A信号转变B信号、将A格式转变成B格式的设备，被人们称为转换器。

产品经理的工作也具备转换器的特性，将需求转变成可实现的产品方案，这些需求可以是自己的，也可以是其他人的。转换器的特性让产品经理成为团队的核心支柱，成为不可或缺的角色，同时成为需求汇集的场所。

正因为这种特性，产品行业里形成了两个派系：现实派认为产品经理并没有做决策，需求做不做、做哪一个，都是别人说了算，真正做决策的人，是老板、运营和市场人员，产品经理只是需求的执行者或实现者；理想派认为产品经理的主要工作就是做决策，决定做什么需求，也决定不做什么需求，如果公司不允许产品经理做决策，就是不尊重其专业能力，外行指挥内行，一定走不远。

你是哪个派系？你认为产品经理在工作中是否在做决策？

试着做个决策吧

假设你正在负责一款产品，该产品已有1 000万名用户，每天都有300万名用户使用，现在有两个候选需求，团队所拥有的资源只能实现其中一个，需要由你来进行决策。

A需求： 预期能带来300万名新增用户，开发周期6个月，将人力成本折算成资金成本后，总共需要投入200万元的研发经费。

B需求： 预期能为公司带来1 200万元收益，开发周期同样是6个月，将人力成本折算成资金成本后，也需要投入200万元的研发经费。

你会做出什么样的决策呢？赚钱还是赚用户？先不急着做决策，在思考、决策时，你还需要考虑其他一些因素。公司将需求的决策权交给了你，一方面是因为信任你，另一方面是因为你们签署了一份对赌协议。

协议的主要内容如下：

如果实际结果超过预期结果，你将获得公司1%的股权，市场价值200万元，同时会升职为公司的产品总监，薪资增加30%。

如果实际结果低于预期结果，需求实施过程中产生的成本将由你承担50%，你将为此支付100万元人民币。

如果你的决策是正确的，确实取得了预期结果，则等同于升职加薪，还多了200万元的资产，一笔很大的财富。如果你的决策是错误的，你就会亏损100万元人民币，可能让你直接破产，还可能背负大额的债务，未来5年的时间里，你的收益都要用来还债。

在需求实现前，所有的结果都是"预估值"，存在很多变量。竞品的一次创新可能抢走很多用户，市场中的突发事件也会让需求的走向发生变化，在结果出现之前，任何一个"预估值"都有可能被推翻。即使排除变量的影响，需求的正确性与产品设计方案的完整性都可能影响预期结果。所以，预期结果只能是参考结果，有可能达成，也有可能无法达成，每个决策的背后都存在风险，区别只是有的风险高，有的风险低。

案例当中，A需求有可能带来300万名新增用户，B需求有可能取得1 200万元收益，两个需求的成本都是200万元研发经费，因为有对赌协议，无论你选择哪个需求，如果实际结果低于期望结果，你都将承担100万元的债务，这也是你作为决策者需要承担的风险。

现在，决策权交给你，你会选择用户还是收益？你是否敢于承担100万元债务的风险？或者也可以将决策权交给老板，他说做什么就做什么，这样就没有债务风险了。

"伪决策"

很多时候，产品经理想要做某个需求，但是公司不予批准，便会认为公司没有赋予自己决策权，甚至会有一些偏激的想法，认为只有做自己想做的需求才算拥有决策权。其实，这是错误的，这样的决策只能是"伪决策"。

所谓的决策，其含义是指：**你愿意在什么事情上投入什么样的成本及承担什么样的风险，但这件事有可能让你获得收益，也有可能让你一无所获。**

收益、成本、风险是构成决策的三个基础因素，如果只考虑收益，完全忽视了成本与风险，就成了"伪决策"。

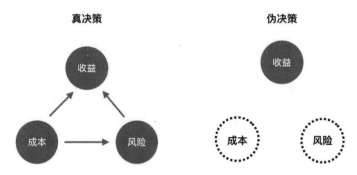

在案例中，如果不考虑成本与风险，决策所思考的内容就不一样了。

只考虑收益的情况下，A需求能够带来300万名新增用户，B需求能够带来1 200万元收益。如果每位用户的价值超过4元，300万名新增用户对应的收益就会超过1 200万元，此时，A需求的收益就会更高。相反，如果每位用户的价值小于4元，300万名新增用户对应的收益就会小于1 200万元，此时，B需求的收益就会更高。

这样的决策十分简单，哪个需求能带来更多的收益就做哪个需求，所以，这样的决策被称为"伪决策"，也是不完整决策。

如果在决策中引入风险，再来思考一下案例。

假设每位用户的价值是10元，A需求的300万名新增用户对应的价值收益就是3 000万元，远大于B需求的1 200万元的收益，两者的成本都是200万元的研发经费。但A需求的成功率只有1%，B需求的成功率高达90%，两者的风险差异巨大，你是愿意承担99%的风险做A需求，还是愿意承担10%的风险做B需求？尽管前者能带来更大的收益，但考虑到风险因素，产品经理通常会选择B需求，虽然收益会减少60%，但风险也会降低89%。

在伪决策中，只考虑需求带来的收益，所思考的内容更侧重于"做什么需求才能实现更大的收益"，通常提出一些无力支付成本的需求。

在完整的决策中，需要同时思考收益、成本与风险，这是一个综合计算题。只有将3个基础元素全部纳入思考范围，才能做出理性的决策。通常情况下，经过理性决策后所提出的需求具有较高的可实施性，成本是可以接受的，风险也是可以接受的。

两者最大的差异在于，伪决策思考的是做哪个需求，与其说是决策，其实更接近于人的贪欲，人们总是想要更多的收益，而理性决策思考的是将成本投入哪个需求，更像一位睿智的商人，关注成本所带来的收益。

产品经理经常抱怨的其实是"伪决策"，它们只是每个人的贪欲，真实的决策并不如想象中那么美好，产品经理需要将自己的未来与公司密切捆绑，成功了一起获得收益，失败了也会一同亏损。作为一名职场人，产品经理无法承担重大决策可能存在的风险，无法左右公司的发展方向，但仍然是一位决策者，只是这些决策的风险没有那么高，损失也不会太严重。

实际上，对于产品经理而言，决策是无处不在的。一直关注的产品前辈出了一本新书，是否应该购买？朋友推荐了一期产品培训课程，是否应该参加？甚至午餐吃川菜还是吃快餐，晚上应该几点睡觉，早上又应该几点起床，这些问题的背后，都是一种决策。

当然，产品也是由"决策"构成的，只是，这些决策被忽视了，产品经理做了决策，但没有意识到自己在做决策。

登录按钮应该放在什么位置

在产品行业，有一个俗语，叫作"抠细节"，什么是细节？

文案是细节，按钮的位置是细节，元素的位置是细节，元素与元素之间的间距也是细节，所有产品包含的内容都可以理解成细节。有时候，产品经理会为了一个提示文案花费数小时的时间思考，再花费数小时的时间讨论，有时候也会因为一个按钮的颜色，花费一天的时间与UI设计人员一同调整。

许多产品新人很难理解为什么要在这些细节上花费那么多的时间，这些细节看上去并没有太大的价值，如果遇到一位"抠细节"的上级，这些细节可以成功扼杀一位产品新人对产品工作的憧憬。但问题并不是因为上级过于"抠细节"，当然，也不是产品新人没有耐心，问题在于没有人会告诉一位产品新人为什么要"抠细节"。

实际上，产品经理并不是为了抠细节而抠细节，而是因为这些细节的背后是决策。产品经理在判断什么可以做、什么不可以做，并根据自己的判断结果做出决策，是继续修改还是采用当前的设计方案。

不妨思考一个简单的案例：你认为登录按钮应该放在登录页的哪个位置？

以App为例，登录页是极为常见的一个页面，而登录按钮则是这个页面最重要的元素之一。这是一个用户的必经页面，许多产品都需要用户登录才能完成某些高频操作，但对于App而言，这个页面的用户的访问次数又非常低。

大多数产品都会为用户准备更加快捷的登录方式，如自动登录、指纹登录，甚至当用户每次使用产品时，能够跳过登录页。这也就意味着，只有在安装产品后的首次启动，登录页才会被用户访问，后续的使用过程中，这个页面就不会再出现了。所以，产品经理也会常常轻视登录页的产品设计。通常情况下，这个页面会交给设计师主导设计，以视觉审美为主要设计依据。在设计师的最终稿件里，如果登录按钮被放置于页面底部，那就放在页面底部，如果设计师将其放在页面中间，那就放在页面中间。

其实，按钮的位置也是一个产品的决策，当采用设计师的方案时，产品经理就做出了对应的决策，只是这样的决策是无意识的，产品经理自己都没有意识到自己做了决策。

不妨先将设计师的因素放在一边，假设老板和上级百分之百地相信你的判断，不干涉你的决策，而设计师也百分之百地支持你的判断，完全按照你的决策进行视觉设计。现在，有两个设计方案：A方案会将登录按钮置于页面底部的位置，B方案会将登录按钮置于页面中间的位置，你会如何做出决策呢？你会选择A方案还是B方案？

产品经理总会遇见这样的问题：应该选哪个？哪个才是正确的？

当没有人做决策而必须由产品经理做决策时，决策就变成了一件很困难的事，比日常工作要困难许多。即使一个小功能、一个文案，都会让产品经理思考许久，而且，与难度相比，另一个现象也会让产品经理更加焦虑：所有人都在等待产品经理的决策。

对于研发团队而言，产品经理处于需求的最上游位置，所有的开发任务、设计任务、测试任务都需要产品经理输出产品设计方案才能启动，而设计方案又需要通过决策才能正式交付给研发团队。产品经理没有那么多的时间用来犹豫和徘徊，整个生产团队都在等着产品经理的决策。

产品经理要做出的决策既困难又紧迫，既要求正确性又要求速度快，但这是产品经理必须具备的技能。

工作中那些替代产品经理做决策的人，无论是老板还是产品总监，其实是减轻了产品经理的工作负担，分担了产品经理的工作任务，也正是因为他们的存在，产品经理才能将时间投入自己认为更重要的事情中。

现在，暂时把登录按钮放在一边，还有一个更严重的问题值得产品经理思考：决策如此重要，它是如何从产品经理眼前消失不见的？是什么让产品经理忽视了决策的存在？

消失的决策

如果用最简单的语言描述决策的作用，大概就是**决定一件事是否要做**。

想象一下，有这样一个系统：将设计方案录入系统，系统能够告诉产品经理设计方案是正确的还是错误的，如果是错误的，还能够告诉产品经理哪个环节存在错误，这样就不用再做决策了。

但想象终归是想象，这样的工具至少在当下是不存在的，产品经理无法百分之百地确定设计方案的正确性，如同无法百分之百地确定需求的正确性一样，只有需求实现以后，投入市场中进行验证，才能得到答案。对于这些没有"正确"和"错误"标签的事情，依据主观判断做出决策就是唯一的解决方案。

决策是主观的，同一件事，每个人做出的决策都不太一样，这种决策的差异化也是产品经理价值差异的体现。

严格来讲，决策的作用应该是：**判断那些无法判断正确性的事情是否要做。**所以，决策就是主观判断事情的正确性，正确的就做，错误的就不做。

原本产品经理的工作始终伴随着大量的决策，无论是产品新人还是产品老人，每天都在做各种各样的决策，但缺少知识传承的情况下，很多决策从产品经理的工作中消失了，产品经理并没有意识到自己在做决策。

导致决策消失的原因很简单，只要不考虑事情的正确性就无须做决策。实际上，大多时候我们都是这样做的，不论事情是正确的还是错误的，单纯考虑怎么做，而忽视了是否应该做，或者忽视了是否应该这样做。

这样的情况持续一段时间后，产品经理就成了功能经理，不关心对和错，来一个需求，实现一个需求，能够快速地将需求转变成产品设计方案，但完全意识不到设计方案的正确性。同样的设计方案也会经常出现在不同的场景和产品中，似乎产品都是千篇一律的，这些都是产品的标准设计方案。

决策消失的现象也是"弃权"的表现形式，并不是他人阻碍了产品经理的发挥，而是产品经理自己放弃了做决策。从弃权的那一刻起，产品经理的职业生涯也就接近了终点，有的产品经理甚至尚未开始真正的产品工作，就已经触碰到了终点。当然，这里的终点并不是真正的终点，而是画地为牢，束缚了自己的可能性，也缩短了自己的职业寿命。

当质疑产品经理的工作内容时，不妨思考一下，是否自己被自己局限住了，是否应该更多地向那些成功的产品经理靠近，而不是停留在原地，自我设限。

弃权的原因有很多，但是，对产品经理影响最大的仍然是"以任务为导向"。

错误的"以任务为导向"

你玩过传话游戏吗？

游戏很简单，5人为一组，A、B、C、D、E按顺序排成一列，主持人将设定好的内容悄悄告知A，再由A转达给B，B转达给C，最终传达给E，在传话过程中，要确保其他人无法听到正在传递的内容。游戏的最后，由E将接收到的内容与主持人设定好的内容进行比对，观察内容是否一致。

在这个游戏里，有两个会直接影响结果的因素：传话内容的复杂度及参与传话的人数。

内容的复杂度越高，最终的内容偏差会越大。参与传话的人数越多，最终的内容偏差就会越大。

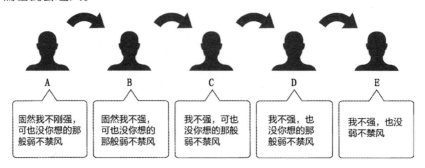

这个游戏两人也可以玩，找到另一位游戏参与者，可以是家属、同事、同学或朋友，用10秒的时间阅读要传递内容，然后将内容传达给另一位游戏参与者，最后，由该游戏参与者写下自己接收到的内容，进行比对。

下面准备了一段话，作为传递内容："产品经理的主要工作任务是实现需求，我们通过原型图和需求文档表达自己的设计方法，所以，产品经理的工作总是离不开画原型图和写文档，画图能表达视觉设计方案，文档则能表达逻辑设计。"

找到另一位游戏参与者，面对面地玩一下这个游戏吧！

一名处于执行阶段的产品经理所接收到的任务通常会经历多次传递，在每次传递的过程中，任务的内容也在发生变化。

最初是CEO给高管下达的任务，通常带有明确的市场倾向，如开辟某个新市场或者在某些旧市场防止竞争对手的崛起等，任务的核心内容便是市场的占有率。高管接到任务以后，经过自己的思考，策划了一些战略方案，并将任务传递给产品负责人、产品主管、高级产品经理等高级职称的产品人（简称"高产"），此时的任务已经从市场占有率变成了某种数据指标，如实现多少规模的新增用户、提升多少比例的日活等。

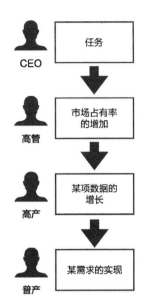

高产接到任务以后，同样会添加自己的理解和判断，经过挖掘、分析、思考以后，锁定那些有可能完成数据任务的需求，随后将任务传递给团队中的普通产品经理（简称"普产"）。之后，普产所接到的任务就变成了某项需求的实现，如果再向下延展，让任务进行第四次传递，此时，下一层所接到的任务就从需求的实现变成了功能的实现。

任务的每次传递都在发生变化，最终，传递到产品经理手里的任务与最初的任务几乎是截然不同的两个任务。产品经理所推崇的"以任务为导向"的工作态度，成功地遮蔽了对"决策"的感知。

高管接到的任务是市场占有率的增加，采取的方法是制定策略，这些策略没有正确或错误的标签，需要通过决策对策略进行判断，确定整个团队要采取的策略。"完成任务"对于高管而言，意味着市场占有率增加了多少比例。

高产接到的任务是数据增长，采取的方法是挖掘需求，这些需求同样没有正确或错误的标签，也需要通过决策在多个需求之间进行判断，确定团队要实现的需求。"完成任务"对于高产而言，意味着数据增长了多少。

高管和高产在面对自己所接到的任务时都需要进行决策，而普产不需要决策。因为普产所接到的任务，只是实现某个需求或实现某个功能，这与正确和错误无关，自然，就不需要进行决策了。

"完成任务"对于普产而言，仅是需求是否实现，功能是否实现，并不能体现产品经理的核心价值。所以，同样是"以任务为导向"，对于普产而言，却是一个成长陷阱，隐藏了决策的存在，以至于在不知情的状况下选择了弃权，放弃了做决策的权力。

不妨结合自身的工作经验，仔细想想，在工作中，如果遇到明确的需求实现类型的任务或功能实现类型的任务，是不是很少进行决策？是否更多地去思考如何实现需求或如何实现功能？

更重要的是，"以任务为导向"的陷阱，让产品经理无法提升决策能力，尽管从业经验一直在增加，但决策能力始终停留在原地，甚至会影响产品经理的整个职业生涯，影响未来。

如何决策登录按钮的位置

回到本节的案例中：登录页的登录按钮应该放在页面中的哪个位置？一共有两个方案：A方案，放在页面底部的位置；B方案，放在页面中间的位置，你会如何做出决策？

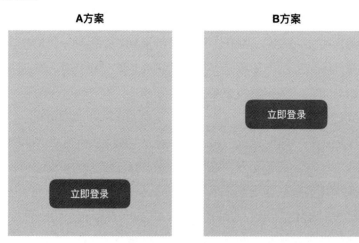

这是在产品设计阶段经常遇到的一种决策，做决策的核心在于页面位置的解读。产品页面是用来阅读的，产品经理在设计页面时也会将人们的阅读习惯纳入思考的范围，只有掌握用户阅读页面的方式，才能将重要的信息放在显眼的位置。因此，产品经理必须先知道哪个位置才是最显眼的。

例如，从上至下的阅读习惯导致了上半页的内容总是比下半页的内容有更高的曝光率，当尝试给某项新业务导流时，产品经理也总会将新业务的入口置于页面上半部分，而不是下半部分。

页面位置的解读也常被用于分析他人的产品，只需要通过业务入口所处的位置就可以判断该业务在对方公司的重要程度，或者成熟度。

在A方案与B方案之间进行决策时，也需要先对两个方案的登录按钮位置进行解读，解读后，才能进行决策。

A方案

在A方案中，是将登录按钮置于页面底部位置，在从上至下的阅读习惯里，用户会对整个页面进行阅读，再通过单击"立即登录"按钮的方式跳转至新页面。也就是说，在"立即登录"按钮之前，还有一个"内容块"的位置可以使用，产品经理可以在该区域植入产品的口号，也可以植入一些教育用的引导文案。这个方案的优点在于可以植入更多的信息，对用户的行为产生影响，缺点则是路径太长，不够快速。

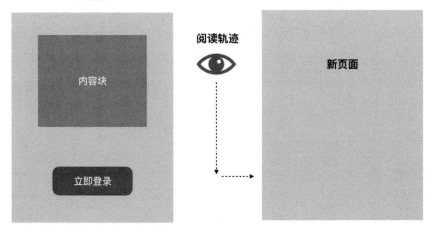

B方案

B方案是将登录按钮置于页面中间位置，用户会第一时间看到登录按钮，并直接通过单击"立即登录"按钮的方式跳转至新页面。也就是说，处于登录按钮下方的区域等同于是一个视觉盲区，用户还未阅读到底部时，就已经通过登录按钮实现了页面的跳转，底部的信息也就无效了。这个方案的优点在于直接、快速，阅读路径短，可以让用户更快地进入产品的使用过程中，缺点是无法承载额外的内容。

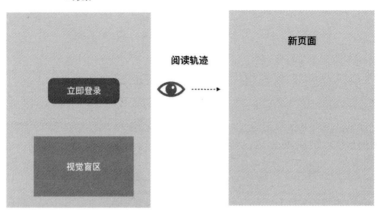

所以，两个方案之间的差异在于，A方案可以承载额外的内容，B方案能够更快地进入使用状态。产品经理真正要决策的不是按钮的位置，而是在内容与速度之间进行选择。

对于应用类型的产品，用户对于产品是未知的，进入产品以后也不知道这款产品有什么用，所以产品经理通常会采用A方案，在额外的内容块里植入产品的口号，给用户建立起对产品的使用预期，以避免用户在茫然的状态下使用产品，也可以让用户在使用产品时，形成明确的使用目的。这也是应用类型的产品经常采用的决策依据。

而对于游戏类型的产品，产品经理通常会采用B方案，因为用户有明确的期望，使用游戏就是为了"玩"，所以，产品经理会用最短的路径，让用户更快速地进入游戏中，避免用户在发现登录按钮前就产生流失。这是游戏类型产品经常采用的决策依据。

现在，你知道如何决策登录按钮的位置了吗？

结合实际的产品，思考到底想要用户更快速地使用，还是在用户使用前先强化用户的使用预期。

如果以完成任务为导向，那么A方案与B方案都可以完成任务，毕竟产品经理所接到的任务只是实现登录功能。

被裁掉的"优秀人才"

有的产品人在从业早期便开始接到数据指标的任务，这样的任务可以有效提升决策能力，其思维方式也会更加成熟、严谨。但是，互联网越来越成熟，岗位职级的界限也越来越清晰，以至于大多数产品新人在最初的几年很难被直接赋予数据指标的任务，通常只能被分配到以需求实现为主要目标的任务。产品经理会采取何种行动，完全取决于接到的任务类型。如果接到的任务均是以需求实现为目标的任务，就会让产品经理失去认识决策的契机，无法提升决策能力。时间一长，对于决策，产品经理就会形成一个错误认知，认为决策是高管的事情，与自己无关。面对每个需求，产品经理都会默认以实现为目标，而不是以效果为目标，始终停留在一个参与者的角色上，无法独立。

更糟糕的问题在于，这会让产品经理过度依赖外界的条件，丧失独立能力，只能被动地响应他人需求，无法主动开展工作。

甲骨文是全球Top2的软件服务公司,在2019年5月21日开始裁撤中国研发中心,一共1 600名IT员工被迫离职。甲骨文总公司给出了"$N+6$"的赔偿方案,尽管如此,这些甲骨文员工依然陷入了困境。

一方面极难找到同样待遇、同样福利的公司;另一方面甲骨文过于安逸的环境,导致其员工缺少市场竞争力。有媒体报道,甲骨文是北京"最大的养老院",上班不打卡,工作时间自由,还可以申请在家办公。实际上,许多互联网巨头公司都向甲骨文被裁的员工抛出橄榄枝,但他们的表现不尽如人意,大部分人未通过第一轮面试;少部分通过的,也在技术面试时被刷了下来。

年薪百万者被裁后为什么找不到工作?

这是许多人心中的疑问,答案就是:在一次又一次面对决策时,他们选择了弃权,放弃了主动做出决策,只是被动地等待他人做出决策。比如,等待公司做出不裁退自己的决策。

甲骨文的员工从表面来看,是在去和留之间进行决策。实际上,大部分人既没有选择离开,也没有选择留下,而是选择了弃权,即使留下,也没有做留下应该做的事,逐渐被舒适的工作环境消磨了斗志,将个人的成长完全依赖于公司提供的环境,不再主动学习。正是因为这样的弃权,最终导致被裁员时,即使有较长的工作经验,即使有世界级企业的工作经验,在具体的技术上却落后于其他候选人。

优秀并不是一个永恒的称号,当自己不再独立时,优秀就成了过去式,只是"曾经优秀",如果在自己职业未来的决策上选择了弃权,便不再"优秀"了。

或许其他行业会有所不同,但产品行业是以决策为工作核心的一个特殊行业,相对开发、测试、设计师等职业而言,产品经理平时的工作就是各种各样的决策,优秀的产品经理自然无法接受弃权,这会让产品经理处于极度缺少安全感的状态。尽管如此,还是有非常多的产品经理在职业发展上做出了弃权的选择,让自己随波逐流,用录用通知来决定自己从事的工作内容。

弃权的危害:依赖心

"以任务为导向"还有另一个更深远的影响:增加产品经理的"依赖心"。

这是产品从业人员需要避免的第二个心理，第一个是"玻璃心"。

"玻璃心"的特征是易碎。在面对挫折时，有"玻璃心"的人会感受到极大的伤害，心理承受能力脆弱，经不起批评和指责，当遭遇失败或犯错误时，容易陷入自责的情绪中，容易陷入自我否定，觉得自己没有能力，或者觉得自己不够聪明。

事实上，产品经理原本就是与错误打交道的主要人群，产品经理所处理的需求都来自过去或现在的错误中。这也意味着，产品经理会比其他行业从业人员更容易犯错。可以说，犯错对于产品经理而言，是发现正确的一种常规手段，是一个过程，而不是终点。

所以，有"玻璃心"的人并不适合做产品经理。勉强为之，会让自己持续处于焦躁不安的状态中，时间长了，会有抑郁症的倾向。

"依赖心"是一种与"独立"完全相反的心理现象，其最大的表现特征就是无法独立。面对选择时，无法凭借自己的独立思考进行决策，有"依赖心"的人会驱使自己寻求他人的帮助，希望他人能帮助自己做决策，实际上却是希望对方代替自己做决策，直接获得对方的决策结果，而不是决策方法。

依赖心强的人，一方面希望领导明确告知需要做的事情；另一方面也希望领导明确告知这些事情应该怎么做，认为自己只需要按照领导的指令完成任务就可以，不用想太多。

但产品经理对于团队而言，几乎处于无领导的状态。很多时候，是由产品经理告诉领导应该做什么事情，产品经理的核心职责就是找到那些可能有用的需求，并将这些需求向上申请，获得批准后，再实现这些需求。

简单来讲，是产品经理主动说服领导、说服团队，实现某项需求，而不是被动地等待领导选择。

当需求在向上传递时，这并不是一个让领导选择的过程，相反，这是一个申请的过程，是产品经理先行判断需求的价值，对于重要的需求，也要尽自己最大的努力说服领导采用该需求。

或许，在产品新人的阶段，依赖心的影响不会太严重，毕竟新人阶段本质上就是助理阶段，有一个直属上级，会告诉我们要做什么，以及怎么做。但是，从业两三年后，依赖心的负面影响就会逐渐显现出来，并且会越来越严重。

对于产品负责人、产品总监等具有高级职称的产品经理而言，甚至不需要说服领导，自身就掌握足够的需求决策权，此时，没有人可以依赖，能够依赖的只有自己。所以，依赖心强的人并不适合做产品经理。

在以任务为导向的工作环境中，人们会习惯任务驱动。通常情况下，有任务需要处理时，就会有具体的工作内容及工作产出，但在旧任务完成后、新任务下达前的时间段里，往往会让人陷入无事可做的"混时间"状态。理由也很简单，在这个时间段里，并没有需要处理的任务。如果在一段较长的时间里领导一直没有安排任务，那就更没有事情可以做了，有时候，人们甚至会因为没有事情做而选择跳槽。

其实，问题并不在于领导没有安排任务，而在于人们过于依赖他人安排任务。真正的问题是，在他人没有安排任务的情况下，产品经理就无事可做，没有独立地去发现任务，没有独立做产品。

时间一长，受到"以任务为导向"的影响，产品经理的依赖心越来越强，对应的独立能力就会越来越差，即使机缘巧合下得到了高级产品岗位的机会，也会因为无法独立开展工作而无法胜任该岗位的实际要求。

当习惯依赖以后，即使自己的未来、职业生涯，人们也会交给他人来做决策，等到发现时已为时已晚。

决策：放弃错误的，才能选择正确的

无论是"以任务为导向"的工作环境，还是"依赖心"，都会让人们在不自知的情况下做出弃权的选择，不考虑事情的正确性，也不考虑事情的错误性，遇见任何事情，都只关心如何把这件事情做完。也就是说，即使一件错误的事情，当放弃决策时，人们也会将这件错误的事情坚持做完，尽管这件事情会花费人们很多时间，尽管这些时间的投入并不会带来正面的回报。

这些事情原本可以不做，这些时间原本也可以不花费，前提是人们自己主动做出决策。

所谓的"决策"，就是用主观思想来判断事情是正确的还是错误的，一旦事情被贴上了正确、错误的标签，就可以避免错误的，选择正确的。简单来讲，在主动决策的前提下，人们只会做自己认为正确的事情，而不会做自己认为错误的事情。这样就能确保价值最大化，使人们能够主动掌握自己的职业发展，乃至人生轨迹。

在现实中，要判断一件事情是正确的会十分困难，需要经过长时间的思考、研究与分析，而时间又是宝贵的。但是，如果要判断一件事情是错误的，相对而言，就要简单许多了，只要找到任何一个错误的点就可以证明这件事是错误的。

决策在工作中的应用方式也是以"错误判定"为主要方式的，也就是优先判断这件事是错误的，在无法判断错误的情况下，再去判断这件事是正确的。

由此带来的产品理念便是：**放弃错误的，才能选择正确的。**

举个例子：老板说做什么就做什么

当产品经理以弃权的心态看待"老板说做什么就做什么"这件事时，似乎并没有什么问题。员工与公司签订了劳动合同，公司支付相应的薪资，员工则为公司提供技能和时间。老板是公司的所有人，所以"老板说做什么，就做什么"并没有错，实际上，这也是大多数职场人对待老板的方式。

当从决策的角度去看待这件事时，就不太一样了，人们会先分析这件事是不是错误的。

假设所有的事情都是老板安排的，老板让做什么就做什么，那么在未来的竞争中，员工是否有足够的竞争优势呢？如果老板安排的事情都是错误的，员工又会如何面对未来的竞争呢？

显然，"老板说什么就做什么"是一件错误的事情，它无法保障员工在未来的竞争中脱颖而出，甚至会让员工的能力倒退、下滑。

如果反过来，"老板不让做，我们一定要做"也是一件错误的事情，员工在公司的责任是协助老板把公司做大、做强，违反老板的意愿只有两种结果，辞退或者边缘化冷处理，无论哪种结果，同样无法保障员工在未来的竞争中胜出。

"老板说什么就做什么"与"老板不让做，我们一定要做"都是错误的事情，在决策的理念中需要排除这两个选项，这会迫使人们找到第三个答案：在"老板说什么就做什么"的基础上，增加"老板没有明确拒绝的事情"。

作为公司的管理者及实际拥有人，老板有权力拒绝产品经理提出的需求或建议，但一定不会全部否定，产品经理要做的，就是在一次又一次的拒绝中找到没有被明确拒绝的事情，以此作为切入点，不断增加老板对自己的信任度。

所以，产品经理在面对老板时，应该做出的决策是：满足老板需求的同时，找到老板不会明确拒绝的需求，并将该需求做出成绩。这就是一件正确的事情。

这便是由主动决策所得到的结果，放弃那些错误的事情就是为了让自己能够找到正确的事情。

当产品经理主动去思考决策时，也意味着开始了独立思考，朝着独立产品人的方向迈出了关键性的一步，此时，产品经理的大门才真正地向你敞开。

记得这个由决策而诞生的理念吧：放弃错误的，才能找到正确的。在未来的产品生涯中，它将伴随我们很长时间，从普通产品经理到产品主管，再到产品总监。

· 自 我 检 测 ·

需求文档是产品经理的基本功，是将需求交付给研发人员的交付材料之一，只有将需求交付给研发人员，才能让需求进入产品开发状态。有时候，项目时间特别紧张。如果写需求文档，就会导致延期交付，最终影响产品的上线时间；如果不写需求文档，又会让研发过程处于无文档开发状态。你会如何决策？

A. 延迟交付时间，等需求文档写完了，再将任务交付给开发人员。

B. 舍弃文档，保证交付时间，要求开发采用无文档开发策略，有任何疑问通过沟通解决。

尝试分析一下两个选项的收益、成本、风险，并做出决策。也许A和B都不是最好的办法，如果你有更好的方案，也可以一并整理出来。

· 重 点 内 容 ·

1 真正做一个决策需要预测收益与成本，也要评估风险，决策不是单纯地选择利益最大的，而是在风险可承受范围内、在成本可接受范围内选择利益最大的。

2 警惕"以任务为导向"的陷阱,产品经理所做的每一件事,必然会对某些结果产生影响,不要用"完成"的眼光看待产品的工作,而是从结果的角度去做决策。

3 产品经理可以接受他人决策的结果,但不要放弃自己决策的过程,时刻提醒自己要独立,避免依赖心的形成与增加,过度依赖他人,会让产品经理失去竞争资格。

4 "只有放弃错误的,才能找到正确的",如果工作中有很多被动的策略让产品经理觉得无论是A还是B都是错误的,不妨放弃这些错误的策略,去寻找C选项,直到找到一个自己认为正确的选项。

第 **12** 讲

如何做决策

· 思考一下 ·

现在，你有10元现金，可以从方便面、薯片、饼干中选择一个作为你的午餐。

尝试做出午餐的决策，然后想一想自己是通过什么方式做的决策。

决策等于选择吗

现在，一起来讨论一下产品经理在工作中是如何做决策的。这或许会改变一些你对决策的认识，也可能给你未来的产品生涯带来一些正面的影响。

一款读书App"深读"，主要为用户提供免费的电子书阅读服务，已经拥有1 000万名注册用户，每天有300万名用户使用，每月有600万名用户使用。已知公司目前还有1 000万元可使用资金，每个月的固定开支为100万元，包含员工薪资、设备、办公场地等常规支出费用，没有其他额外开支的情况下，现有资金可支撑公司未来10个月的运作。

由于产品缺少变现能力，为了更长远的发展计划，创始团队一直在寻找新一轮的投资机构，其中，有一家著名的投资机构表示愿意投资1亿元推动"深读"App的发展，只是有一个条件，需要这款产品在5个月内达到2 000万名注册用户。

这是目前最有可能获得的投资，所有人都很珍惜这次机会。为此，创始人任命你为产品总监，率领团队实现注册用户翻倍的目标，你有两个月的自由决策权。也就是说，未来的两个月里，公司的所有资源均由你来支配，在不危及公司存亡的情况下，创始人都不会干预你的决策。

时间非常紧迫，短暂的全体会议以后，就需要你做出任职产品总监以后的第一个决策。

这是产品团队提出的一份需求清单，包含了A和B两个需求，所有人都在等待你的决策，等待你的资源分配，只有你做出了决策，团队才能高效运作起来，开始与时间赛跑。

需求A：条件阅读

目前，App内的所有电子书，用户均可以免费阅读，可以筛选一部分高质量的电子书作为限制类书籍，在用户阅读过程中植入条件，分享后才可以阅读全书，这样可以促进用户产生分享行为，进而获得新增用户。该需求需要对已经存储下来的电子书进行分类，对数据做清洗和修复，避免一些原本免费的电子书转变成限制类电子书以后产生异常情况。"深读"也需要划分出"精品阅读"的专区。并且，系统无法判断电子书的质量，需要新设置两个运营岗位——全职阅读电子书和人工筛选高质量电子书，即便如此，也仅能保证每天产生四本限制类电子书。

团队预测，该需求研发周期需要30天，上线30天内，有可能为产品带来20万名新增用户。

需求B：引入连载中的书籍

目前，产品内存储的电子书均是完整版，可以通过引入连载中的电子书，扩充内容范围，如一些在连载中但需要付费阅读的电子书，可以在"深读"内免费追书，这样可以吸引一批喜欢某本书但又不愿意付费的用户，进而获得新增用户。该需求需要研发定向的爬虫系统，能够爬取各大阅读类网站里的内容，还需要对App进行改版，单独划分出"连载专区"。

团队预测，该需求研发周期需要30天，上线后的30天内，有可能为产品带来30万名新增用户。

现在，你是产品总监，团队包括创始人都在等待你的决策。你会选择需求A还是需求B？

霍布森选择效应

无论是经验尚浅的产品新人，还是经验丰富的产品总监，总会遇到许多需求。每一次的版本迭代，都离不开选择，所以，有时也将选择理解成产品经理的决策，从多个选项中选出性价比更高的。在成本相同的情况下，需求A可能为产品带来20万名新增用户，需求B可能为产品带来30万名新增用户，毫无疑问，我们都会选择需求B。但在这里我们不妨先埋下一个疑问：**如果选择是一种决策，那么决策就是一种选择吗？**

1631年，英国剑桥商人霍布森从事马匹生意，他说："你们买我的马、租我的马，都可以，价格都很便宜。但有个条件，只允许人们在马圈的出口处做选择。"霍布森的马圈很大，马匹也很多，有许多高头大马看上去十分精神，大家选来选去，都做出了自己满意的选择。有意思的地方是，马圈只有一个小门，高头大马出不去，能出来的都是瘦马、小马。管理学家西蒙将这样的现象称为"**霍布森选择效应**"。

霍布森的马圈尽管有非常多的马匹，也有许多高头大马，但是真正可被选择的，只有能够通过小门的瘦马和小马。需要购买马匹的人们，原本可以在更大的范围内做出选择，从城镇里所有卖马的商人那里选择价格实惠的高头大马，甚至也可以从附近多个城镇里做出最佳选择，但霍布森给人们构造了一种假象。他借助高头大马的吸引力，将人们的选择范围悄然转变成"能通过小门的马匹"，而那些价格极具吸引力、极为实惠的高头大马，却因为无法通过小门，在开始选择之前，就已经被排除在选择范围之外了。所以，人们所做出的满意的选择只是自认为满意的选择，其实质则是小范围选择，假选择。

霍布森选择效应在互联网产品里的应用也很广泛，它可以帮助我们有效达成减少成本、提升用户参与度和满意度等设计目的。

霍布森选择效应最典型的应用就是抽奖。表面上，用户可获得的最高奖品是价值1万元的苹果手机，实际上，在抽奖系统的后台配置功能里可以设置每个奖品出现的概率，可以将某个奖品的出现概率设置为0，无论用户参与多少次抽奖，无论有多少用户参与抽奖，始终无法抽到最高奖品，系统设置的最高奖品就成了霍布森的高头大马，尽管看得见，但无法选择。

霍布森选择效应另一种常见的应用则是瓜分奖金。表面上，用户完成某种行为，可以瓜分100万元奖金，有多少人完成，奖金就会被分成多少份。实际上，可以通过机器人的植入，稀释掉被瓜分的金额，原本10 000人参与，每人可以瓜分100元现金，但系统植入99万个机器人参与到奖金的瓜分中，最终每人就只能分到1元现金，公司的实际支出也从100万元变成了1万元。

在产品中有底线地运用霍布森效应，确实可以用较少的成本带动较好的数据效果，但如果在工作中掉进了霍布森选择效应的陷阱，就很糟糕了。这会让产品经理丧失最重要的创新能力、创新意识。

现在，再次回到案例场景中，目标是在6个月的时间内实现新增用户1 000万名。目前的两个选项，需求A可以在两个月内带来20万名新增用户，需求B可以在两个月内带来30万名新增用户，作为新上任的产品经理，你只有两个月的考核期。

这是不是"霍布森选择效应"呢？也许需求A和需求B都不是应该做出的决策。

未知需求

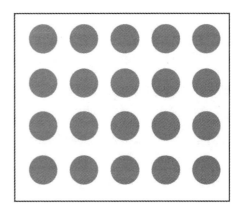

已知需求

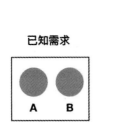

最大的成本

霍布森选择效应中的"小范围选择"，其核心特点是通过某种方式，在人们无感知、弱感知的情况下，缩小人们可选择的范围，迫使人们在"没有选择"的情况下"做出选择"。

不妨想一想：在公司给予的两个月的时间里，产品经理可以调动公司的所有资源，在不影响公司存亡的前提下，按照自己的意愿做自己认为应该做的事情。对于这样一位拥有较大资源调动权力的产品总监而言，其选择只有需求A和需求B两个选项吗？

其实，产品经理拥有更多的需求可以选择，只是这些需求处于未知的状态，需要多花一些时间去挖掘，也许下个新的需求会比已知的两个需求有更高的价值，当然，也有可能有更低的价值。

在产品实现过程中，产品经理常被要求具有成本意识，能够衡量需求的实施成本，能够提出实际可行的需求，而不只是想当然地提出过于理想化的需求，那么在需求实施过程中，最大的成本是什么？

最大的成本就是未知的"可能性"。

当产品经理确定要做某些需求时，也同时确定了另一些需求不做，并且在这些不做的需求里，也包含了处于未知状态的需求。简单来讲，假设产品经理选择了实现能带来30万名新用户的需求B，就等同于选择了放弃只能带来20万名新用户的需求A，也等同于选择了放弃更多的未知需求，这些未知需求里可能存在能带来100万名新用户的需求。

毕竟人们都无法同时做两件事，在两个月的有效期内，产品经理实际上也只能实现一个需求，另一个需求则需要等待前一个需求实现完成后，才能得到资源的投入。

一旦陷入霍布森选择效应的陷阱，产品经理就会缩小自己的选择范围，从广阔的需求海洋缩小到了只有需求A与需求B的小范围选择中，以至于看不见需求C、需求D，甚至完全没有意识到自己还可以找到第三个、第四个需求。

做决策时所支付的最大成本实际上并不是研发的时间成本，也不是公司的资金成本，而是一种更大价值需求的可能性。

目前已知的能够跳出"霍布森选择效应"的方法只有一个，用开放性思维代替封闭性思维。

开放式思维几乎没有边界，而封闭性思维最大的特征就在于有边界，拥有开放性思维的人总是思考"还有更好的办法吗"，而拥有封闭性思维的人总是思考在已有的选项中哪个才是最佳选项。在面临决策时，除了已知选项，要再增加一个固定的选项"是否还有更好的办法"，通过该选项去挖掘新的可能性，就能避免掉入"霍布森选择效应"的陷阱。

当然，开放性思维只是理论上的无边界，在现实当中依然是有边界的，只是这个边界并不体现在需求的数量和可能性上，而是体现在挖掘的时间上。能够用来挖掘需求的时间是有限的，挖掘的时间就成了开放性思维的边界，当时间耗尽时，开放性思维就需要转变成封闭性思维，来完成最后一步选择。

在"深读"的案例中，企业给予了两个月的时间，假设产品经理计划投入5天的时间进行需求挖掘，在这段时间里，思维是开放性的，可以不断地寻找新的可能性，当时间结束以后，就需要从已知的需求里进行选择。毕竟，产品经理无法一直处于需求挖掘的状态，还要兼顾需求实现。

需求C：新的可能性

再来看一下"深读"的案例背景。

这是一款读书App，主要为用户提供免费的电子书阅读服务，已经拥有1 000万名注册用户，每天有300万名用户使用，每月有600万名用户使用。

已知公司目前还有1 000万元可使用资金，每个月的固定开支为100万元，现有资金可支撑公司未来10个月的运作。

一家著名的投资机构愿意投资1亿元，推动"深读"这款产品的发展，只是有一个条件，需要这款产品在5个月内达到2 000万名注册用户。

投资人给公司的时间是5个月，公司给到产品经理的时间是2个月。这也意味着，2个月必须验证所提出的方案是可行的，才能够争取到剩下的3个月时间，所以，功能上线后30天内的成绩尤为重要。

现在已经知晓的需求有两个：需求A可以在30天内带来20万名新增用户，需求B可以在30天内带来30万名新增用户。有没有可能找到一个需求C，能够在30天内带来100万名新增用户？

有可能。

需求C：邀请好友，瓜分现金。

投入50万元现金，设置奖金池，开展4次活动，每次活动时间为一周，每周周末为奖励日，根据用户在活动时间内的邀请数据，瓜分固定金额的现金奖励。

在活动时间内，用户每成功邀请一位好友，即可瓜分一份现金奖励，邀请的人数越多，瓜分的奖金越多。平台每个月有600万名用户使用，即使只有100万名用户参与活动，每位用户成功邀请一位新增用户，也可获得100万名新增用户。

当然，这个方案里最重要的一个环节就是"霍布森选择效应"的实际应用，吸引用户的同时缩小用户的选择范围，一定程度上根据用户的参与情况定制每期活动的实际奖励金额。

该方案的研发时间同样是30天，但能充分发挥活跃用户的作用，带动新用户的快速增长。

通过现金奖励的方式，刺激用户分享和邀请新用户已经在许多产品上得到了有效的验证，最典型的要数"趣头条"了。

"趣头条"于2016年6月8日上线1.0版本，于2018年9月在美国纳斯达克成功上市，仅用了27个月，比"拼多多"还快了7个月。其核心能力就是独特、活跃的拉新机制，无论是阅读资讯，还是推荐好友使用，用户均可获得一定额度的现金奖励，趣头条的早期用户并不是资讯类产品的目标用户，而是三线城市想要"捡钱"、占便宜的用户。

有的用户一年下来可以通过趣头条获得10 000多元的收益，这对于人均收入普遍较低的三线城市而言，已经是一笔可观的收益了，用户能够赚钱的主要路径还是邀请新用户，以及对老用户进行唤醒。

有意思的地方是，当趣头条1.0版本上线时，今日头条已经有6亿名用户，大众已经认为资讯行业被大头占据；当拼多多1.0版本上线时，淘宝与京东也已成了电商的代表。谁也没有想到，拼多多能用34个月的时间，在淘宝和京东的双重压力下实现上市，现在的市值已经超过了京东，而趣头条仅用了27个月也成功登陆了纳斯达克。

产品其实是开放性的，即使在巨头环绕的情况下，也存在逆袭的可能性，只是这些可能性的寻找并不容易，价值越高的可能性，其寻获的难度就越大。

如果产品经理陷入了"霍布森选择效应"的陷阱，舍弃了未知的可能性，仅在已知的需求里进行选择，就会将自己的思维封闭起来，无法进行更深层次的探索。从某种意义上来说，封闭性思维的产品经理面对的每个选择，大概率都是"没有选择的选择"，因为没有意识到还有许多需求是看不见的，还可以持续挖掘新的需求。

选择虽然是一种决策方法，但是一种比较普通的决策方法，对于一些不太重要、不太严肃的事情，可以通过选择进行决策，但对于一些重要的事情，这样的决策方法就不太适合了，会极大地降低创造性。

选择是一种决策，但决策并不等同于选择。

需要强调一下，本节讲述的3个需求条件阅读、连载书籍引用、邀请瓜分现金均是抽象化的概念需求，在实际应用中，需要结合产品的背景、公司资源、团队资源等诸多因素进行产品的改造。

决策是一种判断

一直以来，将决策等同于选择，从多个需求中选择某个需求投入资源进行实现，"选哪一个""如何选择"成为产品经理最关心的问题。但是，这是错误的，产品经理的决策并不是选择，即使不考虑封闭性思维带来的负面影响，决策也并不等同于选择。

严格来讲，产品经理所面对的需求是无法进行选择的，因为选项太多了。所谓的选择，是指在有限的选项里，按照某种规则选择最合适的、价值最高的选项，其成立的基础条件就是"有限的选择"。

举个例子，如果我们手中有3个录取通知，我们可以选择接受其中一个相对较好的，这里的"3个"就是有限的选项，选择的过程也就是决策的过程。

如果我们手中拥有1 000个录取通知，就无法通过选择进行决策了，我们的大脑无法同时对1 000个选项进行对比处理。选项的数量与选择的难度成正比，选项数量越多，选择越困难，当突破某个阈值时，我们就无法通过选择来解决问题。

例如，我们可以再极端一些，尝试从10 000个录取通知里选择一个，你能想象通过选择的方式来达到目标吗？

当选项过多时，我们往往会采取两种方法，一种是排除法，先将明显不合适的选项排除，如外包公司、早期创业团队，目的是缩小可选择的范围，另一种是意向法，将自己有意向的挑选出来，如大厂及熟悉的行业，目的仍然是缩小可选择的范围。

无论是排除法还是意向法，都是对单个需求进行判断，判断是舍弃还是保留某个具体的需求。

实际上，判断才是产品经理用来做决策的方法。

在我们的生活和工作中，存在许多错觉现象，而信息不对称是导致错觉现象的主要原因。简单来讲，在我们所接触的人群中，他们所传递的信息会直接影响我们对一件事物的判断。

例如，福特造车的故事，这是产品经理圈子里非常经典的一个故事。人们普遍认为，福特没有给客户提供更快的马，而给客户提供了汽车，是一个深度洞悉人性、准确抓住用户需求的故事。但事实上，这个故事是虚构的，福特不是汽车的发明者，他是一位汽车爱好者。

亨利·福特生产的第一辆汽车是在1896年，但最早的汽车出现在1769年，法国人N.J.居纽制造了第一辆蒸汽驱动的三轮汽车，被命名为"卡布奥勒"，这比福特的汽车早了127年。

即使燃油汽车，也不是福特发明的。1885年，德国的卡尔·本茨成功研制出了燃油三轮汽车，同一年，哥特里布·戴姆勒发明了第一辆燃油四轮汽车，两人都比福特早了11年。

在汽车发展史中，卡尔·本茨与哥特里布·戴姆勒才被世人称为"汽车之父"。在福特造出第一辆汽车前，欧美国家的上层圈子已经被汽车的魅力所折服，市场上的汽车工厂每年都生产几百辆汽车供给贵族、皇族使用。

实际上，福特是第一位使用流水线大批量生产汽车的人，是汽车的改良者，也是汽车生产线的改良者，他并不是发明汽车的人，那么他实现的需求，自然也不是从马过渡到汽车，而是从汽车升级到更好的汽车。

人们对产品经理的决策也存在一个错觉，很多人都告诉产品经理，要从多个选项中选择一个，实际工作也在时刻提醒产品经理思考"应该做哪个需求"。这些因素都会让人们对产品经理的决策产生一种错觉现象，认为开发所实现的需求是从诸多需求中选择出来的。

实际上，产品经理的决策行为应该是一种判断，对每个需求都进行"YES"或"NO"的判断。

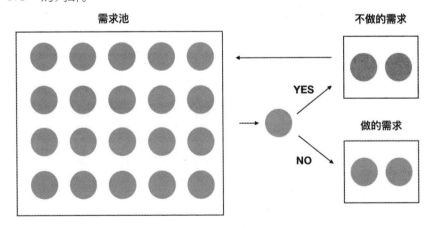

判断结果为"YES"的，就是需要实现的需求，判断结果为"NO"的，就表示当前并不适合实现该需求，可以舍弃，也可以放入需求池中，等待下个版本的判断。整个判断的过程，就是将需求的价值与实现所需要投入的成本放入天平中进行衡量。

假设需求池内有100个需求，现在需要从中取出10个需求投入开发，产品经理用来做决策的方法也是从第一个需求开始进行判断，每个需求进行独立判断，直到取够10个需求。如果在取够10个需求时，需求池内的需求还未全部完成判断，整个判断的过程也会终止，如果执行完一轮判断，仍然没有取够10个需求，就需要执行第二轮判断，也可以从外部获取新的需求，直到取够10个需求。

值得留意的地方是，成本分成了两类：一类是基础成本，另一类是机会成本。基础成本涵盖了实现需求所需要投入的研发资源、时间资源、资金资源等硬性投入。在工作中，人们通常提到的成本都是指基础成本。基础成本在"判断"中主要体现为判断是否有足够多的资源实现某个需求，如果基础成本超过了产品经理可支配的成本，或者超过了企业可支配的成本，那么该需求的判断就应该是"NO"，对应的决策结果也就是"不做"。

基础成本的判断虽然也很重要，但另一项成本更加重要。

机会成本

产品处于"从0到1"阶段时，存在许多做了没有太多价值，不做又感觉产品不完整、体验也不好的需求，如内容产品的搜索功能、社区产品的个人主页等。

这些需求对于拥有一定用户规模的产品而言是基础需求，但对于"从0到1"阶段的产品就成了争执点，而且往往是老板和产品经理的矛盾中心，老板认为这些需求是基础，必须实现，产品经理则认为这些需求实现后没有太大价值。

在这样的环境中，产品经理对产品的认知也会慢慢改变。毕竟老板作为最高上级，是"正确"的代表，一些经验尚浅的产品经理，对产品的理解还不成熟，意志还不够坚定，老板的观点更是会影响他们自身的产品观，时间一长，产品经理的认知也会向老板的方向倾斜，如基础功能必须做，就算没有价值也要做，因为缺少基础功能，产品就不完整，就是半成品。

实际上，这个认知是错误的，任何一款成熟的产品都是在不断迭代的过程中持续完善自身的功能体系的。市场上已知的所有成熟产品在1.0版本里都比人们想象中的简单许多。微信在2011年1月21日上线1.0版本，其推出的朋友圈则在2012年4月19日上线，间隔时间接近15个月。

"没有价值的基础需求"，产品经理应该做，还是不应该做？

答案是"取决于机会成本"。

1914年，奥地利经济学家弗里德里希·冯·维塞尔在他出版的著作《自然价值》中首次提出了"机会成本"的概念。他认为人们在做出决策时，需要考虑的除了实际发生的支出成本，还应该包含潜在利益的减少，也就是机会成本。这个概念成为奥地利经济学派价值的主观理论基础，直到现在，机会成本也被套用在各种经济学体系中。

下面通过一个简单的案例来解读这个概念。

假设现在有100万元现金，可以开一家公司，每年会有10万元收益，也可以存到银行，每年银行提供的利息最高可达到5万元，如果选择了存入银行，就需要放弃开公司的选项，由公司产生的每年10万元收益就成为机会成本。

在整个过程中，人们所支付的成本，除了当前选项的实际支出成本，还包含由被放弃的选项所产生的机会成本。

这个概念在产品经理的工作中也极为常见。简单来讲，产品经理实现了需求A，就需要放弃需求B，而由需求B带来的收益就是实现需求A所支付的机会成本。如果需求A带来的实际收益小于机会成本，就表示产品经理投入的时间并没有产生最大化的价值。

在机会成本的概念里，存在3个典型特征，分别是项目的可选择性、收益的最大值、资源的稀缺性。这些特征同时反映了产品经理的工作内容。

项目的可选择性

机会成本里所指的机会，必须是决策者可选择的项目，如果这些机会超过了决策者的权限范围，就不属于决策中的机会。有时候，产品经理发现一些很好的需求，但得不到资源进行实现，一方面机械地执行上级安排的任务；另一方面又因不能实现这些很好的需求而感到遗憾，认为自己承担了极大的机会成本。

实际上，这些并不是机会成本，或者说，不是产品经理所承担的机会成本。当产品经理作为决策者时，对于这些机会是没有选择权的。这些应该是公司承担的机会成本，是创始团队、高管所承担的机会成本。

只有放弃自己的机会，由该机会带来的收益才是自身所需要支付的机会成本，但在生活和工作中，有很多看上去非常美好的机会，仔细想一想，这些机会似乎并不是我们的机会，而是其他人的，因此这样的机会也就谈不上机会成本了。

收益的最大值

同样的资源只能实现一个项目，这是机会成本的底层逻辑，无论有多少可选择的机会，最终被选中的项目都只有一个。因此，在计算机会成本时，是从所有被放弃的项目里选择收益最高的项目，将其收益作为机会成本进行计算。例如，在一个需求周期里，要求从A、B、C三个待选需求中选择一个进行开发实现。A需求的收益是10万元现金，B需求的收益是5万元现金，C需求的收益是7万元现金。

如果产品经理选择了A需求进行实现，所产生的机会成本就是被放弃选项里的最大收益，也就是C需求的7万元现金，而不是B需求与C需求的收益之和。

底层逻辑依然是，同样的资源无法同时实现两个项目，即使计算放弃的项目，也只能选择被放弃项目中收益最高的项目，其余被放弃的项目均不会被计算。

资源的稀缺性

如果资源是无限的，产品经理就可以同时对所有的项目投入资源，实现所有的需求，这样一来，也就不存在机会成本了，因为不会存在被放弃的需求。

500万元的资金，仅能支撑团队存续24个月，这24个月的时间就是互联网公司所拥有的稀缺资源，资源耗尽之前，没能实现盈亏平衡，没能获得新的资金，就只有下线产品，关停服务。

资金是稀缺资源，时间也是稀缺资源，将这些稀缺资源分配给哪些机会才能让资源实现最大的价值，这成了公司决策里最重要的一个环节。

对于产品经理而言，时间同样是稀缺资源，并且产品经理所拥有的资源与公司相比会更加稀少。

成熟的互联网团队对产品经理的考察会采用季度考核的策略，也就是3个月考核一次，考核结果决定了其下一个季度的工作任务，以及工作权限。也就是说，当前季度的考核结果会影响下一个季度的机会选择范围。考核结果优秀，下一个季度就会有更大的决策权。当然，如果考核结果比较糟糕，在下一个季度，原本属于产品经理决策范围内的机会也可能被划分给其他人。即使非成熟的互联网团队、创始人、高管团队也都会有自己的一个观察周期，有的比较急切，只给了一个月的观察时间，有的比较有耐心，会给到半年乃至一年的观察周期。

所以，产品经理可投入的时间资源极为有限。

产品经理的决策

只有同时满足项目的可选择性、收益的最大值、资源的稀缺性三个特点，才能去计算决策的机会成本。现在，再来讨论一下产品经理的决策。

以前，产品经理将决策理解成选择，认为决策就是在多个选项中选择一个或多个进行实现，这会削弱产品经理的创造性，并且在选项过多时，也会出现无法选择的状况。因此，选择与决策之间不能画等号，即使选择依然可以被视为一种决策，但决策并不等同于选择。

现在，产品经理将决策理解成判断，不论有多少个选项，都需要对每个选项进行独立的"做"与"不做"的判断，但这个概念中，也存在一个思维陷阱。

想一想，如何判断一个需求应该实现还是不应该实现？

大多数情况下，产品经理会做正面的判断，尝试对需求做出肯定的判断，也就是说，产品经理会去寻找"做的理由"。产品经理很快就会发现，似乎每个需求都至少存在一个"做的理由"，如可以改善用户体验，可以解决某些用户遇到的问题，可以对未来的扩展进行支撑等。但是，产品经理的资源是有限的，无法实现所有的需求，产品经理能够实现的需求只是极少数。

还有一部分情况，产品经理会做负面的判断，尝试对需求做出否定的判断，也就是说，产品经理会去寻找"不做的理由"。遗憾的是，与正面判断相同，每个需求都有"不做的理由"，如不太重要、研发周期太长、与定位不符等。这样一来，就没有需求可以做了。

但产品经理不能一直处于纠结中，团队都还在等待产品经理的决策，高管团队也在等待产品经理给出专业的产品意见。

这就是一个思维陷阱，无论是正面的判断还是负面的判断，都是错误的判断方式，由这两种方式得到的判断结果，往往也是无效的或错误的决策。

实际上，整个决策过程均以"机会成本"为核心理念，产品经理所要判断的就是能否让资源产生最大价值。简单来讲，是否愿意为了A需求而放弃B需求，才是产品经理做决策时所思考的主要问题。

决策的基础是放弃

不妨思考一个问题：**作为一名产品经理，为什么要做决策？**

答案是为了在产品的道路上走得更长远一些。

产品经理的发展，如果用"需求"来衡量，会经历3个大的阶段，从需求的实现者到需求的提出者，再到方向的探索者。

第一个阶段：作为一名需求的实现者，从业者对需求并没有决策权，工作的核心也是围绕将他人的需求转变成产品方案而展开的。通常，产品助理、初级产品经理都是需求的实现者。

第二个阶段：作为一名需求的提出者，从业者对需求具备一定范围的决策权，此时的工作则是围绕"做什么需求"而展开。中级产品经理、高级产品经理往往就是团队中的需求提出者。

第三个阶段：作为一名方向的探索者，从业者寻找市场方向、行业趋势，再由处于第二阶段的产品经理提出符合方向的需求。能够探索方向的产品经理，就只有产品主管、产品总监了。

这是一个逐渐晋升的过程，如同士兵与将军的关系，每位产品经理都是以方向的探索者为目标踏上征程的。为了达到目标，就需要从需求实现者的安全区里走出来，进入更困难的需求提出者的危险区域。

从踏入产品这个行业的第一天开始，产品经理就已经成为一名产品士兵。

时间不会暂停，产品经理终将从1年经验的产品新人成长为10年经验的产品老人。所以严格来讲：并不是公司需要产品经理来做决策，而是产品经理需要可以做决策的机会来提升自己的决策能力。

第一个阶段：需求实现者

需求实现者更关心需求怎么做，包括产品方案怎么设计，怎么和研发人员沟通，怎么带动团队加班，怎么提升实现后的产品质量等。

举个例子

当研发人员告诉产品经理某项需求技术上无法实现时，对于需求实现者而言，就是一个很糟糕的消息，产品经理会质疑研发人员的工作态度，试图借助老板或其他人的力量向研发人员施压，迫使研发人员一定要实现该需求。但是，对于需求提出者而言，产品经理会采取另一种做法：**通过提出新的需求让原本无法实现的需求可以实现。**

通常情况下，需求无法实现有两种可能，其一是"条件不满足"，其二是"存在技术瓶颈"。

针对"条件不满足"的情况，只需要补充条件，需求就会从无法实现变为可以实现。比如，产品经理想要给用户推荐"可能认识的好友"，正常情况下，该需求是实现不了的，系统无法判断谁是用户可能认识的好友，用户在产品外部的关系链就是该需求缺少的条件。

实际上，只需要对该条件进行补充，需求就可以实现。用户在产品外部的关系链可以通过很多其他的方式获取，如记录由用户分享行为产生的访问者信息，就可以捕捉到用户在产品外部的关系链。通过增加一个条件，原本无法实现的需求就变成了可以实现的需求。

需求无法实现的另一种可能性是存在技术瓶颈，这是一个硬性问题，技术瓶颈是无法取巧的。但是，大多数互联网产品都不是在做科学研究、技术研究，也就是说，这些技术瓶颈并不一定要解决，产品经理想要的是需求达成的某种效果，并不是某种技术革新。所以，最好的解决方案是曲线救国，提出新的、可实现的、能达到相同效果的需求，这样就可以绕开技术瓶颈。

需求实现者是每位产品经理在成长过程中所要扮演的第一个角色，不具备太多话语权，知识体系也不完善，实战经验更是极度缺乏，能做的唯一一件事，就是协助产品前辈、公司领导实现需求，在实现的过程中，自行吸收经验和养分，让自身获得成长。

产品经理都会有这样的一个阶段，以"实现"为目标，工作中的所有重心、所有考核，都围绕需求的实现而展开，甚至产品经理的晋升也受到了"实现"的影响。能实现指定需求的就是优秀的产品经理，会得到晋升，不能实现指定需求的就是糟糕的产品经理，往往容易受到排斥。

那么，追求"实现"有错吗？

作为必经的第一个阶段，追求"实现"本身没有任何错误，即使做到产品总监，也仍然要"实现"创始人提出的需求。问题在于，在这个阶段，会让产品经理形成一种认知偏差：**需求都需要实现。**

处于需求实现者阶段的产品经理，所接触到的所有需求几乎都是需要实现的需求，持续时间一长，产品经理就会将"需求"与"实现"画等号，似乎所有的需求都需要实现。

这项认知偏差将阻碍产品经理进入第二个阶段，没有人告诉产品经理应该对需求进行判断，应该对需求做出决策，以至于产品经理无法察觉"判断"的必要性，也无法意识到"决策"的存在。

仔细想一想：是不是领导安排了需求，产品经理就直接开始实现了？如果同时存在多个需求，分别来自不同的高管，产品经理的第一反应是不是通过划分优先级的方式来制定一个实现的顺序？如果高管自己讨论出需求实现的顺序，产品经理是不是只需要按照顺序进行需求实现就可以了？

如果以上问题的答案是肯定的，那么就表明产品经理陷入了"需求都需要实现"的认知偏差，自身的成长也会因为认知偏差冻结在需求的实现者阶段。

但是，如果给到一种新的可能性，比如，产品经理对工作拥有充分的决策权，由产品经理来对需求做出决策，那么产品经理是否还会认为需求都需要实现？

决策的目标

假设你在做一款类似马蜂窝的旅游社区App，有10万名注册用户。机缘巧合的情况下，你获得了一个非常棒的需求，与团队讨论后，你们一致认为该需求如果能被实现，将在一个月内为产品带来100万名新增用户，等同于一个月的时间让产品的注册用户增长10倍。从预测的结果来看，这似乎就是一个必须实现的需求。

但如果引入成本参数，该需求的实现需要投入所有研发资源，耗时10年，此时，你还要坚持实现这个需求吗?

10年，对于一家互联网公司而言，实在过于漫长了。虽然很遗憾，但不得不放弃该需求。

"放弃一个需求"与"淘汰一个需求"有很大的差异。

"淘汰一个需求"是指该需求的效果达不到预期，需求的价值低，因此淘汰这个需求，从选项范围里移除，类似于排除一个错误选项。而"放弃一个需求"是指某个需求会产生一定的价值，但受到某些外在因素的影响，决策者被迫放弃该需求的实现。

产品经理将决策理解成对需求的判断，在整个决策过程中，判断的内容不是需求的价值有多高，也不是需求的价值有多低，而是判断自己**是否愿意为了一个需求而放弃另一个需求**。

当产品经理独立负责一款产品时，站在需求提出者的角度，只要满足一定条件，几乎所有的需求都是可以放弃的，最常见的条件就是成本过高，如果成本已经超过了可接受的范围，对应的需求就会被放弃。

而另一种情况，就是存在第二个需求，且该需求的价值比第一个需求更高。比如，产品经理想实现需求A，它可以为产品带来100万名新增用户，但在实际开发之前，偶然发现了需求B，可以为产品带来200万名新增用户，此时，产品经理就会放弃原本的选项，也就是放弃需求A，转而实现需求B。

如果需求B与需求A的价值差距足够大，即使需求A的开发进度已经完成了50%以上，也会封存代码，停止需求A的实现，将资源与时间集中投入需求B。

很多时候，产品经理会埋怨老板或领导反复无常，上午决定的需求，下午就要推翻重做，其想要实现的需求总是经常变动，以至于整个团队疲于响应新的需求，无法深入地去思考需求。甚至，有的需求已经被开发出来了，但得到了撤销的指令，即使已经完成了开发任务，也依旧没能投入市场运作。

这些现象背后的原因均是"需求是可以放弃的"，这也是特权之一，产品经理可以提出需求，自然也可以放弃需求。实际上，放弃一个需求，远比提出一个需求更加困难，背负的压力也更大，需要更多的勇气。

为了让资源能够实现最大的价值，产品经理必须具备放弃的勇气。

实现最大价值

放弃是做决策的基础能力，如果什么都不愿意放弃，大概率是无法做出一款成功的产品的，因为产品经理的精力、时间及资源会被各种各样的需求消耗殆尽，并且，这些需求之间的联系还很薄弱，无法形成叠加效应。

为了将一个需求做好，产品经理需要放弃其他的需求，这样才能将自己所拥有的时间和资源集中投入这个需求中。工作中强调的"专注"也是相同的概念。

这就是决策的目标：追求价值的最大化实现。

简单来讲，为了实现价值的最大化，产品经理会在工作中关注需求的价值，逐渐形成一种特定的决策倾向：放弃低价值需求，实现高价值需求。正是因为放弃了许多低价值需求，才能让产品经理有足够多的时间和精力挖掘高价值需求，而这些高价值需求又成为推动产品经理职业发展、提高市场竞争力的最好保障。

理论上，这样的决策倾向确实有助于产品经理的职业发展，但实际工作中还是存在很多问题，这些问题会阻碍产品经理做决策。

机会成本的3个特点之一是项目的可选择性。所谓的机会，必须是决策者可选择的项目，如果这些项目超过了决策者的权限范围，就不属于决策者的机会。也就是说，产品经理必须对需求具备一定的决策权，才能真正地进行决策。问题在于，大多数情况下，产品经理不具备对需求的决策权，或者说，产品经理掌握的决策权远不足以支撑对需求的决策。此时，应该怎么办？

权力的两把锁

决策权由两部分构成，不仅是岗位权限，还有自身的可信度。

互联网经过十多年的发展，已经逐渐从技术驱动转变成产品驱动的研发生产模式。公司的业务也被划分成若干独立的产品线，每条产品线都是以产品经理为核心构建研发生产团队。

企业每招聘一位产品负责人，就意味着划分出一条新的产品线，组建一个新的研发生产团队，每年都将因此而产生数百万元的费用支出。这部分费用仅是团队的薪资支出，还未包含其他的诸如办公设备、场地等硬性费用支出。

理论情况下，产品负责人将负责这款产品一整年的发展规划，从方向的探索到制定规划，再到需求的提出、需求的落地实现。这也意味着，企业将承担极大的风险，如果一年内产品的数据增长了数倍，那么就是双赢，产品经理和企业都会得到很好的回报。但是，如果一年内产品没有任何数据上的增长，这也就意味着企业净亏损数百万元，对于一些创业团队而言，已经可以宣告创业结束、企业倒闭了。

这很矛盾，一方面，企业需要给予产品经理足够的决策权，让其按照自身专业能力推动产品的发展；另一方面，企业无法对这些风险置之不顾。

还有另一种情况，企业的资金十分充裕，即使完全亏损，也不会对企业产生丝毫影响，这种情况通常是企业内部的创新孵化，为了探索某种可能性，可以允许团队较长时间的试验、摸索。但也仅是较长时间，并不是无休止地投入。到达某个期限，未能产生期望效果的产品依然会被淘汰。

如果企业将决策权完全交付产品经理，就必须承担很大的风险，最后的结果也许会是这一年一事无成。如果企业将决策权完全掌握在自己手里，会导致产品经理无法发挥自己的专业能力，最后的结果一定是削弱团队的实力，优秀的人才不会甘心做执行工作，普通的产品经理也会因为缺少实践机会而无法提升。

这是一个必输的选择题，无论选哪一个，最后的结果都是输。所以，两个都不能选，得找到第三个选项。

当下最合适的做法也是互联网行业最普遍的做法，就是给决策权增加第二把锁。

岗位自身的要求是"决策权"的第一把锁，可以过滤能力、经验乃至背景不匹配的产品经理。可信度构成了"决策权"的第二把锁，如果产品经理的可信度较高，就可以交付完整的决策权；如果可信度一般，可以交付一部分决策权；如果可信度极低，那就不能交付决策权。

如果说是否相信一个人是主观的情感问题，那么让别人相信自己就是能力问题。第二把锁的核心就是将主观的情感问题转变成客观的能力问题。也就是说，企业是否相信产品经理已经不重要了，重要的是，产品经理能否获得企业的信任。

决策权上的两把锁分别对应了岗位要求和可信度。企业将决策权赋予岗位，任何人只要在该岗位任职，就能获得该岗位对应的权力，这是第一把锁。但获得权力并不代表可以全面行使权力，这就是第二把锁的作用，能否行使权力，能行使多大的权力，由可信度来控制，可信度越高，越能充分行使岗位所具备的决策权，可信度越低，能行使的权力就越小。

两把锁的存在，等同于将决策权的"配置"与"使用"进行分割，在配置时，将决策权分配给岗位，不受人的因素影响，而在实际使用时，根据任职人员的可信度，灵活调整权限的使用率。

许多规模较大的互联网公司，都会同时存在多位产品总监，分管不同的产品业务。理论上，同样作为产品总监，被分配到的决策权应该是相同的，但实际上会出现非常大的差异。有的产品总监可以直接启动上千万元资金投入的项目，不需要经过CEO的批准，仅依据自己的签名就可以制订长达一年的发展计划。有的产品总监即使启动百万元资金量级的项目，也需要CEO审核，其制订的发展计划超过一个季度，都需要开总监会议，投票决策。

其实，岗位背后的决策权是相同的，问题在于两个人的可信度不一样，前者的可信度较高，能够最大限度地行使岗位对应的决策权，后者的可信度较低，仅能行使较少的决策权。

可信度验证模型

可信度的引入，解决了企业与产品经理之间存在的矛盾，一方面，降低了盲目用人带来的巨大风险；另一方面，也可以随着可信度的增加逐渐将决策权交付产品经理，进而培养出产品层面的接班人，可以将创始人在产品层面投入的时间逐渐释放出来，使创始人得以潜心研究市场、企业的经营模式及商业模式。

传统的信任关系中只存在"信任"与"不信任"两种结果，也就意味着如果不能完全信任，就只能完全不信任，而可信度的引入，打破了这种非此即彼的关系。企业开始将信任量化，并与决策的权限范围密切对应。

目前，基于企业与产品经理之间建立的可信度验证模型主要由两层、四级构成。

两层是指"实现层"与"提出层",分别对应需求实现者的权力及需求提出者的权力。四级,则是指实现层的"过程"和"结果"及提出层的"预判"与"价值"。

"过程":产品实现的过程,包括产品设计、与研发人员的沟通等诸多环节。

"结果":产品投入市场后,获得的数据结果或客户反馈。

"预判":在结果出现之前,对结果进行预测的能力,准确率越高,预判的能力越强。

"价值":产品经理已经为企业获得的最大价值,以及在未来可能为企业获得的最大价值。

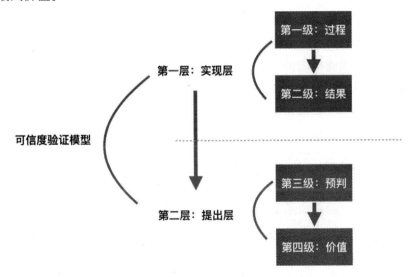

企业将决策权赋予岗位,不同的产品岗位,其决策范围也会有所差异,因此,在针对可信度进行评估时,会根据岗位的差异呈现出不同的侧重点。

通常情况下,初级产品岗位被赋予的权力集中在执行层面的决策权,包括页面的设计、文档的撰写、与团队成员的沟通等。因此,企业更侧重判断初级产品经理在实现层的可信度,至于其在"提出层"的可信度,相对而言,不太重要,其所处的岗位也不太具备"提出需求"的权力。

例如,入职一段时间后,上级开始不太关注产品经理与团队的沟通,也不太关注产品经理交付给团队的原型和文档,这些特征就表明产品经理已经获得了一部分实现层的信任,可以行使一部分实现层的决策权。

正常情况下，企业是因岗招人，特殊情况下，遇见极为优秀的人才时也可以破例，因人设岗，但不论哪种方式，权力都是赋予岗位的，不是赋予人的，因此要改变一个人的权力，只能改变其所任职的岗位。如果岗位上的任职人员有非常好的表现，企业所采取的策略也是先改变其所处的岗位，再根据新岗位的权力范围重新评估其在新岗位的可信度。

高级产品岗位通常会得到一定程度的默认信任，企业默认能够任职高级产品岗位的产品经理一定具备较好的专业能力，能够正确对待实现层的任务，因此，在判断高级产品岗位任职人员的可信度时，会更侧重其在"提出层"的可信度，包括是否能准确地提出需求，其提出的需求、改良建议、问题是否能够给产品带来确实可得的利益。

在互联网企业中，经常会出现一种现象，有的产品经理向领导提出需求时总是会被拒绝，但同样的需求，如果需求是被另一位产品经理提出的，往往会通过。需求是相同的，提出的人不同，结果就会不同。

这样的问题其实和需求没有太大关系，并不是因为需求好才通过，也不是因为需求不好才拒绝，原因只在于领导是否相信产品经理能提出好的需求，以及领导是否相信产品经理能将一个需求做好。

很多时候，产品经理会为此感到不公平，会认为领导有偏见，也会将问题归结为阿谀奉承、讨好等因素，严重时，也会上升到人身攻击，如领导人品有问题、作风不正派、有黑幕等。

实际上，这是一个可信度的问题，产品经理所要做的，就是通过正确的方法去提升自己的可信度，让对方能够更充分地信任自己。而且对于产品经理而言，让团队、领导相信其做出的判断原本就是必须具备的专业能力之一。

两层、四级的可信度验证模型的核心理念是低起点、大空间，逐渐释放决策权。如果考核对象在某个层级的考核未通过，那么该对象的决策权就只能覆盖到考核前的一个节点，直到考核通过后，才能获得更多的决策权。

目标：成为需求提出者

提升可信度的目的是激活自己所在岗位的决策权，最终目的仍然是从需求的实现者成为一名需求的提出者。但是，产品经理对需求提出者的理解可能存在一些偏差。

所谓的需求提出者，是指提出需求并且被采纳的人，具体的表现形式为某个将要实施的需求，或者已被实施的需求是由谁提出来的。

单纯地提出需求并不等同于"需求提出者"，只有提出的需求被采纳以后，才是一位需求的提出者，重点并不是"提出"，而是"采纳"。要研究的核心是老板为什么要"采纳"产品经理的需求。

答案是该需求可能带来的价值收益，也就是两层、四级里的第三级"预判"。

企业为用户提供的服务是以双赢为目的的，既要为用户创造价值，也要为产品创造价值，单纯地为用户服务并不足以成为需求被采纳的理由。所以，产品经理在提出需求时，对需求可能带来的价值收益进行预判，能极大地提升需求的采纳概率。

下面看一组对比案例。

甲乙两人在同一家公司担任产品经理的职位，并且负责的是同一款电商产品。

甲向老板提出了一个需求"派发优惠券"。甲认为，用户想要更低价地购买商品，如果能向用户派发一批优惠券，就可以满足用户低价购物的需求。

乙也向老板提出了同样的需求"派发优惠券"。但乙是这么说的："目前平台每天有10万名用户使用产品，下单用户有1万名，我们可以通过派发优惠券的方式，刺激剩余9万名没有下单行为的用户产生消费，一方面，用户得到了实惠；另一方面，平台每天的订单量预测会增加200%。"

需求是相同的，如果你是老板，你愿意让谁成为需求的提出者？

站在需求实现者的角度，产品经理的工作内容主要围绕"实现"而展开，原型图、文档、流程图、会议、上线等，都是为了将需求"实现"出来，能够被用户正常使用。而需求提出者的角度则是一个新的视角，产品经理的工作内容围绕"预判"而展开，如何预判未来可能存在的结果，存在哪些可能引起结果波动的变量，如何提升自己预判的准确率，这些才是需求提出者所思考的核心问题。

严格来讲，产品经理所设计的产品并不存在于当下，它们存在于未来，产品经理所有的工作内容都是为了影响产品在未来的市场表现。没有人会要求产品经理改变现在的数据，所有的期望都在于产品经理能够通过产品设计和需求挖掘，改变一个月以后、半年以后甚至更长时间以后的数据。

所以，预判的能力等同于让产品经理具备对未来的预言能力，这是一项充满了魅力的能力。

前提是产品经理的预判是正确的。如果能连续有多次正确的预判，老板和团队便会对产品经理产生莫名的信任感，这份信任感就是产品经理成为需求提出者的关键。

这需要大量的练习，并不是每一次的预判都需要向老板或团队做预判宣言。

实际上，产品经理可以对自己实现的每个需求进行预判，再自行分析预判的结果是否正确。直到产品经理有较大的把握，有充分的证据表明"这次的预判是正确的"，此时，就可以向团队做出预判宣言了。

产品经理现在就可以开始进行演练，对正在实现的需求可能带来的结果做一下预判，将预判内容记录下来，等到需求上线使用以后，再将市场反馈的结果也记录下来。

将两者进行对比以后会发现，原来结果早在开始之前就已经可以得到了。

你害怕犯错吗

我是比较早的一批产品经理，做产品经理的头几年，心里始终有一股执念，希望做一款为大多数人所使用的产品，希望能给用户创造一些价值。在这段时间里，追求成功成了我的执念，每一次失败都会让我忿忿不平。

后来，偶然认识了一位产品总监，我们在同一家公司，他是我的上级领导，在一次产品团队的头脑风暴里，他说了这样一句话："做产品，谁没有做死过几款产品？"这句话对我的触动很大，我琢磨了很长一段时间，在以后的产品工作中，这句话总会不经意间出现在我的脑海中。

现在，我把对这句话的理解与你分享：**"失败，并不代表结束，成功的路上总是会有若干名为'失败'的中转站，只要旅途还未结束，在我们到达终点之前，一切都只是沿途的风景。"**

有意思的是，当放下对"失败"的执念时，我也很快实现了自己的第一次成功。

大多数时候，我们都会害怕犯错，这是环境长时间、持续影响下的结果。对错误的恐惧心理，几乎成为本能反应。

举个例子：

领导分配了一个需求给你，这是一个关于"签到"的需求，用户在签到页完成分享行为就视为签到成功，可以得到一定金额的现金奖励。

新功能上线后，持续观察了一周的时间，该功能几乎无人使用。于是，在复盘会议上，领导十分生气，要求产品团队所有人针对你设计的这个功能来找茬，把你所做的错误设计全部都列出来。

你会有什么样的情绪波动？

这里有一个问题，糟糕的数据表现是否等同于错误？

新功能上线后，几乎无人使用，表面来看是一个极为糟糕的数据，但并不等同于错误。如果这款产品原本就没有用户使用，那么"签到"功能也没有人使用就是必然的结果；如果这款产品原本有数百万人使用，只有"签到"功能没有人使用，就是一种异常结果。所以，糟糕的数据结果可能是一种必然结果，也可能是异常结果，单纯地通过结果进行判断是无法界定正确与错误的。

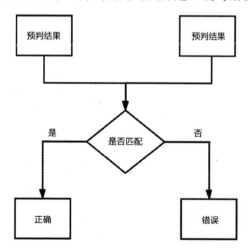

错误，实际上就是指异常结果，实际结果与预判结果不符合，实际结果与预判结果符合，就称为"正确"。

这就引出了另一个问题，在执行层，产品经理的工作很多时候对结果是缺少预判的，其扮演的是实现者的角色，仅仅是将他人的需求转变成产品设计方案。

也就是说，预判只是需求实现，产品可被用户使用，以此为基础，只要产品完成了开发任务，上线投入市场，就一定是正确的结果，因为与预判相符合。

很多时候，产品经理会用数据结果去质疑自己和他人的工作，将糟糕的数据等同于犯错，进而怀疑自己的能力，有时候，还会上升到自我否定的层面。这些负面能量也是因为对错误的恐惧心理，使产品经理无法理智地进行思考。就像800米跑步比赛，在我们的预判里，自己会是最后一名，比赛完以后，果然是最后一名，这是一次正确的预判，但潜意识里，我们会将一切不好的结果都定义为错误。

很多时候，那些被我们认为是错误的事情，其实只是客观事实、客观现象，并没有正确和错误之分。就像雨天是一个客观事实，没有好坏对错之别。但如果我们对天气的预判是晴天，实际结果却是雨天，这就形成了一个错误，因为实际结果和预判结果并不符合。这样的错误导致我们的计划可能需要调整或取消，原本打算开始一次徒步旅行，现在就需要延期，毕竟雨天徒步存在一些安全隐患，并不是一个很好的选择。

其实，犯错并不是一件容易的事情，所有的错误都要建立在预判的基础之上，缺少预判，也就缺少了犯错的条件。

在产品经理的工作中，有很多错误，实际上，它们并不是真正的错误，只是一些客观事实。

错误是宝贵的财富

如果产品经理对某个需求提出了预判，并且依据该预判做了相应的决策，而实际结果与产品经理的预判不符合，这就表示产品经理的预判确实出现了错误，由此带来的决策也就必然是错误的决策。

产品经理会开展非常多的预判行为，每个需求，甚至产品里的每个细微设计，都是一次预判，这也意味着，产品经理会经常和错误打交道，也会经常犯错。即使最优秀的产品经理，也总是离不开错误。只是，优秀的产品经理面对"错误"的态度和普通产品经理不太一样，或者说，有很明显的差异，他们并不恐惧犯错。

对于优秀的产品经理而言，错误仅表示实际结果与预期结果不符合，会对接下来的任务产生一些影响。产品经理所要做的，就是去分析错误形成的原因，通过补全、矫正信息的方式，重新进行预判，每一次的错误都会让产品经理距离正确更进一步。

在程序里，错误的名字叫作bug，对待bug的态度则是修复、总结，避免多次出现相同的bug。每减少一个bug，就会距离最终上线更进一步。

产品经理面对预判错误也应该遵循相同的处理方式。

所以，优秀的产品经理不会将错误上升到智力、能力、品性等维度，更不会以错误为名，进行自我否定。

举个例子：

一款工具性产品已经有1 000万名用户，日活用户也有300万名，是所属行业内的领头羊产品。为了能够获得更多的新用户，也为了增加用户的活跃度，公司决定在产品内部植入社区模块，希望社区能够带动用户的自传播及更活跃的使用行为。

这是新上任的产品总监所接收到的第一个任务，产品总监带领团队经过3个月的努力，给产品带来了一次大改版，不仅融入了社区模块，为了让社区的作用更加突出，在这个版本里，直接将产品的工具首页换成了社区的内容首页。上线后，活跃用户以极快的速度下降，仅一个星期的时间，日活用户数就从300万名下降到250万名，并且用户流失的速度还在加速。产品总监的预判应该是借助社区化的改版让日活用户数增加，实际结果却是大幅度下降。

显然，这是一次预判错误导致的决策错误。问题在于，出现错误时，产品经理应该怎么办？是为犯错的恐惧所支配，感受到不安、惶恐、自责、手足无措，还是应该把人的因素放在一边，客观地去看待事情？

产品经理应该采取的第一个措施就是去分析影响面积，不是计算损失，而是计算还剩下多少用户未被影响，如果还有很多用户未被影响，就应该先撤回新版本，避免更多的用户使用新版本。

App的更新需要用户手动触发更新请求，因此并不是瞬间的全量更新，而是存在较长的更新周期。低频的工具性产品，大概需要2~4周的时间，新版本才能覆盖70%的用户。

案例中的产品版本仅上线一周的时间，理论上还会有相当大规模的用户还未更新至新版本，可以通过版本的回退和撤销更新包的方式，及时止损。

产品经理的工作是离不开错误的，无论经验多么丰富，需求提出能力多强，都无法完全避免犯错，而且越到后期，产品经理的工作就会越模糊。所以，产品经理要思考的问题并不是如何确保自己"不犯错"，也不是如何避免犯错，而是如何面对错误。

要将错误视为一座可开采的宝藏，从错误中挖掘有价值的信息，持续地去分析，通过一个又一个的"错误"一点一点地更接近"正确"。

· 自 我 检 测 ·

做决策并不仅是知晓自己要得到什么，更重要的是要认识到自己要放弃什么。

现在，将内容放入实际工作中，做一下自我检测吧！

这是一家电子书阅读类的产品，每天有100万名用户使用，每天有1万名新增用户。现在有两个需求：一个是任务系统，通过奖励机制刺激用户更长时间的使用；另一个是分享系统，刺激用户产生分享行为。产品总监做了决策，团队放弃任务系统，将资源用于分享系统的实现。

你认为，该决策放弃了什么？承担了什么样的风险？值得吗？

· 重 点 内 容 ·

1 习惯性做选择会让产品经理陷入"霍布森选择效应"，只是在有限的选项里寻找相对较佳的答案，但在生活和工作中，并没有固定的选项。在已知选项外，总还有新的可能性，总有C选项的存在。

2 决策是一种判断，产品经理决定做一件事，就意味着放弃了其他的选项，所以，做决策就是在判断是否愿意为了某个需求放弃其他的需求。

3 并不是公司需要产品经理来做决策，而是产品经理需要可以做决策的机会，用来提升自己的决策能力。以此来突破"需求实现者"的阶段。

4 并不是所有的需求都应该被提出，作为一名需求提出者，产品经理要从多个需求中决策出一个需求，再将这个需求面向团队和领导提出来。所以，只有具备一定的决策能力，产品经理才能实现目标：成为一名需求提出者。

5 企业会给产品经理的决策加上两把锁：第一把锁是岗位，企业将权力赋予岗位，只有获得对应的岗位产品经理才有机会行使对应的权力；第二把锁是可信度，一开始产品经理会被赋予默认的可信度，以便产品经理在一定范围内行使权力，随着可信度的提升，企业逐步释放更多的决策权，直到产品经理可以完全行使岗位所对应的权力，这是一个权力调控的过程。

6 结果糟糕并不能直接等同于决策错误，只有结果与预期不符合才能视为决策错误。

7 决策错误是一种隐形的财富，意味着产品经理在做决策时缺失了某些信息，或者对某些信息的判断有偏差，此时，产品经理要做的是接受错误，将其当作一次珍贵的研究机会，找到缺失的信息，找到有偏差的信息，这样，下一次的决策就会更加接近正确。

反侵权盗版声明

　　电子工业出版社依法对本作品享有专有出版权。任何未经权利人书面许可，复制、销售或通过信息网络传播本作品的行为；歪曲、篡改、剽窃本作品的行为，均违反《中华人民共和国著作权法》，其行为人应承担相应的民事责任和行政责任，构成犯罪的，将被依法追究刑事责任。

　　为了维护市场秩序，保护权利人的合法权益，我社将依法查处和打击侵权盗版的单位和个人。欢迎社会各界人士积极举报侵权盗版行为，本社将奖励举报有功人员，并保证举报人的信息不被泄露。

举报电话：（010）88254396；（010）88258888

传　　真：（010）88254397

E-mail：　dbqq@phei.com.cn

通信地址：北京市万寿路 173 信箱
　　　　　电子工业出版社总编办公室

邮　　编：100036

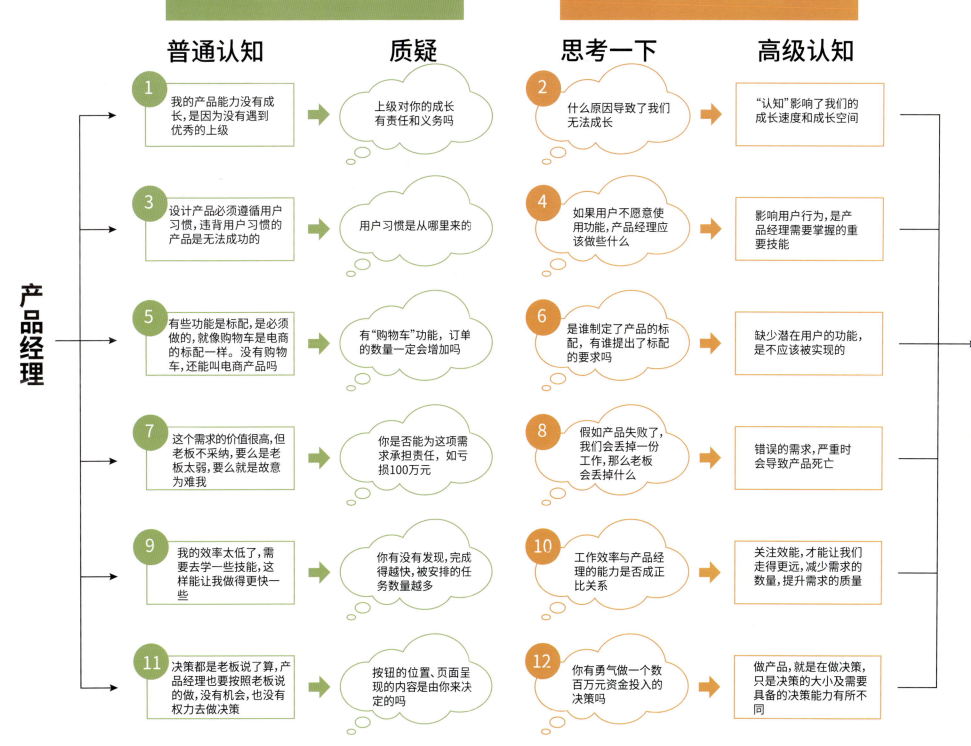
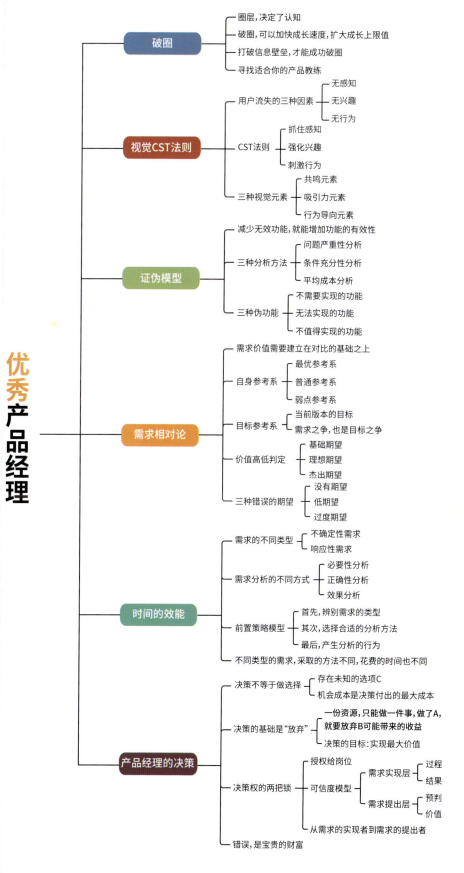